2025년 제4판

The Practice Taxationof Corporation

세무실무 기초강의

이성구 · 김영길 · 김범건 공저

2025년 개정세법반영

대학강의 및 기업실무
담당자들을 위한 교재

본 저서는 "원천징수"와 "연말정산"의 실무 적용에 초점을 맞추어 집필되었습니다. 연말정산과 원천징수 업무는 세무 실무를 처음 접하는 이들에게 주어지는 핵심 직무라고 할 수 있습니다. 본 서는 원천세법과 관련된 신고서식 및 다양한 실무 사례를 통해 세무실무지식을 보다 효과적으로 전달하는 데 중점을 두고 있습니다. 또한, 원천세법뿐만 아니라 국세기본법의 주요 내용을 포함하여, 세무 실무 자격증을 준비하는 이들뿐만 아니라 사회에 첫발을 내딛는 초보 실무자들에게도 큰 도움이 될 것으로 기대합니다.
특히, 2025년 을사년의 주요 개정사항을 반영하여 최신 세법 변화에 적응할 수 있도록 돕고자 하였습니다. 주요 소득세법 개정 내용은 다음과 같습니다.

소득세법 개정사항을 살펴보면 다음과 같다.

1) 결혼세액공제를 신설하였다.
결혼비용 지원하고자 혼인신고를 한 거주자에 대하여 혼인신고를 한 해에 50만원 세액공제를 신설하였다.

2) 주택청약종합저축 세제지원 적용을 확대하였다.
결혼 가구의 주택 마련을 지원 목적으로 2025.1.1. 이후 납입하는 분부터 주택청약종합저축 납입액에 대한 소득공제 대상자를 근로소득자인 무주택 세대주에서 근로소득자인 무주택 세대주 및 배우자로 적용대상을 확대하였다.

3) 자녀세액공제 금액을 확대하였다.
자녀 양육비용 부담을 완화하기 위하여 25.1.1. 이후 개시하는 과세기간부터 자녀세액공제 금액을 첫째/둘째/셋째에 대하여 15/20/30만원에서 25/30/40만원으로 공제세액을 증액하였다.

4) 수영장 및 체력단련장 시설이용료 신용카드 소득공제 적용을 확대하였다.
서민 등의 체육시설 이용료 부담을 완화하고자 신용카드 등 사용금액 소득공제 추가공제 항목으로 수영장 및 체력단련장 시설 이용료를 추가하였다.

5) 고향사랑기부금 세액공제 적용 한도를 확대하였다.

고향사랑기부금 제도를 활성화를 위하여 25.1.1. 이후 기부하는 분부터 기부금 공제한도를 연 500만원에서 연 2,000만원으로 세액공제 한도를 상향하였다.

6) 기업의 출산지원금 비과세를 적용하였다.

출산 및 양육부담을 완화하고자 25.1.1. 이후 과세표준을 신고하거나 연말정산을 하는 분부터 근로자 본인 및 배우자의 출산과 관련하여 출생일 이후 2년 이내에 공통 지급규정에 따라 사용자로부터 지급받는 급여는 전액 비과세하였다.

본 저자는 앞으로도 더욱 완성도 높은 책을 만들기 위해 꾸준히 노력할 것을 약속드립니다. 독자 여러분의 따뜻한 조언과 비판은 저희에게 큰 힘이 됩니다. 부족한 점을 겸허히 받아들이며 보다 유익한 내용으로 보완해 나가겠습니다.

끝으로 이 책의 집필 과정에서 도움을 주신 LG유플러스 동기 여러분, 개정 세법 자료를 제공해 주신 양소영 회계사님, 그리고 저서 내용을 인용할 수 있도록 허락해 주신 정우승 세무사님께 깊은 감사를 드립니다. 또한, 바쁜 일정 속에서도 출간을 위해 아낌없이 지원해 주신 도서출판 '법지사'의 김환 대표님과 직원 여러분께도 감사의 마음을 전합니다.

저희의 작은 노력이 세무 실무에 첫발을 내딛는 분들께 큰 도움이 되기를 진심으로 바랍니다.

2025년 2월

저자들

CONTENTS

목 차

세무실무기초강의

The practice Taxation of Corporotion

Chapter

01

원천세법

제1절 원천징수의 개념

제2절 원천징수대상소득

제3절 원천징수 관련 실무사례

Chapter

01 원천세법

제 1 절 원천징수의 개념

1. 소득의 기초개념

(1) 소득

개인의 소득에 부과되는 세금을 "소득세"라고 한다. 그렇다면, 소득이란 무엇일까? 우리는 사업활동이나 근로활동을 통해 지속적으로 수입을 얻는다. 이러한 활동의 결과로 나의 부가 증가하는 것을 소득이라고 한다. 흔히 "당신은 얼마를 벌었습니까?"라고 질문하지만, 보다 정확히 표현하자면 "당신은 언제부터 언제까지 얼마를 벌었습니까?"라고 해야 한다. 소득은 일정 기간 동안 얻은 것을 의미하며, 이 일정 기간을 과세기간이라고 한다.

소득세(individual income tax)는 개인이 일정 기간 동안 얻은 소득에 대해 부과되는 국세이다. 우리나라 세법에서는 개인의 소득에 부과되는 세금만을 소득세라고 하며, 법인의 소득에 부과되는 세금은 별도로 법인세라는 세목으로 구분하고 있다. 따라서 소득세는 협의의 의미로 사용되고 있다.

(2) 과세기간의 소득

소득활동은 지속적으로 이루어지는 것이다. 세금을 정확히 계산하기 위해서는 소득활동이 이루어진 기간을 명확히 구분해야 한다. 소득세의 과세기간은 일반적으로 매년 1월 1일부터 12월 31일[1]까지이다. 다만, 사망이나 출국의 경우에는 예외가 적용된다. 거주자가 주소나 거소를 국외로 이전하여 비거주자가 되는 경우에는 해당 연도의 과세기간을 1월 1일부터 출국일까지로 간주한다.

1) 다만, 사망이나 출국의 경우에는 예외가 적용됩니다.

예제 01 과세기간의 정의

이현경 씨(개인사업자)는 2025년 5월 1일부터 음식점 사업을 시작하였다. 이현경 씨의 종합소득세 과세기간은?

해 답

이현경 씨의 종합소득세 과세기간은 2025년 1월 1일부터 2025년 12월 31일까지이다.
한편, 부가가치세 과세기간은 5월 1일부터 6월 30일까지이다. (사업개시일로부터 과세기간 종료일까지)

(3) 법인소득과 개인소득의 개념

현행 소득세법과 법인세법은 소득을 바라보는 관점에서 차이가 있다. 법인세법은 순자산증가설을 따르고, 소득세법은 소득원천설을 기본으로 하면서 일부순자산증가설의 요소를 가미하고 있다. 소득세법은 법에 열거된 경우에만 소득으로 인정하며, 금융소득[2]의 경우에는 법에 열거되지 않은 유사금융소득도 과세할 수 있도록 하고 있다. 반면, 법인세법은 열거된 소득 항목이 단순한 예시에 불과하며, 법에 열거되지 않은 소득도 모두 과세할 수 있는 포괄주의를 채택하고 있다.

실무사례 1 : 현행 소득세법에서는 상장주식과 코스닥 등록법인 주식의 매매차익에 대해 과세하지 않는다. 그러나 현행 법인세법에서는 이를 과세소득으로 보아 과세한다[3].

실무사례 2 : 현행 소득세법에서는 개인이 중고자동차를 매매하여 얻은 매매차익에 대해 과세하지 않는다. 그러나 현행 법인세법에서는 이를 과세소득으로 보아 과세한다.

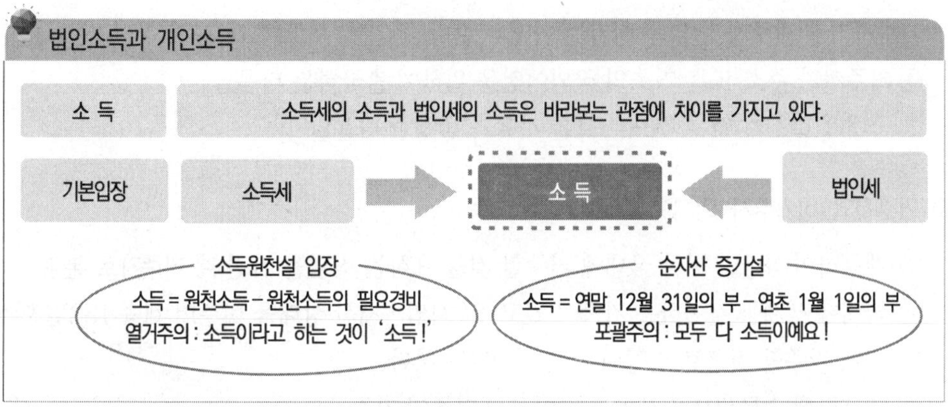

---

2) 이자소득과 배당소득

3)

구 분	복식부기의무자	간편장부대상자
양도소득세 과세대상 사업용 고정자산처분이익	양도소득	양도소득
양도소득세 과세대상에 해당하지 않는 사업용 고정자산처분이익	사업소득	(×)

(4) 납세의무자

납세의무자는 소득이 발생한 개인으로 국적에 관계없이 거주자에 해당하는지 아니면, 비거주자에 해당하는지에 따라 과세대상 범위에 차이를 두고 있다.

1) 거주자

거주자는 국내에 주소를 두거나 1과세기간 중 183일 이상 거소[4]를 둔자를 말한다. 주소는 생활의 근거지가 되는 곳으로 생활 관계의 객관적 사실에 따라 판정한다. 거소는 주소지 이외의 장소로서 상당기간 걸쳐 거주하는 장소를 의미한다. 거주자는 무제한 납세의무자로서 국내·외 소득까지 모두 과세대상범위에 포함된다.

비거주자가 거주자가 되는 시기는 아래와 같다.

① 국내에 주소를 둔 날

② 국내에 주소를 가진 것으로 보는 사유가 발생한 날

③ 국내에 거소를 둔 기간이 1과세기간 중 183일이 되는 날

* 외국인 단기거주자[5]는 국내원천소득과 국내에서 지급되거나 국내로 송금된 국외 원천소득만 과세한다.

2) 비거주자

비거주자는 거주자에 해당하지 않는 자로서 국내에 주소를 두지 않거나 1과세기간 중 183일 미만의 거소를 둔자를 말한다. 비거주자는 제한 납세의무자로서 국내에서 발생한 원천소득에 대하여만 납세의무를 진다.

거주자가 비거주자가 되는 시기는 아래와 같다.

① 거주자가 주소 또는 거소의 국외이전을 위하여 출국하는 다음날.

② 국내에 주소가 없는 것으로 보는 사유가 발생한 다음날.

3) 거주자와 비거주자 의제

① 계속하여 183일 이상 국내에 거주할 것을 요하는 직업을 가진 때 **거주자**로 본다.

② 국내에 생계를 같이하는 가족이 있고, 그 직업 · 재산 상태를 비추어 계속 183일 이상 국내에 거주할 것으로 인정되는 때 **거주자**로 본다.

③ 외국항행 승무원으로 생계를 같이하는 가족이 거주하는 장소 또는 승무원이 근무시간 이외의 기간중 통상 체재하는 장소가 국내에 있을 때 **거주자**로 본다.

---

4) 실질적인 생활 근거지가 되는 장소

5) 외국인 단기거주자 : 해당 과세기간 종료일 10년 전부터 국내에 주소 · 거소를 둔 기간의 합계가 5년 이하인 외국인 거주자

④ 국외에서 근무하는 공무원 또는 내국법인의 국외사업장 또는 해외현지법인 (내국법인이 발행주식총수 또는 출자지분의 100분의 100을 출자한 경우를 말한다)등에 파견된 임원 또는 직원은 **거주자**로 본다.

⑤ 아래의 어느 하나에 해당하는 경우에는 국내에 주소의 유무 및 국내 거주기간에 불구하고 그 신분에 따라 **비거주자**로 본다.

㉠ 주한외교관과 그 외교관의 세대에 속하는 가족. 다만, 대한민국 국민은 예외로 한다.

㉡ 대한민국과 아메리카합중국간의 상호방위조약 제4조에 의한 시설과 구역 및 대한민국에서의 합중국 군대의 지위에 관한 협정」제1조에 따른 합중국 군대의 구성원, 군무원 및 그들의 가족

예 한미행정협정에 따른 미국 국적의 'Tom'은 가족과 함께 평택에 거주하고 있다. 거소지 선정 관련 조세회피목적은 없다. → 'Tom'은 비거주자이다.

4) 거주기간 계산사례

① 국내에 거소를 둔 기간은 입국하는 날의 다음날부터 출국하는 날까지로 한다.

② 국내에 거소를 두고 있던 개인이 출국 후 다시 입국한 경우에 생계를 같이하는 가족의 거주지나 자산소재지 등에 비추어 그 출국목적이 관광, 질병의 치료 등으로서 명백하게 일시적인 것으로 인정되는 때에는 그 출국한 기간도 국내에 거소를 둔 기간으로 본다.

예 가락동에 거주하는 한국 국적의 임봉환씨는 하와이와 한국에서 부동산 임대업을 영위하고 있다. 임봉환씨는 20X1년 1.1 대장암 치료 목적으로 일시적으로 미국(하와이)으로 출국하였다가 완치 후 20X1년 11.1.에 다시 입국하였다. 임봉환씨는 거주자에 해당한다.

③ 국내에 거소를 둔 기간이 1과세기간 동안 183일 이상인 경우 국내에 183일 이상의 거소를 둔 것으로 본다.

예 미국 국적의 카이든 : 20X1년 10.1 ~ 20X2년 5.31까지 국내에 거소 둔 경우 비거주자로 본다.

④ 「재외동포의 출입국과 법적 지위에 관한 법률」제2조에 따른 재외동포가 입국한 경우 생계를 같이 하는 가족의 거주지나 자산소재지등에 비추어 그 입국목적이 관광, 질병의 치료 등 기획재정부령으로 정하는 사유에 해당하여 그 입국한 기간이 명백하게 일시적인 것으로 기획재정부령으로 정하는 방법에 따라 인정되는 때에는 해당 기간은 국내에 거소를 둔 기간으로 보지 아니한다.

예 하와이에서 보험설계사로 근무하는 재미동포 이승준씨는 가족과 함께 관광등 목적으로 20X1년 6.3 ~ 20X1년 8.1,까지 국내 부모님 집에 머무는 경우 국내에 거소를 둔 기간은 없다.

⑤ 거주자의 판정은 국적과 무관하다.

⑥ 외국인 단기거주자는 해당 과세기간 종료일 10년 전부터 국내에 주소 및 거소를 둔 기간의 합계가 5년 이하인 외국인 거주자를 말한다.

예 프랑스 국적의 주방장 비에이라는 내국법인 ㈜한국갈비에서 요리사로 일하고 있다. 비에이라는 해당 과세기간 종료일 10년 전부터 서울시 송파구에 거소를 둔 기간은 4년이다. (비에이라는 외국인 단기 거주자에 해당한다)

5) 법인이 아닌 단체

법인이 아닌 사단, 재단 및 기타 단체 중 국세기본법에 의하여 법인으로 보는 단체 외의 단체는 이를 거주자로 보아 소득세법을 적용하며, 이 경우 소득세법상 아래와 같이 취급한다.

법인이 아닌 단체의 취급

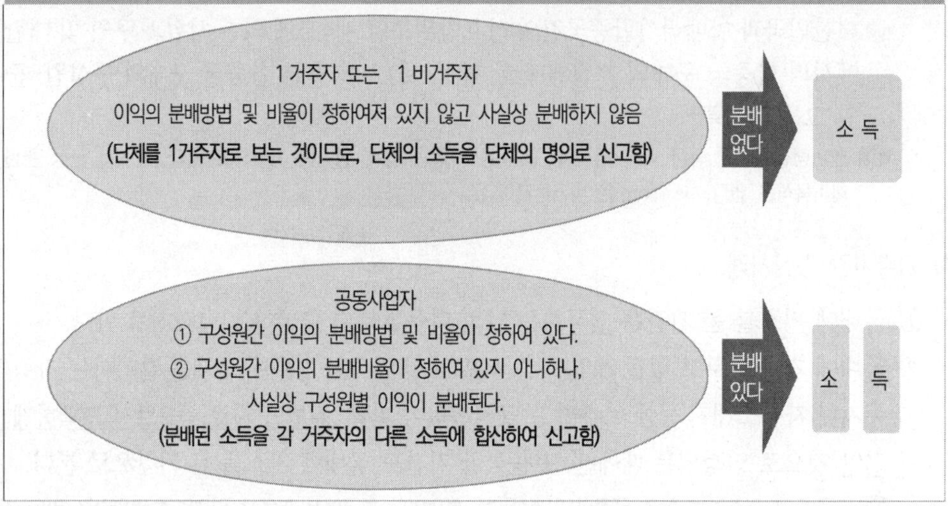

국세기본법에 따른 법인 아닌 단체 중 법인으로 보는 단체 외의 법인 아닌 단체는 국내에 주사무소 또는 사업의 실질적 관리장소를 둔 경우에는 1거주자로, 그 밖의 경우에는 1비거주자로 보아 소득세법을 적용한다.

다만 다음 중 어느 하나에 해당하는 경우, 소득구분에 따라 해당 단체의 각 구성원별로 소득세법 또는 법인세법에 따라 소득에 대한 소득세 또는 법인세를 납부할 의무를 진다.

① 구성원 간 이익의 분배비율이 정하여져 있고 해당 구성원별로 이익의 분배비율이 확인되는 경우

② 구성원 간 이익의 분배비율이 정하여져 있지 아니하나 사실상 구성원별로 이익이 분배되는 것으로 확인 되는 경우

해당 단체의 전체 구성원 중 일부 구성원의 분배비율만 확인되거나 일부 구성원에게 이익이 분배되는 것으로 확인되는 경우에는 아래와 같이 처리한다.

① 확인되는 부분 : 구성원별로 소득세 또는 법인세에 대한 납부의무를 부담

② 확인되지 않는 부분 : 해당 단체를 1거주자 또는 1비거주자로 보아 소득세에 대한 납부의무 부담

사/례/연/구 - 아파트 관리사무소

법인격 없는 단체에 해당하며, 아파트 관리사무소를 1거주자로 보는 것이므로 단체의 소득을 단체의 명의로 신고한다.

심화학습

아파트 관리사무소가 1거주자에 해당된다면, 해당 관리사무소의 금융소득도 1거주자로 간주하여 금융소득으로 신고해야 한다. 금융소득이 2,000만원을 초과하면 금융종합과세 대상이 된다. 세대수가 많은 아파트 관리사무소는 연간 이자소득이 2,000만원을 초과할 수 있다. 만약 이런 경우에 아파트 관리사무소를 금융소득 종합과세 대상으로 한다면, 금융소득 종합과세의 취지에 맞지 않는다. 따라서 아파트 관리사무소의 금융소득은 무조건 분리과세된다. (금융소득 종합과세 참고)

예제 02 거주자 및 비거주자의 구분

사례 1 : 계속하여 183일 이상 국내에 거주할 것을 통상 필요로 하는 직업을 가진 경우

사례 2 : 국내에 생계를 같이 하는 가족이 있고, 직업 및 자산상태에 비추어 계속하여 183일 이상 국내에 거주할 것으로 인정되는 경우

사례 3 : 국외에서 계속하여 근무하는 공무원 김씨는 계속하여 183일 이상을 국외에서 거주할 것으로 예상된다.

해 답

사례 1 : 거주자 (통상직업관계에 따라 거주자 및 비거주자 여부를 판단한다)

사례 2 : 거주자 (생활관계에 따라 거주자 및 비거주자 여부를 판단한다)

사례 3 : 거주자 (공무원은 183일 이상 국외에 체류하더라도 무조건 거주자로 본다).

(5) 납세지

납세지는 신고납부 등을 관할하는 세무서를 결정하는 기준이 되는 장소로서 납세의무를 이행하여야 할 곳으로 지정된 장소를 말한다.

1) 거주자

거주자인 경우에는 주소지로 하고 주소지가 없는 경우에는 거소지를 납세지로 지정한다.

2) 비거주자

비거주자인 경우 주된 국내사업장 소재지, 다만, 국내사업장이 둘 이상인 경우 주된 사업장소재지로 하고 국내사업장이 없는 경우에는 국내원천소득이 발생하는 장소를 납세지로 한다.

사/례/연/구

서울시 송파구 문정동에 거주하는 거주자 주세현 씨는 서울시 강남구 역삼동에서 개인사업체를 운영하고 있다. 주세현 씨는 20X1년 1월 1일부터 20X1년 12월 31일까지 강남구 역삼동에서 경영하면서 발생한 소득에 대한 종합소득세 신고를 20X2년 5월 31일까지 거주지 관할 세무서인 송파세무서에 해야 한다.

반면, 부가가치세 신고는 사업장을 기준으로 신고한다. 부가가치세 신고 시에는 강남구 역삼동을 관할하는 사업장 소재지 관할 세무서인 역삼세무서에 부가가치세를 신고해야 한다.

(6) 과세대상소득

소득세 과세대상

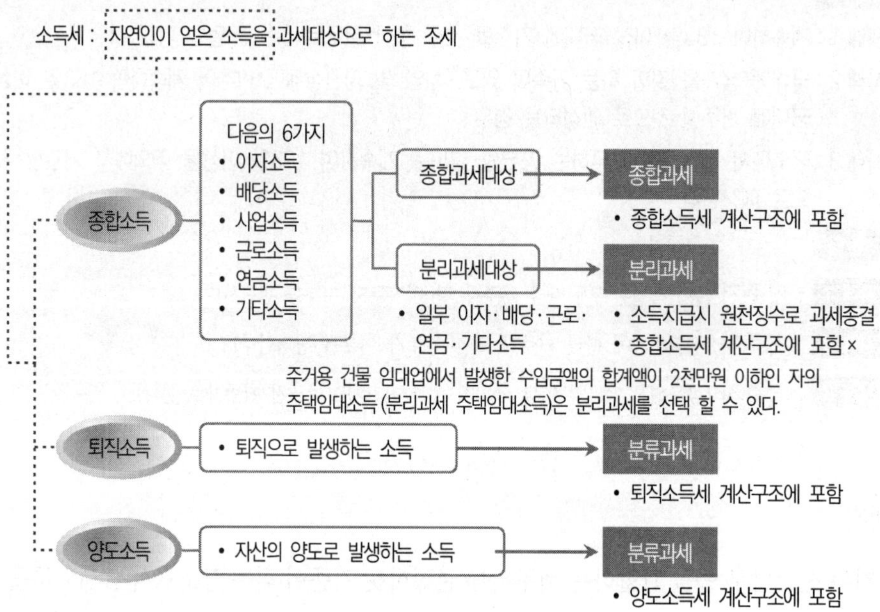

주 1. 이자소득과 배당소득을 '금융소득'이라 함.
2. 사업소득이 있는 거주자를 '사업자'라 함.
3. 퇴직소득과 양도소득은 장기간 형성된 소득으로서 다른 소득과 합산하여 과세하면 세부담이 급격히 증가하므로(결집효과 발생) 다른 소득과 분류하여 개별적으로 과세함.

(2010년부터 부동산임대소득을 사업소득의 범위에 포함시키게 되었다. 부동산임대소득은 한국표준산업분류에 따른 부동산임대업에서 발생하는 소득으로, 사업소득의 일종이다.)

▌과세방법

구 분	내 용
종합과세	종합과세(comprehensive taxation)란 소득을 그 종류에 관계없이 일정한 기간을 단위로 합산하여 과세하는 방식으로 현행 소득세법은 이자소득·배당소득·사업소득·근로소득·연금소득·기타소득의 6가지 소득에 대해서 종합과세한다.
분류과세	분류과세(schedular taxation)란 소득을 종류별로 구분하여 각각 별도로 과세하는 방식으로 현행 소득세법상 퇴직소득·양도소득에 대해서 분류과세한다.
분리과세	분리과세(separate taxation)란 일정소득에 대해 기간별로 합산과세하지 않고 소득이 지급될 때 소득세를 원천징수함으로서 과세를 종결하는 방식으로 현행 소득세법상 이자소득·배당소득·근로소득·연금소득·기타소득에 대하여 분리과세를 일부 채택하고 있다.

종합소득은 1월 1일부터 12월 31일까지 발생한 소득에 대하여 주소지 관할 세무서에 다음연도 5월 31일까지 신고 및 납부를 한다. 퇴직소득과 양도소득은 장기간에 걸쳐 형성된 소득이 일정 시점에 실현되는 것으로 1년 동안 다른 소득과 합산하여 과세하는 것은 어려움이 있다.

사/례/연/구

연봉이 2억 원이 넘는 의대 교수는 고민에 빠졌다. 자신이 투자한 농업법인에서 순이익이 발생하자, 투자금 회수를 위한 여러 가지 방법을 모색하고 있다. 그가 고려하는 두 가지 선택은 첫째, 자신의 비상장주식을 다른 사람에게 처분하는 방법과 둘째, 지분율에 해당하는 만큼 배당금을 받는 방법이다. 만약 배당금이 2천만 원을 초과한다면, 금융소득 종합과세 대상이 되어 다른 소득(근로소득)과 합산하여 과세되며, 이 경우 높은 누진세율이 적용될 것이다. 반면, 양도소득은 다른 소득과 합산하여 과세되지 않기 때문에 세 부담 측면에서 유리할 가능성이 있다. (배당소득의 경우 건강보험료가 인상될 가능성도 있다)

(7) 종합소득금액 계산구조

종합소득금액에 해당하는 소득 중 일정 소득에 대해서는 분리하여 과세하는데, 이를 분리과세라고 한다. 분리과세대상 소득은 소득을 지급하는 자가 소득을 지급할 때 일정 금액을 징수하여 납세의무를 종결하는 방식을 의미한다.

조세정책상 소득세를 과세하지 않는 것을 비과세라고 한다. 근로소득 중 대표적인 비과세 항목은 식사대이다. 종업원에게 지급하는 식사대는 종업원의 수입으로 보기 어렵기 때문이다.

1년 동안 발생한 소득 중 비과세와 분리과세를 제외한 나머지 부분을 총소득이라고 한다. 소득을 획득하기 위해 소요된 경비를 필요경비라고 하며, 총소득에서 필요경비를 차감한 금액을 소득금액이라고 한다.

종합소득금액의 특징을 살펴보면 다음과 같다.

첫째, 대부분의 사업소득은 분리과세가 없다.

사업소득자는 종합소득세 신고를 해야 한다. 다만, 주택임대소득자의 과표양성화를 위해서, 주거용 건물 임대업에서 발생한 수입금액의 합계액이 2천만원 이하인 자의 경우 분리과세를 선택할 수 있게 하였다.

둘째, 이자소득과 배당소득은 필요경비가 없다.

이자소득과 배당소득은 불로소득 성격이기 때문에 현행 소득세법에서는 필요경비를 인정하지 않고 있다. 배당소득의 경우에는 법인소득과의 이중과세 조정을 위하여 Gross -up을 가산한다.

셋째, 사업소득의 필요경비는 사업자가 입증해야 한다.

이자소득과 배당소득은 필요경비가 없고 근로소득과 연금소득은 실제 소요된 경비에 관계없이 일률적인 소득공제가 적용되며, 기타소득의 경우에는 무조건 60%의 필요경비와 최소한 60%의 필요경비 인정으로 경비입증 부담이 상대적으로 적다.

소득금액계산

소득	차감		금액	가감		소득금액	
이자소득	- 비과세소득 - 분리과세소득	=	총수입금액		=	이자 소득금액	종합소득금액
배당소득	- 비과세소득 - 분리과세소득	=	총수입금액	+ 귀속법인세	=	배당 소득금액	
사업소득	- 비과세소득 - 분리과세 (주택임대사업자)	=	총수입금액	- 필요경비 (입증)	=	사업 소득금액	
근로소득	- 비과세소득 - 분리과세소득	=	총급여액	- 근로소득공제	=	근로 소득금액	
연금소득	- 비과세소득 - 분리과세소득	=	총연금액	- 연금소득공제	=	연금 소득금액	
기타소득	- 비과세소득 - 분리과세소득	=	총수입금액	- 필요경비	=	기타 소득금액	
퇴직소득	- 비과세소득	=	퇴직급여액		=	퇴직소득금액	
양도소득	- 비과세소득	=	양도가액	- 필요경비 - 장기보유특별공제	=	양도소득금액	

1월 1일부터 12월 31일까지의 6가지 소득별로 비과세와 분리과세를 제외한 후, 필요경비와 근로소득공제 등을 차감한 소득금액을 합산하여 종합소득금액을 도출할 수 있다.
조세를 부과할 때는 응능부담원칙을 따른다. 응능부담원칙은 납세자의 능력에 따라 세부담을 결정하자는 원칙이다. 종합소득금액이 높다고 해서 무조건 조세를 납부할 능력이 많은 것은 아니다. 부양하는 가족이 많은 경우, 상대적으로 생활비 등이 많이 소요되어 세부담 능력이 낮아질 수 있다. 이러한 개인의 인적사항을 반영하는 것이 종합소득공제이다. 1년 간의 종합소득금액을 계산한 후, 종합소득공제를 차감하여 과세표준을 계산한다.

과세표준 = 종합소득금액 － 종합소득공제

과세표준이 계산되면 종합소득 과세표준에 세율을 곱하여 산출세액을 계산한다.
현행 소득세법은 8단계 누진세율 제도를 채택하고 있다. 6% ~ 45%의 세율을 적용하여 산출세액을 계산한다.

▌8단계 누진세율

과 세 표 준		산출세액
		초과누진방식
1,400만원 이하		과세표준 × 6%
1,400만원 초과	5,000만원 이하	84만원 + 1,400만원 초과액 × 15%
5,000만원 초과	8,800만원 이하	624만원 + 5,000만원 초과액 × 24%
8,800만원 초과	1억5,000만원 이하	1,536만원 + 8,800만원 초과액 × 35%
1억5,000억 원 초과	3억 원 이하	3,706만원 + 1억5천만원 초과액 × 38%
3억 원 초과	5억 원 이하	9,406만원 + 3억 원 초과액 × 40%
5억 원 초과	10억 원 이하	1억7,406만원 + 5억 원 초과액 × 42%
10억 원 초과		3억8,406만원 +10억 원 초과액 × 45%

과세표준에 세율을 적용하여 산출세액을 계산한다. 산출된 세액에서 감면 혹은 공제해 주는 제도가 있다. 이를 세액공제 및 감면제도라 한다. 근로소득세액공제와 특별세액공제 등 일정요건을 충족하는 경우 산출된 세액의 일부를 차감하여 준다. 세법상의 일정한 의무를 준수하지 않는 경우에는 가산세를 부과한다. 무신고 가산세와 납부지연 가산세 등이 있다. 산출세액에서 세액공제와 세액감면을 차감하면 결정세액이 된다. 결정세액에 가산세를 더하면 총결정세액이라고 한다. 총결정세액에서 미리 납부한 세액 (원천징수세액, 중간납부세액, 수시부과세액, 예정고지세액)을 차감후 세액이 납세의무자가 최종적으로 납부하여야 할 차가감납부세액이다.

결정세액 = 산출세액 - 세액공제・감면
총결정세액 = 결정세액 + 가산세
차가감납부세액 = 총결정세액 - 기납부세액

▌근로소득 세액공제

근로소득이 있는 거주자에 대해서는 다음의 금액을 종합소득 산출세액에서 공제한다.

근로소득에 대한 종합소득세 산출세액	근로소득 세액공제
130만원 이하	산출세액 × 55%
130만원 초과	715,000 + (산출세액 - 1,300,000) × 30% 공제한도 : 20만원 ~ 74만원

* 근로소득에 대한 종합소득산출세액 = 종합소득산출세액 × $\frac{\text{근로소득금액}}{\text{종합소득금액}}$

▌공제한도

총 급여액	공제한도
3,300만원 이하	74만원
3,300만원 초과 7,000만원 이하	Max (㉠, ㉡) ㉠ 74만원 - [(총급여 - 3,300만원) × 0.8%] ㉡ 66만원
7,000만원 초과 1억2,000만원 이하	Max (㉠, ㉡) ㉠ 66만원 - [(총급여 - 7,000만원) × 50%] ㉡ 50만원
1억2,000만원 초과	Max (㉠, ㉡) ㉠ 50만원 - [(총급여 - 1억2,000만원) × 50%] ㉡ 20만원

(8) 과세단위

1) 인별과세 원칙

개인별 인별 과세를 원칙으로 하고 있다.

2) 세대별 합산과세

공동사업에서 발생한 소득금액은 공동사업자간에 약정된 손익분배비율에 의하여 분배될 소득금액에 따라 각 공동사업별 분배한다. 다만 거주자 1인과 특수관계인이 공동사업자에 포함되어 있는 경우로서 조세회피목적으로 공동사업을 영위하는 경우 세대별 공동사업 합산과세하고 있다.

조세회피목적 공동사업 소득금액은 주된 공동사업자의 소득금액으로 본다.
첫째, 조세회피목적이 있어야 한다.
둘째, 과세기간 종료일 현재 생계를 같이하는 친족관계등
셋째, 손익분배비율이 큰 자에게 합산하여 과세한다.

2. 원천징수의 개념

(1) 원천징수

원천징수(Tax Withholding)란 소득을 지급하는 자(원천징수의무자)가 지급받는 자의 조세를 징수하여 정부에 납부하는 제도이다. 현행 소득세법에 따르면, 국내에서 거주자나 비거주자에게 일정 소득금액 또는 수입금액을 지급하는 자는 그 거주자나 비거주자에 대한 소득세를 원천징수하여 지급일이 속하는 다음 달 10일까지 정부에 납부해야 한다.
아래 그림을 보면, 월급 200만 원을 지급받기로 한 오주영 씨는 실제로 통장에 입금된 금액이 195만 원임을 확인했다. 회사는 오주영 씨의 월급에서 5만 원을 차감한 후 이 금액을 과세관청에 납부하였다. 이 5만 원은 오주영 씨의 소득세(지방소득세 포함)로서 미리 납부된 금액이다.

그렇다면, 왜 원천징수를 하는 것일까?
첫째, 오주영 씨가 부담할 조세를 지급 시점에 차감하여 지급되기 때문에 원천적으로 세금 누락이 발생하지 않는다.
둘째, 종합소득세 신고는 지급일이 속하는 당해 연도의 다음 연도 5월 31일까지 이루어진다. 만약 원천징수가 없다면, 소득세 관련 세수는 다음 연도 5월에 징수될 것이다. 원천징수를 통해 과세당국은 조기에 세금을 확보할 수 있다는 장점이 있다.
셋째, 오주영 씨는 세금을 직접 신고하고 납부하는 번거로움을 피할 수 있다.

원천징수사례

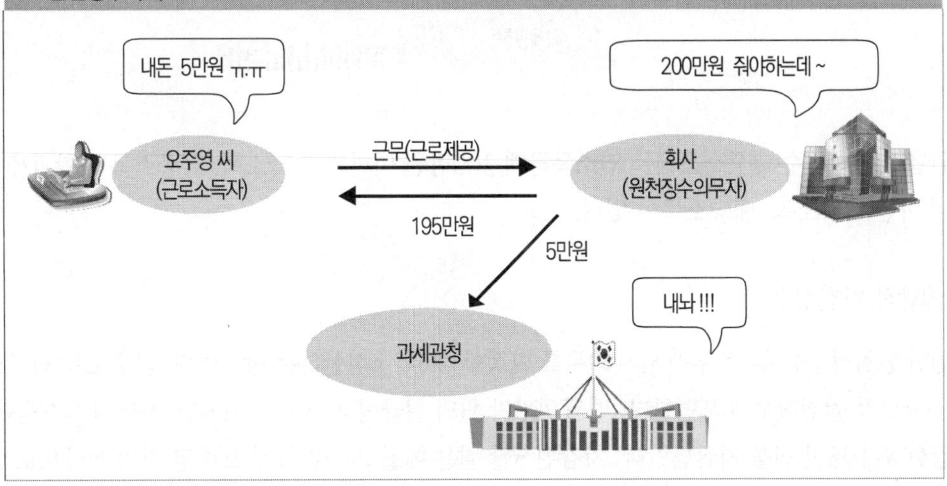

그러나, 원천징수의무자 (회사)입장에서는 과중한 납세협력의무를 부담해야 하는 문제점도 가지고 있다.

심화학습

세금계산서와 비교해 보면, 세금계산서의 상호대사를 통하여 거래상대방에 대한 소득을 노출시킨다는 것을 알 수가 있다. 원천징수도 마찬가지로 소득을 지급하는 자 (원천징수의무자)가 소득자의 인적사항 및 소득정보를 과세관청에 제출함으로서 과세당국은 소득자의 소득에 대한 정보를 파악할 수가 있다.

(2) 완납적 원천징수

원천징수로써 과세를 종결하고 따로 정산을 하지 않는 방식을 말한다.

기타소득금액으로 연 300만원 이하인 경우에는 원천징수로서 납세의무를 종결 할 수 있다.

❗ 기타소득금액이 연 300만원 이하의 자는 종합과세와 분리과세로 선택할 수 있다.

완납적 원천징수 사례

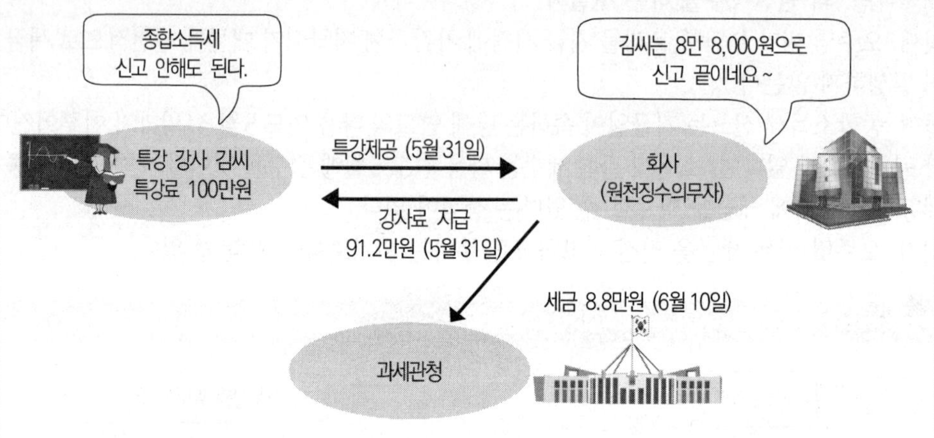

완납적 원천징수 대상소득에는 연소득금액 300만원 이하의 기타소득, 금융소득 종합과세대상이 아닌 이자소득, 배당소득이 있다.

(3) 예납적 원천징수

일단 원천징수한 후, 추후에 납세의무를 확정할 때 다시 정산하는 방식이다. 근로소득 원천징수는 예납적 원천징수에 해당한다. 매월 200만 원의 월급이 지급 대상이지만, 5만 원의 세금을 차감한 후 195만 원을 지급받았다. 차감된 5만 원은 매월 과세관청에 오주영 씨의 세금으로 납부

되었다. 오주영 씨의 1년간 총소득은 2,400만 원이며, 미리 납부한 세금(소득세 및 지방소득세)은 연 60만 원이다. 매월 5만 원 차감하여 납부한 세금은 정확하게 계산된 세금이 아니며, 간이세액조견표에 따라 개략적으로 계산된 조세이다. 1년치의 총소득을 합산하여 다시 정확하게 계산한 세금(소득세 및 지방소득세)은 50만 원이라고 가정하자.

원천징수한 조세를 다시 정산하는 과정을 연말정산이라고 한다. 연말정산을 통해 초과 징수된 금액 10만 원을 근로소득자(납세의무자)에게 환급해 준다.

예납적 원천징수 사례

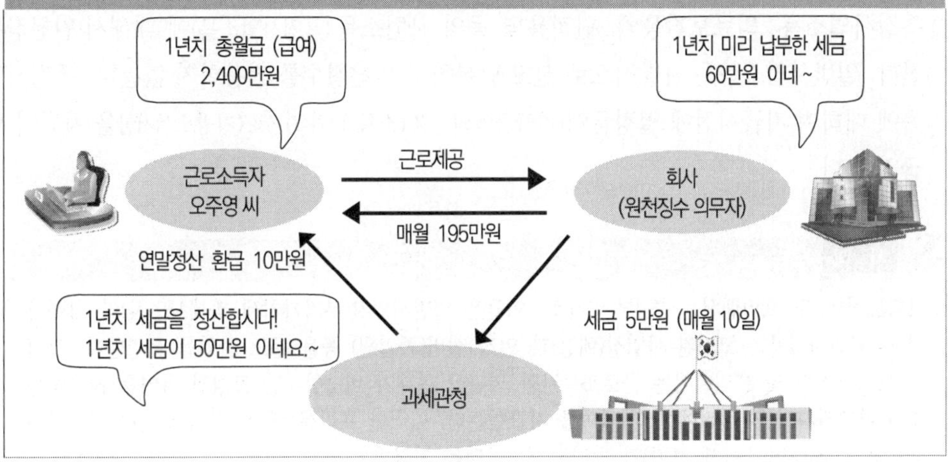

3. 법인과 개인의 원천징수대상소득

(1) 원천징수 대상소득

원천징수 대상소득의 범위는 소득자(지급 받는 자)가 개인인지 법인인지에 따라 다르게 분류된다. 소득자가 법인인 경우, 법인의 세무처리 능력이 개인보다 상대적으로 우월하기 때문에 자발적으로 세금 계산을 하도록 유도하고 있다. 반면, 소득자가 개인인 경우, 세무처리 능력이 미약하기 때문에 지급자로 하여금 소득자의 세금을 계산하도록 유도하고 있다.

(2) 지급 받는 자 (소득자)가 개인인 경우

① 이자소득 : 시중은행에 예금을 하고 이자를 지급받는 경우 지급받은 이자소득은 일정비율의 이자소득세 (14%) 및 지방소득세 (1.4%)를 차감하고 지급받는다. (비영업대금이익은 이자소득세 25%, 지방소득세 2.5%)

사/례/연/구

1,000만원의 예금을 연이자 2%, 1월 1일 예금 후 12월 31일에 이자를 지급받는다고 가정하자. 통장에 입금된 이자소득은 20만원이 아니라 16만 9,200원이 될 것이다. 이자소득세 2만 8,000원과 이자소득의 지방소득세 2,800원이 차감된 금액이 지급될 것이다 (일반은행 이자소득세 14%, 지방소득세 1.4%).

② 배당소득 : 주식 등에 투자를 하고 지급받은 배당소득에 대하여 소득세 (14%) 및 지방소득세 (1.4%)를 차감하고 지급 받는다.

③ 특정사업소득 : 의료보건용역, 인적용역 등의 사업소득 (특정사업소득)에 대해서 원천징수를 한다. 일반사업소득은 자발적으로 신고 납부하고 원천징수를 적용하지 않는다. 특정사업소득에 대하여 지급시점에 일정금액[지급금액의 3% (소득세)와 0.3% (지방소득세)]을 차감하여 지급 받는다.

사 례

보험모집인 및 프리랜서는 특정사업자로, 이들은 일반사업자(부가가치세 과세사업자)와 차이가 있다. 일반사업자는 고정된 사업장(매장)과 인적 설비(종업원) 등을 두고 사업을 운영한다. 그러나 보험모집인 및 프리랜서는 근로소득자와 외관상 형태가 비슷하지만 고정된 급여를 지급받는 것이 아니라 자신의 실적에 따라 급여를 지급받는다. 이러한 프리랜서들은 실적에 따라 지급받은 금액의 3.3%(지방소득세 포함)가 차감된 후 금액을 지급받는다.

④ 근로소득 : 근로소득자는 상시근로자와 일용근로자로 구분된다. 상시근로자는 간이세액조견표에 따라 회사가 일정금액을 원천징수 한 후에 지급받고, 일용근로자는 일용근로자의 원천징수계산방법에 따라 원천징수세액을 차감하고 지급 받는다.

⑤ 기타소득 : 기타소득에 해당되는 대표적인 소득은 특강 강사료와 경품 등의 소득이다. 동 소득은 필요경비를 차감 후 금액에 대하여 20% (소득세)와 2% (지방소득세)를 원천징수하고 지급받는다.

⑥ 연금소득 : 연금소득도 지급받는 시점에 일정금액을 차감 후 지급받는다.

⑦ 퇴직소득 : 종합소득이외에 분류 과세되는 퇴직소득도 지급시점에 퇴직소득세 및 지방소득세를 계산한 후 동 금액을 차감 후 지급받는다.

(3) 지급 받는 자 (소득자)가 법인인 경우

법인은 이자소득을 제외하고 별도의 원천징수를 적용하지 않는다.

① 이자소득 : 시중은행에 예금을 하고 이자를 지급받는 경우 지급받은 이자소득은

소득세 (14%)과 지방소득세 (1.4%)를 차감하고 지급받는다. (소득자가 법인인 경우에도 지방소득세를 원천징수한다)

② 배당소득 중 투자신탁의 이익

사/례/연/구

법인이 1월 1일 1,000만원을 예금하고 12월 31일 연 2% 이자를 지급 받는다고 가정하자. 통장에 이자소득으로 입금된 금액은 20만원이 아니라, 16만9,200원이 입금될 것이다. (이자소득세와 지방소득세 3만800원이 차감된 금액이 입금될 것이다)

사/례/연/구

㈜LK전자가 ㈜삼삼은행으로부터 1억 원을 차입하고, 1,000만 원의 이자비용을 지급하려고 한다. ㈜LK전자는 원천징수를 해야 하는가? ㈜LK전자의 입장에서는 이자비용이지만, ㈜삼삼은행은 이자소득이 아니라 사업소득에 해당되므로 원천징수 대상이 아니다.

소득자별 종합소득 원천징수

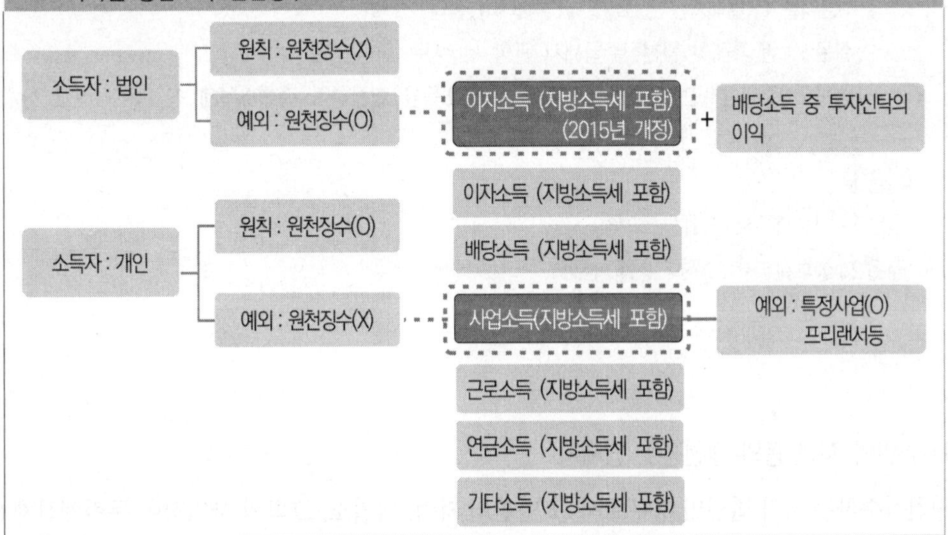

(4) 원천징수의무자

원천징수의무자는 사업자의 해당여부나 사업형태에 관계없이 원천징수대상소득을 지급하는 자 이다. 그러나 현실에서는 원천징수의무자는 원천징수대상소득을 지급하는 개인사업자와 법인으로 한정된다.

(5) 원천징수납세지

원천징수납세지는 원천징수의무자에 따라 아래와 같이 구분된다.

- 원천징수 대상소득을 지급하는 자가 거주자에 해당되면, 그 거주자의 주된 사업장 소재지를 원천징수납세지로 한다.
- 원천징수 의무자가 비거주자에 해당되는 경우에는 그 비거주자의 주된 국내사업장의 소재지를 원천징수납세지로 한다.
- 법인이 원천징수 의무자에 해당되는 경우에는 그 법인의 본점 또는 주사무소 소재지를 원천징수납세지로 한다.

예제 03 납세지

사례 : 서울시 송파구 문정동에 거주하는 주세현 씨는 서울시 강남구 역삼동의 LK텔레콤에 근무하고 있다. LK텔레콤은 매월 25일 200만원의 월급을 지급해야 한다.
LK텔레콤은 매월 25일 간이세액조견표에 따라 소득세 10만원과 지방소득세 1만원을 원천징수하고 189만원을 주세현 씨에게 지급하였다. 지급일이 속하는 다음달 10일까지 원천징수금액을 LK텔레콤은 신고 및 납부하여야 한다.

질문 1 : 위 거래의 원천징수납세지 관할 세무서는 어디인가?

질문 2 : 주세현 씨는 근로소득과 다른 사업소득을 합산하여 종합소득세 신고를 하려고 한다. 관할 세무서는 어디인가?

해 답

질문 1 : 역삼세무서 (사업장 소재지)

질문 2 : 송파세무서 (주소지 관할 세무서)

1) 법인의 지점 등의 원천징수 납세지

원천징수하는 자가 법인인 경우로서 그 법인의 지점, 영업소, 그밖의 사업장이 독립채산제(獨立採算制)에 따라 독자적으로 회계사무를 처리하는 경우에는 그 사업장의 소재지를 납세지(그 사업장의 소재지가 국외에 있는 경우는 제외한다)로 한다. 다만, 원천징수 본점 일괄납부를 신고한 경우 혹은 사업자단위과세를 적용받는 경우에는 법인의 본점 또는 주사무소의 소재지를 소득세 원천징수세액의 납세지로 할 수 있다.

제 2 절 원천징수대상소득

1. 원천징수대상 소득의 구분

(1) 소득의 구분

소득세는 법인세와 달리 소득원천에 따라 소득을 구분하고 있다. 이자, 배당, 사업, 근로, 연금, 기타소득으로 구분되며, 퇴직소득과 양도소득도 별도로 분류된다. 소득세 실무 담당자에게 가장 어려운 일 중 하나가 소득 분류이다. 이 중에서도 근로소득, 기타소득, 사업소득을 구분하는 것이 가장 어려운 문제라고 할 수 있다. 근로소득과 기타소득, 사업소득은 아래와 같이 구분하면 쉽게 구분할 수 있다.

소득의 구분

	계속·반복적 활동을 통한 소득	독립적인 활동을 통한 소득	
① 근로소득	YES	NO	사내 강사료
② 기타소득	NO	YES	특강 강사료
③ 사업소득	YES	YES	학원 강사료

사내강사로 활동하면 강사료를 지급받는다. 사내강사는 근로계약에 따라 강연을 하고 그 대가를 지급받으며, 이 소득은 근로계약의 연장선으로 보고 ①근로소득으로 분류된다. 반면, 고용관계가 없는 자가 기업체나 관공서에서 특별강연을 하고 지급받은 강사료는 대부분 ②기타소득에 해당된다. 고용관계가 없기 때문에 독립적인 활동으로 볼 수 있으며, 특별강연은 계속적이고 반복적으로 이루어지지 않기 때문에 사업소득으로 보기 어렵다. 그러나 학원에서 계약을 맺고 수행하는 학원강의는 계속적이고 반복성이 있으며, 고용관계 없이 이루어지기 때문에 ③사업소득으로 구분하는 것이 바람직하다. 다만, 학원에서 고용관계에 따라 수행하는 학원강의는 근로소득으로 구분될 수 있다.

그렇다면, 개인소득자 입장에서는 어느 소득으로 분류되는 것이 세부담이 가장 적을까? 아마도 기타소득이 가장 적을 것이다. 기타소득은 60%의 필요경비가 인정되기 때문에 지급받은 금액의 40%만이 소득금액으로 간주된다. 반면, 사업소득이라면 필요경비를 스스로 입증해야 하며, 강사료와 관련된 필요경비는 입증하기가 어렵다. 또한, 근로소득이라면 근로소득공제를 차감한 금액이 근로소득금액이 되며, 근로소득공제는 기타소득의 필요경비 인정액 60%보다 적기 때문에 납세자는 기타소득으로 분류되기를 원할 것이다.

예제 04 소득구분 (1)

종로구에 위치하는 H학원에서 강의하는 장성훈 씨의 10월 강사료 400만원이 10월 25일에 지급하기로 되어 있다. 학원의 경리담당자 김정희 씨는 장성훈 씨의 소득을 구분하고, 원천징수할 금액을 계산하고자 한다. (장성훈 씨의 소득은 계속반복적이고, 독립적이다)

질문 1 : 소득구분

질문 2 : 장성훈 씨에게 원천징수 후 통장에 입금해야 하는 금액은 얼마인가?

해 답

질문 1 : 사업소득

질문 2 : 400만원에 대하여 3.3% (지방소득세포함) 원천징수후 지급해야 한다.

400만원 - 400만원 × 3.3% = 386만 8000원

원천징수한 13만2,000원 중 12만원은 종로구 관할 세무서에 11월 10일까지 납부하고, 1만 2,000원은 종로구청에 11월 10일까지 지방소득세로 납부해야 한다.

참 고 모든 소득세에는 지방소득세 (10%)가 부과된다.

예제 05 소득구분 (2)

송파구에 위치하는 LK전자에서 세무전문가 이현우 씨에게 세무특강을 의뢰하고 이현우 씨는 2시간 동안 LK전자 영업사원을 대상으로 특강을 하였다. 특강료는 100만원이며, 10월 25일에 지급하려고 한다. LK전자의 경리담당자 위정렬 씨는 이현우의 소득을 구분하고, 원천징수할 금액을 계산하고자 한다. (이현우 씨는 강남구에 살고 있다.)

질문 1 : 소득구분 (특강소득은 일시적이다)

질문 2 : 이현우 씨에게 원천징수 후 통장에 입금해야 하는 금액은 얼마인가?

해 답

질문 1 : 기타소득

질문 2 : 100만원에 대하여 필요경비 60% (뒤에 기타소득에서 후술) 차감 후 소득금액 40만원에 대하여 22% (지방소득세포함) 원천징수후 지급해야 한다.

원천징수 금액은 40만원 × 22% = 8만 8,000원이다.

100만원 - 8만 8,000 원 = 91만 2,000원

원천징수한 8만 8,000원 중 8만원은 송파세무서에 납부하고, 8,000원은 송파구청에 지방소득세로 납부해야 한다. 원천징수 납세지는 LK전자 관할 세무서이다.

참 고 사업소득원천징수는 지급금액의 3%를 소득세 원천징수하고 기타소득 원천징수는 기타소득금액 (필요경비를 차감한 후 금액)의 20%를 소득세로 원천징수한다.

2. 이자소득

(1) 이자소득의 개념

이자란 금전을 대여하고 받는 대가를 말하며, 법률의 규정에 근거하여 발생하는 이자를 법정이자 (法定利子)라 하고 당사자의 계약행위에 근거하여 받는 이자를 약정이자 (約定利子)라 한다. 금전대여 등에 따른 대가를 이자라는 명칭 이외에 예금 · 할부 · 수수료 · 공제금 · 소개료 기타의 명목으로 부른다 할지라도 그 명칭여하를 불구하고 모두 이자의 범위에 포함하여야 한다.

1) 채권 · 증권의 이자 · 할인액

국가 · 지방자치단체 · 내국법인 · 외국법인의 국내지점 또는 국내영업소 · 외국법인이 발행한 채권 · 증권의 이자와 할인액은 이자소득에 해당한다.

2) 예금의 이자 · 할인액 및 상호신용계 · 신용부금으로 인한 이익

국내외에서 지급받은 예금의 이자 · 할인액 및 상호저축은행법에 의한 신용계 · 신용부금으로 인한 이익은 이자소득에 해당한다.

3) 채권의 환매조건부 매매차익

금융기관이 채권의 시장가격에 의하지 않고 환매기간에 따른 사전약정이자율을 적용하여 결정된 가격으로 환매수 · 환매도하는 것을 조건으로 매매하는 채권의 매매차익은 이자소득에 해당한다.

4) 채권 매매차익의 소득구분

- 일반적인 채권 · 증권 매매차익 : 과세제외 (비열거소득)
- 환매조건부 채권 매매차익 : 이자소득

환매조건부 매매차익

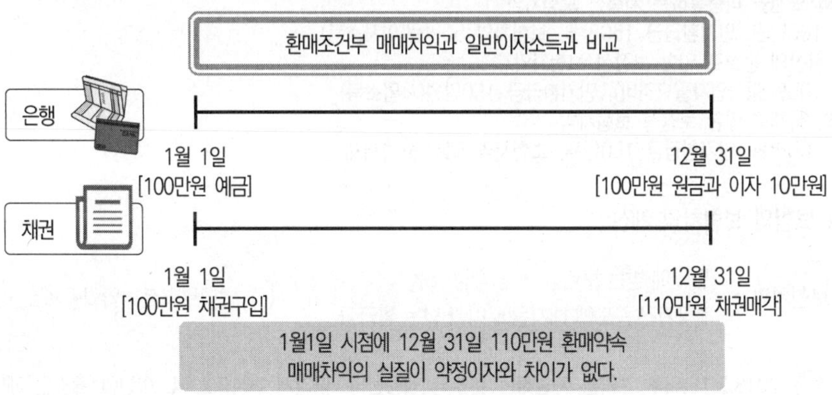

5) 저축성보험의 보험차익

① 소득의 구분

구 분		과세여부
저축성 보험	① 계약기간 10년 이상인 월 적립식 저축성 보험*1	과세제외
	② 55세 이후부터 지급받는 종신형 연금보험*2	과세제외
	③ 계약기간이 10년 이상이고 납입보험료 합계액(①,②의 저축성 보험 제외)이 1억원 이하인 보험*3	과세제외
	④ 위 외의 저축성 보험	이자소득
보장성 보험	① 사업용자산의 손실로 인한 보장성 보험	사업소득
	② 위 외의 보장성 보험*4	과세제외

*1 다음의 요건을 모두 충족하는 월적립식 저축성보험계약
ⓐ 최초납입일부터 만기일 또는 중도해지일까지의 기간이 10년 이상일 것.
ⓑ 최초납입일부터 납입기간이 5년 이상인 월적립식 계약일 것.
ⓒ 최초납입일로부터 매월 납입하는 기본보험료가 균등(최초 계약한 기본보험료의 1배 이내로 기본 보험료를 증액하는 경우 포함)하고, 기본보험료의 선납기간이 6개월 이내 일 것.
ⓓ 계약자 보험료가 1명 150만원 이하 일 것.
*2 다음의 요건을 모두 충족하는 종신형 연금보험계약
ⓐ 계약자가 보험료 납입 계약기간 만료 후 만 55세 이후부터 사망시까지 보험료 및 수익 등을 연금으로 지급받는 계약일 것.
ⓑ 연금 외의 형태로 보험금 및 수익 등을 지급하지 아니하는 계약일 것.
ⓒ 사망시 보험계약 및 연금재원이 소멸할 것.
ⓓ 계약자와 피보험자 및 수익자가 동일한 계약으로서 최초 연금지급개시 이후 사망일 전에 계약을 중도해지할 수 없을 것.
*3 계약자 1명당 납일할 보험료 합계액이 1억원 이하인 저축성보험계약으로서 보험료의 최초납입일부터 만기일 또는 중도해지일까지의 기간이 10년 이상인 것.
*4 피보험자의 사망·질병·부상 그 밖의 신체상의 상해로 인하여 받거나 자산의 멸실 또는 손괴로 인하여 받는 보험금

사례

Ⓐ 과세제외 요건을 충족하는 저축성 보험차익
불입액 100만원, 만기환급금 150만원, 보험차익 50만원(과세제외)
Ⓑ 과세제외 요건을 미충족하는 저축성 보험차익
불입액 100만원, 만기환급금 150만원, 보험차익 50만원(이자소득)
Ⓒ 사업용 자산의 손실로 인한 보장성 보험차익
불입액 100만원(사업자필요경비), 만기환급금 150만원(사업소득)
Ⓓ 신체상의 상해로 인한 보장성 보험차익
불입액 100만원, 만기환급금 150만원, 보험차익 50만원(과세제외)

② 저축성 보험의 보험차익 계산

보험차익 = 만기에 받는 보험금 · 공제금 또는 계약기간 중도에 해지됨에 따라 받는 환급금 (−) 납입보험료 · 납입공제료

위 규정은 2013.2.15.이후 계약을 체결하는 분부터 적용한다. 따라서 2013.2.14. 이전에 체결된 계약분에 대해서는 위의 규정에도 불구하고 다음과 같은 종전의 규정을 따른다.

저축성 보험의 보험차익에 관한 적용 예

〈2013. 2.14 이전 체결분〉

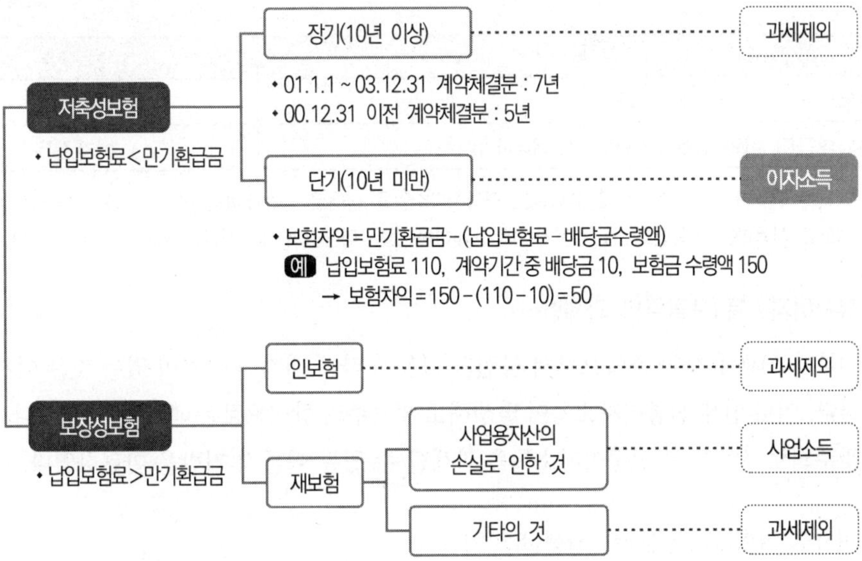

5) 직장공제회 초과반환금

1999년 1월 1일 이후 최초로 직장공제조합에 가입하여 공제회비를 불입하고 퇴직 및 가입 탈퇴로 인하여 지급받는 직장공제회 초과반환금은 이자소득에 해당한다.

구 분	내 용
직장공제회 개념	민법 등에 따라 설립된 공제회·공제조합 등의 단체로서 동일 직장이나 직종에 종사하는 근로자들의 생활안정·복리증진·상호부조 등을 목적으로 구성된 단체 (예 : 교직원 공제회, 군인공제회, 경찰공제회, 소방공제회)
직장공제회 초과반환금	근로자가 퇴직하거나 탈퇴하고 그 규약에 따라 직장공제회로부터 받는 다음의 금액은 이자소득으로 과세한다. ① 납입금 초과이익 : 근로자가 퇴직하거나 탈퇴하여 그 규약에 따라 직장공제회로부터 받는 반환금에서 납입공제료를 뺀 금액 ② 반환금 추가이익 : 반환금을 분할하여 지급하는 경우 그 지급하는 기간 동안 추가로 발생하는 이익

예 교원공제회 장기저축급여

상품명	가입대상	가입금액
장기저축급여	대상 국·공립 각급학교, 교육연수기관등의 교직원	최저 월 50구좌(30,000원) ~ 최고 월 1,000구좌(600,000원)
매월 급여를 지급받을시 가입구좌에 따라 일정 금액을 차감하여 적립한다.		

6) 비영업대금의 이익

금융업을 업으로 하지 않는 자가 일시적 · 우발적으로 금전을 대여하고 받은 소득은 이자소득에 해당한다.

구 분	소득구분
대금업의 이익 (사업적인 금전대여)	사업소득
비영업대금의 이익 (사업적이 아닌 금전대여이익)	이자소득

* 대금업을 하는 거주자임을 대외적으로 표방하고 불특정다수인을 상대로 금전대여를 하는 사업을 금융업으로 본다. 그러나 일시적으로 사용하는 전화번호만을 신문지상에 공개하는 것은 대금업의 대외적인 표방으로 보지 않는다.

7) 유사이자소득 (포괄주의 과세방식)

1)부터 6)과 유사한 소득으로서 금전의 사용에 따른 대가의 성격이 있는 것은 이자소득으로 본다. 이로 인해 신종이자소득이 발생해도 열거주의 방식으로는 과세할 수 없으나, 유형별 포괄주의로 전환하여 신종이자소득을 과세할 수 있는 이론적 기반을 마련하였다.

8) 이자부 복합금융거래에서 발생한 이익

이자소득 중 어느 하나에 해당하는 소득을 발생시키는 거래 또는 행위와 「자본시장과 금융투자업에 관한 법문」에 따른 파생상품이 대통령령으로 정하는 바에 따라 결합된 경우 해당 파생상품의 거래 또는 행위로부터의 이익

(2) 이자소득으로 보지 아니하는 소득

이자소득과 유사하지만 아래에 분류된 소득은 이자소득으로 구분하지 않는다.

구 분	내 용
사업소득으로 보는 경우	물품을 매입할 때 대금결제방법에 따라 에누리되는 금액 (매입에누리)
	외상매입금이나 미지급금을 약정기일 전에 지급함으로서 받는 할인액 (매입할인)
	물품을 판매하고 대금의 결제방법에 따라 추가로 지급받는 금액
	외상매출금이나 미수금의 지급기일을 연장하여 주고 추가로 지급받는 금액. 다만, 외상매출금이나 미수금이 소비대차로 전환된 경우에는 이자소득 (비영업대금이익)

구 분	내 용
손해배상금에 대한 법정이자	재산권에 관한 위약 또는 해약으로 인한 손해배상금과 그 법정이자 : 기타소득 (예 : 주택매매계약의 해약에 따른 위약금)
	기타의 손해배상금과 그 법정이자 : 과세제외 (미열거소득) (예 : 명예훼손배상금 · 교통사고배상금)

(3) 비과세 이자소득

1) 소득세법상 비과세 이자소득

① 공익신탁의 이익

2) 조세특례제한법상의 비과세 이자소득

① **장병내일준비적금에서 발생하는 이자소득** (조특법 91조 19)

현역병이 장병내일준비적금에 2026년 12월 31일까지 가입하는 경우 가입일부터 「병역법」에 따른 복무기간 종료일까지 해당 적금 (모든 금융회사에 납입한 금액의 합계액 기준으로 월40만원을 한도로 한다)에서 발생하는 이자소득에 대해서는 소득세를 부과하지 아니한다. 다만, 복무기간이 24개월을 초과하는 경우 비과세 적용기간은 24개월을 초과하지 못한다.

② **비과세 종합저축에서 발생하는 이자소득** (조특법 88조의2)

다음 어느 하나에 해당하는 거주자가 1명당 저축원금이 5천만원 이하인 비과세종합저축에 2026년 12월 31일까지 가입하는 경우 해당 저축에서 발생하는 이자소득에 대해서는 소득세를 부과하지 아니한다. (65세 이상인 거주자, 장애인, 독립유공자, 국가유공자, 기초생활수급자 등) 단, 직전 3개 년도 내 1회 이상 금융소득 종합과세자는 제외한다.

③ **개인종합 자산관리계좌 이자소득** (조특법 91조 18)

개인종합자산관리계좌에 가입하거나 계약기간을 연장하는 경우 해당 계좌에서 발생하는 금융소득의 합계액 중 200만원까지 (서민형과 농어민형[6]은 400만원까지) 비과세 한다.

④ **농어가목돈마련저축에서 발생한 이자소득** (조특법 87조 2)

농어민이 「농어가목돈마련저축에 관한 법률」에 따른 농어가목돈마련저축에 2025년 12월 31일까지 가입한 경우 해당 농어민 또는 그 상속인이 저축계약기간이 만료되거나 가입일부터 1년 이후 다음 각 호의 어느 하나에 해당하는 사유로 저축을 해지하여 받는 이자소득과 저축장려금에 대해서는 소득세등을 부과하지 아니한다.

⑤ **청년우대형 주택청약종합저축에 대한 이자소득** (조특법 87조 ③)

---

6) 1) 다음 중 어느 하나에 해당하는 경우(서민형과 농어민형) : 400만원

(ㄱ) 직전 과세기간의 총급여액이 5천만원 이하인 거주자(직전 과세기간에 근로소득만 있거나 근로소득 및 종합소득과세표준에 합산되지 않는 종합소득이 있는 자로 한정함)

(ㄴ) 직전 과세기간의 종합소득과세표준에 합산되는 종합소득금액이 3,800만원(2021.12.31. 이전 가입 및 연장분은 3,500만원) 이하인 거주자(직전 과세기간의 총급여액이 5천만원을 초과하지 않는 자로 한정함)

(ㄷ) 대통령령으로 정하는 농어민(직전 과세기간의 종합소득과세표준에 합산되는 종합소득금액이 3,800만원(2021.12.31. 이전 가입 및 연장분은 3,500만원)을 초과하는 자는 제외함

2) 1)에 해당하지 않는자의 경우(일반형) : 200만원

연간 총급여 3,600만원 (종합소득금액 2,600만원)이하 무주택세대주인 청년 (19~34세 이하, 병역기간 별도 인정)이 2025년 12월 31일까지 가입하는 주택청약종합저축에서 발생하는 이자소득에 대하여 500만원까지 비과세한다. 비과세한도는 가입기간 전체 기준으로 적용하면 비과세 적용 청약저축 납입한도는 연 600만원이다.

⑥ **농협 등 조합 예탁금에서 발생하는 이자소득** (조특법 89조의 3)

농민 · 어민 및 그 밖에 상호 유대를 가진 거주자를 조합원·회원 등으로 하는 조합 등에 대한 예탁금으로 가입 당시 19세 이상인 거주자가 가입한 조합 등 예탁금(1명당 3천만원 이하의 예탁금만 해당함)에서 2007.1.1.부터 2025.12.31.까지 발생하는 이자소득에 대하여 비과세하고, 2026.1.1.부터 2026.12.31.까지 발생하는 이자소득에 대해서는 5%의 세율을 적용하며, 그 이자소득은 종합과세표준에 합산하지 않으며, 개인 지방소득세를 부과하지 않는다. 2027.1.1.부터 2027.12.31.까지 발생하는 이자소득에 대해서는 9%의 세율을 적용하며, 그 이자소득은 종합과세표준에 합산하지 않으며, 개인 지방소득세를 부과하지 않는다.

(4) 이자소득금액의 계산

이자소득금액 = 총수입금액 (비과세 · 분리과세소득 제외)

여타의 다른 소득금액의 계산방법은 총수입금액에서 필요경비를 차감하여 계산한다. 이자소득과 배당소득의 금융소득에 대하여는 필요경비를 인정하지 않고 있다.

예제 06 이자소득

대금업을 표방하지 않는 ㈜주영은 음식점업을 영위하는 ㈜현경에게 대여한 금액에 대한 이자 200만원을 받으려고 한다.
질문1 : ㈜주영의 입장에서 소득구분
질문2 : ㈜현경이 ㈜주영에게 원천징수 후 통장에 입금해야 하는 금액은?

해 답

질문1 : 이자소득 (비영업대금의 이익)
질문2 : 200만원에 대하여 25% 원천징수 후 지급해야 한다.
원천징수 금액은 200만원 × 25% = 50만원이다.
비영업대금의 이익에 해당된다. (원천징수세율 25%)
지방소득세 50만원 × 10% = 5만원 (소득세원천징수 10%)
200만원 − 55만원 = 145만원

(5) 이자소득금액 수입시기

이자소득의 수입시기는 원칙적으로 권리의무 확정주의에 따라 약정에 의한 지급일로 하지만 예외적으로 무기명채권의 이자・할인액, 예금의 이자, 보험의 보험차익, 신탁의 이익은 현금주의에 의한다.

- 원칙 : 약정에 의한 지급일 (∵권리의무확정주의)
  - ① 비영업대금의 이익
  - ② 유사이자소득
  - ③ 채권의 환매조건부 매매차익
  - ④ 직장공제회 초과반환금
  - ⑤ 기명채권의 이자・할인액
- 예외 : 다음 4가지는 실제로 지급받는 날 (현금주의)
  - ① 무기명 채권의 이자・할인액
  - ② 예금의 이자
  - ③ 보험의 보험차익
  - ④ 소기업・소상공인 공제부금에서 발생하는 소득
- 기타 ① <u>채권의 보유기간 이자등상당액 : 채권매도일 또는 이자지급일</u>
  ② <u>이자소득이 발생하는 상속재산이 상속・증여되는 경우 : 상속개시일・증여일</u>

3. 배당소득

(1) 배당소득의 개념

법인의 지분율에 해당하는 주식을 취득한 후 해당기업의 성과에 따라 주주는 배당금을 지급받게 된다. 주주로서 받는 배당금을 배당소득이라고 한다. 이자소득과 배당소득을 금융소득이라고 한다.

1) 일반적인 배당

내국법인으로부터 받는 이익이나 잉여금의 배당 또는 분배금
외국법인으로부터 받는 이익이나 잉여금의 배당 또는 분배금
법인과세 신탁재산으로부터 받는 배당금 또는 분배금

2) 의제배당

잉여금의 자본전입으로 인한 무상주 의제배당
감자・해산・합병 및 분할로 인한 의제배당액

3) 인정배당

법인세법에 의하여 배당으로 처분된 금액

4) 간주배당

국제조세조정에 관한 법률 제 27조 규정에 따라 배당받은 것으로 간주된 금액

5) 투자신탁의 이익

국내 또는 국외에서 받는 투자신탁의 이익

종 류	투자신탁이익의 구성요소	소득구분	직접투자
주식	배당금	포함	과세 (배당소득)
	매매 및 평가손익	제외	과세제외
채권	이자	포함	과세 (이자소득)
	매매 및 평가손익	포함	과세제외

6) 출자공동사업자의 배당소득

공동사업에서 발생한 소득금액 중 출자공동사업자에 대한 손익분배비율에 상당하는 금액

비교 업무집행공동사업자의 손익분배비율에 해당하는 금액 : 사업소득

7) 배당부 복합금융거래에서 발생한 이익

배당소득 중 어느하나에 해당되는 소득을 발생시키는 거래 또는 행위와 파생상품의 대통령령으로 정하는 바에 따라 결합된 경우 해당 파생상품의 거래 또는 행위로 부터의 이익

8) 환매조건부 증권 매매거래에 따른 주식 RP거래 보상액

매수인이 지급받은 배당과 동일한 금액을 매도인에게 지급하는 경우 주식RP거래 보상액7)은 배당소득으로 본다.

9) 유사배당소득

1)부터 6)과 유사한 소득으로서 배당성격이 있는 것은 배당소득으로 본다.

사 례

문화펀드 등 신종펀드의 배당, 파생금융상품의 배당

7) 채권 RP 거래 보상액은 이자소득으로 본다

(2) 비과세 배당소득

① 공익신탁 (학술 · 종교 · 자선 · 기예 그 밖의 공익을 목적으로 하는 신탁)의 이익

② 비과세 종합저축에서 발생하는 배당소득 (조특법 88조의2)

일정요건을 갖춘 거주자가 1명당 저축원금이 5천만원 이하인 비과세종합저축에 2025년 12월 31일까지 가입하는 경우 해당 저축에서 발생하는 배당소득에 대해서는 소득세를 부과하지 아니한다. (65세 이상인 거주자, 장애인, 독립유공자, 국가유공자, 기초생활수급자 등[단, 직전 3개년도 내 1회 이상 금융소득 종합과세자는 제외한다.])

③ 소액주주 (개인별 액면가 합계액 1,800만원 이하)인 우리사주조합원이 장기보유한 배당소득 (조특법 88조의4 ⑨)

④ 개인종합 자산관리계좌 배당소득 (조특법 91조 18)

개인종합자산관리계좌에 가입하거나 계약기간을 연장하는 경우 해당 계좌에서 발생하는 금융소득의 합계액 중 200만원까지 (서민형과 농어민형은 400만원까지) 비과세 한다.

⑤ 농협·수협 등 조합 출자금에서 발생하는 배당소득 (조특법 88조의 5)

농업협동조합·수산업협동조합·산림조합·신용협동조합·새마을금고에 대한 조합원·준조합원·계원·준계원·회원의 출자금으로서 조합 등에 출자한 금액의 1인당 합계액이 1천만원 이하인 출자금에 대한 배당소득과 그 조합원 등이 그 금융기관으로부터 받는 사업이용실적에 따른 배당소득 중 2025.12.31.까지 받는 배당소득에 대하여는 소득세를 부과하지 않는다. 2026.1.1.부터 2026.12.31.까지 발생하는 배당소득에 대해서는 5%의 세율을 적용하며, 그 배당소득은 종합과세표준에 합산하지 않으며, 개인 지방소득세를 부과하지 않는다. 2027.1.1.부터 2027.12.31.까지 발생하는 배당소득에 대해서는 9%의 세율을 적용하며, 그 배당소득은 종합과세표준에 합산하지 않는다.

⑥ 농업회사법인에 출자한 거주자가 2026.12.31.까지 받는 배당소득 중 식량작물재배업소득에서 발생하는 배당소득 전액 (조특법 68조 ④)

예제 07 주식보유 및 처분의 소득

전기총급여 5,000만원인 근로소득자 박진모씨는 개인종합자산관리계좌를 가입하고 배당소득 100만원과 이자소득 200만원을 수령하였다.

질문 1 : 배당소득은 과세되는가?

질문 2 : 이자소득은 과세되는가?

해 답

질문 1 : 비과세 (총급여 5,000만원 이하인 경우 400만원까지 비과세이다.)

질문 2 : 비과세 (총급여 5,000만원 이하인 경우 400만원까지 비과세이다.)

(3) 배당소득금액의 계산

배당소득금액 = 총수입금액 (비과세 · 분리과세소득 제외) + Gross-up금액

여타의 다른 소득금액의 계산방법은 총수입금액에서 필요경비를 차감하여 계산한다. 배당소득에 대하여는 필요경비를 인정하지 않고 있고, 이중과세를 조정하기 위하여 Gross-up금액을 가산한다. 배당소득금액은 해당 연도의 총수입금액으로 한다.

Gross-up금액은 배당소득의 100분의 10[8]을 상당하는 금액을 가산한 금액으로 한다.

(4) Gross-up 대상 배당소득

1) Gross-up 대상 배당소득 요건

Gross-up 대상 배당소득은 다음 세 가지 요건을 모두 갖춘 것에 한한다.

㉠ 배당금을 지급하는 법인 : 내국법인

㉡ 배당금의 재원 : 법인세가 과세된 소득을 재원으로 하는 배당소득

㉢ 개인주주 : 배당소득이 종합과세되면서 누진세율이 적용될 것

금융소득이 2,000만원을 초과함으로서 종합과세되는 경우 금융소득 중 2,000만원 범위 내에 포함되어 있는 배당소득에 대하여는 Gross-up을 하지 아니하며, 2,000만원을 초과하는 부분에 포함되어 있는 배당소득에 대하여만 Gross-up을 한다. 따라서 종합과세되는 금융소득 중 어떤 소득이 먼저 2,000만원을 구성하였는지에 관한 순서가 필요한데, 현행 소득세법은 Gross-up대상소득이 가급적으로 2,000만원 초과분에 포함되도록 다음의 순서규정을 두고 있다.

① 이자소득
② 본래 Gross-up 대상이 아닌 배당소득
③ 본래 Gross-up 대상인 배당소득

2) Gross-up 대상이 아닌 배당소득

① 외국법인으로부터 받는 배당 (내국법인요건 위배)

② 출자공동사업자의 배당소득 (내국법인요건 위배)

③ 집합투자기구로부터의 배당 (동 이익은 투자자의 소득이지 신탁회사의 소득이 아니므로 신탁회사에 법인세가 과세되지 않음)

④ 법인세법상 소득공제를 적용받는 유동화전문회사 · 투자회사로부터 받는 배당 (법인세가

8) 2023년도 법인세 세율이 인하되어 2023년 귀속배당금이 지급되는 2024년부터는 귀속법인세율은 100분의 10으로 인하되었다.

과세되지 않음)

⑤ 유사배당소득 (예 : 신종펀드의 배당 등), (펀드수익에는 법인세가 과세되지 않음)

⑥ 복합금융거래에서 발생한 이익 (법인세가 과세되지 않음)

⑦ 분리과세대상 배당과 종합과세대상 배당 중 14% 세율이 적용되는 배당

3) Gross-up을 하는 이유

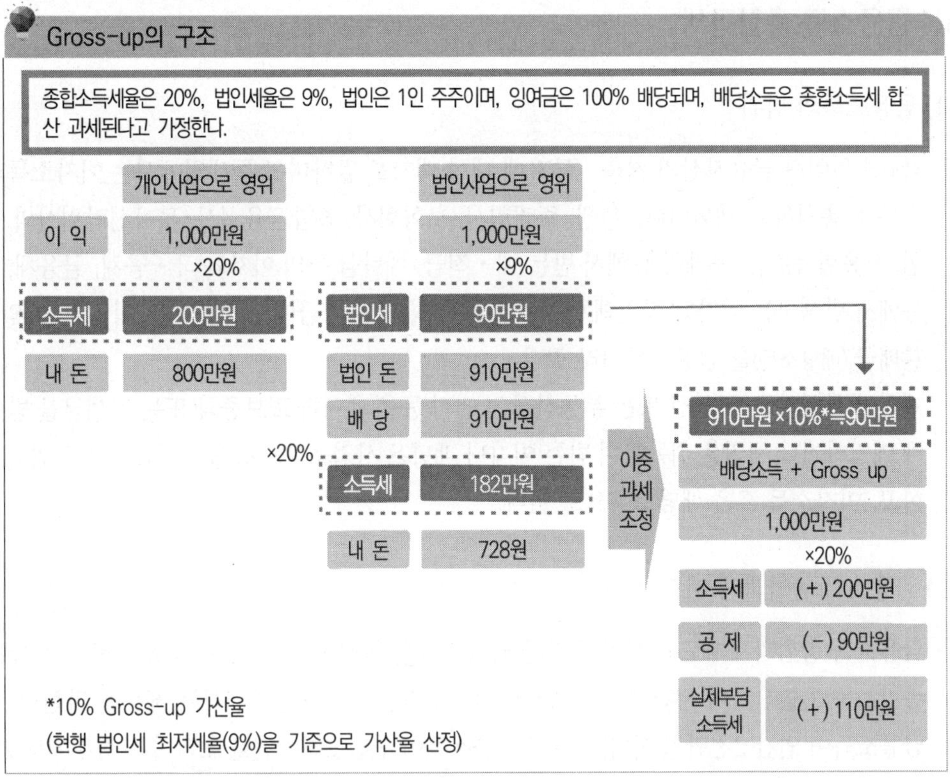

개인사업을 영위하는 경우 소득세 200만원만 부담하면 된다. 그러나 법인형태로 사업을 영위하는 경우, 법인단계에서 90만원의 법인세를 부담하고, 이후 소득세 182만원을 추가로 부담해야 하는 이중과세 문제가 발생한다. 이중과세 조정을 위해, 배당 시점에서 법인단계에 부과된 법인세를 가산하여 소득세를 계산하고, 그 후 법인단계에서 부담된 법인세를 공제하여 최종 소득세 부담이 90만원, 법인세 부담이 110만원이 된다. 이 경우, 개인사업 형태에서 부담한 소득세 200만원과 일치하게 된다.

(5) 배당소득 수입시기

배당소득의 수입시기는 아래에 의한다.

① 무기명주식의 배당 (일반배당) : 지급을 받은 날

② 잉여금처분에 의한 배당 (일반배당) : 당해 법인의 잉여금처분 결의일
③ 무상주의제배당 (의제배당) : 잉여금의 자본전입을 결의한 날
④ 해산으로 인한 배당 (의제배당) : 잔여재산가액 확정일
⑤ 인정배당 : 당해 법인의 당해 사업연도의 결산확정일
⑥ 유사배당소득 : 그 지급을 받은 날
⑦ 출자공동사업자의 배당소득 : 과세기간 종료일

3.1 금융소득 종합과세

(1) 금융소득의 범위

금융소득이란 금융자산의 저축・투자에 대한 대가를 말하며 소득세법에서는 이자소득과 배당소득을 총칭하는 개념이다. 은행, 증권회사, 보험회사, 종합금융회사, 투자신탁회사와 농・수협, 신용협동조합, 우체국 등에서 받는 예・적금, 예탁금 등의 이자와 국・공채, 금융채, 회사채 등에서 발생하는 이자와 할인액 (이자소득)과 주식 및 출자금에서 발생하는 이익 또는 잉여금의 분배금 (배당소득)을 금융소득이라 한다.

개인이 사업자금, 부동산 또는 부동산상의 권리 등을 대여하고 보증금 또는 전세금을 받아 은행에 예입하거나 채권을 취득하여 받는 이자나 배당은 사업소득으로 총수입금액에 산입하지 아니하고, 이자소득 혹은 배당소득으로 본다.

(2) 금융소득 종합과세 제도

금융소득 종합과세제도는 <u>개인별 연간 금융소득을 합산하여 2천만원을 초과하는 소득</u>은 다른 종합소득과 합산하여 <u>누진세율 (종합소득세율)</u>을 적용하여 종합과세하는 제도를 말한다. 그러나 금융소득이 연간 2천만원 이하 이거나 금융소득이 연간 2천만원을 초과하는 경우에도 2천만원까지는 소득지급자가 소득세를 원천징수하여 납부함으로서 납세의무가 종결된다. 금융소득이 연간 2천만원을 초과하는 경우에는 전체 금융소득중에서 2천만원을 초과하는 소득금액만 종합과세 (다른 종합소득이 있는 경우에는 다른 종합소득과 합산하여 종합과세)된다. 금융소득종합과세 기준금액 (2천만원)을 기점에서 발생할 수 있는 세부담의 급격한 증가문제를 보완하고 금융소득종합 과세시에도 최소한 원천징수세율 (14%) 이상의 세부담이 되도록 하였다.

전체금융 소득금액 중 2,000만원에는 원천징수세율 (14%)을 적용하여 계산한 세액과 2,000만원을 초과하는 금융소득 (또는 다른 종합소득과 합산한 소득)에는 종합소득세율을 적용하여 계산한 세액을 합계한 세액을 산출세액으로 하고 대신 금융소득 전체금액에 대하여 원천징수된 세액 전부를 기납부세액 (2,000만원에 대한 원천징수세액을 포함)으로 공제하여 납부할 세액을 계산하게 된다. 따라서 전체 금융소득 중 2천만원까지는 원천징수세율로 납세 의무가 종결되는 분리과세

와 같은 결과가 된다. 다만, 산출세액이 원천징수세액 보다 적은 경우에는 비교 과세 방법에 의하여 과세하게 된다.

산출세액	=	(금융소득 2,000만원 × 14%) + (종합소득의 과세표준 × 종합소득세율)

(3) 금융소득의 지급자 : 원천징수

① 국내에서 지급하는 금융소득: 국내에서 거주자나 비거주자에게 이자소득 및 배당소득을 지급하는 자는 그 거주자나 비거주자에 대한 소득세를 원천징수하여야 한다.
② 국외에서 지급하는 금융소득: 원칙적으로 국내에서 원천징수하지 않는다. 다만 예외적으로 외국법인이 발행한 채권 또는 증권에서 발생하는 이자소득 및 배당소득을 거주자에게 지급하는 경우, 국내에서 그 지급을 대리하거나 위임 또는 위탁받은 자는 원천징수의무자로 간주하여 원천징수 규정을 적용한다.

(4) 원천징수세율의 구분

1) 무조건 분리과세대상 금융소득

취 지	내 용	원천징수세율
실지귀속자 확인불가	① 비실명 금융소득(금융실명거래 및 비밀보장에 관한 법률 5조가 적용되면 : 90%, 그렇지 않은 경우 45%)	90% 45%
	② 민사집행법에 의하여 법원에 납부한 보증금 및 경락대금에서 발생하는 이자소득	14%
	③ 법인으로 보는 단체 외의 단체 중 수익을 구성원에서 배분하지 아니하는 단체로서 단체명을 표기하여 금융거래를 하는 단체가 금융회사 등으로부터 받는 금융소득(아파트 관리사무소의 금융소득)	14%
조세정책적 혜택부여	④ 직장공제회 초과반환금	기본세율
	⑤ 영농·영어조합법인이 2026.12.31까지 조합원에게 지급하는 배당 중 소득세 비과세분을 제외한 배당소득(조특법 66조 ③, 67조 ③)	5%
	⑥ 농업회사법인에 출자한 거주자가 2026.12.31.까지 지급받는 배당소득 중 식량작물재배소득 외의 소득 중 대통령으로 정하는 소득에서 발생한 배당소득(조특법 68조 ④)	14%
	⑦ 개인종합 자산관리계좌에 가입하거나 계약기간을 연장하는 경우 해당 계좌에서 발생하는 금융소득(이자소득과 배당소득)의 합계액 중 200만원(서민형과 농어민형은 400만원)을 초과하는 금액 (조특법 91조의 18)	9%
	⑧ 거주자가 공모부동산집합투자기구의 집합투자증권에 2026.12.31.까지 투자하는 경우 해당 거주자가 보유하고 있는 공모부동산집합투자기구의 집합투자증권 중 거주자별 투자금액의 합계액이 5천만원을 초과하지 않는 범위에서 지급받는 배당소득(투자일로부터 3년 이내 지급받는 경우에 한정함) 예 REITs 주식 (조특법 87조의 7)	9%

2) 무조건 종합과세대상 금융소득

아래의 금융소득은 무조건 종합과세대상 종합소득으로 모두 종합과세한다.

① 「소득세법」상 원천징수규정이 적용되지 않는 이자소득 및 배당소득

예 국내에서 원천징수되지 아니한 국외금융소득

3) 조건부 종합과세대상 금융소득

아래의 금융소득은 종합과세대상 판정대상금융소득이 2,000만원을 초과하는 경우에는 모두 종합과세하고, 판정대상금융소득이 2,000만원 이하의 경우에는 모두 분리과세한다.

① 조건부 과세대상 금융소득으로서 비영업대금의 이익 (25%).
금융업을 영위하지 아니한 자로부터 자금을 차입하고 이자를 지급하는 경우 비영업대금 이자에 해당한다.

② 일반 금융기관의 이자 및 회사채의 이자 등 비과세대상·무조건 분리과세대상 및 무조건 종합과세대상 금융소득 외의 나머지 모든 금융소득 (14%).

예제 08 원천징수금액

비상장법인인 ㈜ 동양은 2025년 2월 10일 정기주주총회에서 아래와 같이 현금 배당을 하기로 결의하고 3월 31일자로 배당금을 지급하려고 한다. 회사의 주주와 지급액은 아래와 같다.
각 주주 통장으로 입금될 금액은 얼마인가?

주주	보유지분	배당금액
김용진 (개인주주)	50%	1,000만원
이채령 (개인주주)	25%	500만원
㈜ 기분존통신 (법인주주)	25%	500만원

해 답

김용진 씨 입금금액 : 1,000만원 - 1,000만원 × 15.4% (지방소득세포함) = 846만원
이채령 씨 입금금액 : 500만원 - 500만원 × 15.4% (지방소득세포함) = 423만원
㈜ 기분존 통신 입금금액 : 500만원
지급받는 자가 법인인 경우, 배당소득에 대하여 원천징수를 하지 않는다.

(5) 종합과세여부의 판단

구 분	내 용
종합과세여부 판정대상금융소득이 2,000만원을 초과하는 경우	무조건 종합과세대상 금융소득과 조건부 과세대상 금융소득을 모두 종합과세한다.
종합과세여부 판정대상금융소득이 2,000만원 이하인 경우	무조건 종합과세대상 금융소득만 종합과세하며, 조건부 과세대상 금융소득은 분리과세한다.

* 종합과세여부 판정대상 금융소득

① 무조건 종합과세대상 금융소득과 조건부과세대상 금융소득을 합계한 금액으로 Gross-up을 하기 전의 금액을 말한다.
② 출자공동사업자의 배당소득과 과세특례적용 인적회사로부터 받은 배당소득은 판정대상금융소득에 포함하지 아니한다.

(6) 종합과세되는 금융소득의 세율별 구분

구 분	내 용
종합과세되는 금융소득이 2,000만원을 초과하는 경우	종합과세되는 무조건종합과세대상과 조건부과세대상을 합계한 금액 중 · 2,000만원 이하 : 원천징수세율(14%) 적용* · 2,000만원 초과분 : 기본세율 적용
종합과세되는 금융소득이 2,000만원 이하인 경우	종합과세되는 무조건종합과세대상 중 · 2,000만원 이하 : 원천징수세율(14%) 적용*

* 원천징수세율(14%)의 적용순서 : 원천징수세율(14%)의 적용되는 금융소득은 다음의 순서로 구성되는 것으로 한다.

① 이자소득 ⇨ ② Gross-up 대상이 아닌 배당소득 ⇨ ③ Gross-up 대상인 배당소득 주

주 위 ③의 Gross-up 대상인 배당소득이라 하더라도 14%의 세율이 적용되는 부분에 대하여는 Gross-up을 하지 않는다.

(7) 종합소득금액에 합산되는 이자소득금액과 배당소득금액의 계산

구 분	내 용
이자소득금액	종합과세되는 이자소득
배당소득금액	종합과세되는 배당소득+기본세율 적용분 배당소득 중 Gross-up 대상×10%

금융소득종합과세 흐름도

〈세법워크북 2 참조〉

[Step 1] 금융소득의 구분

구 분	대상소득	과세방법
A 비과세대상	• 비과세 이자소득 · 배당소득	비과세
B 무조건 분리과세대상	• 아래 표 [무조건 분리과세대상] 참조	분리과세
C 판단제외 종합과세대상	• 출자공동사업자의 배당소득 (원천징수세율 25%) → 무조건 종합과세하지만 2천만원 초과여부 판단시 제외함	종합과세
D 무조건 종합과세대상	• 원천징수규정이 적용되지 않는 금융소득(국내에서 원천징수되지 아니한 국외금융소득) → 국내에서 원천징수되는 국외금융소득은 조건부과세대상	종합과세
E 조건부 과세대상	• 위 외의 나머지 모든 금융소득 (원천징수세율 : 비영업대금이익은 25%, 나머지는 14%)	조건에 따라 결정됨

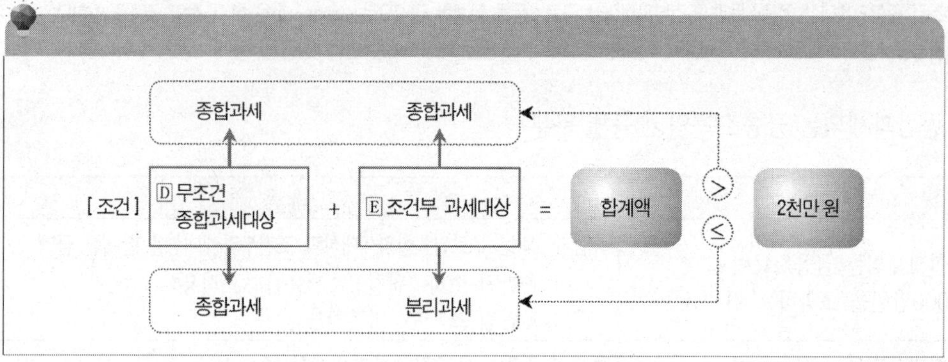

[Step 2] 종합과세되는 금융소득의 세율별 구분

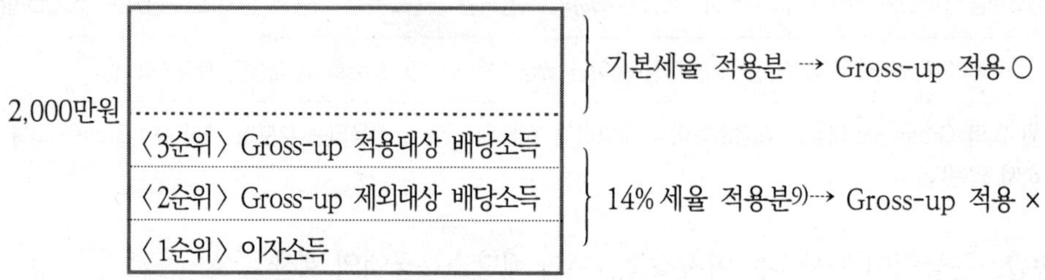

예 [Case 1]

이자소득 500만원, G×배당 500만원, G○배당 3,000만원

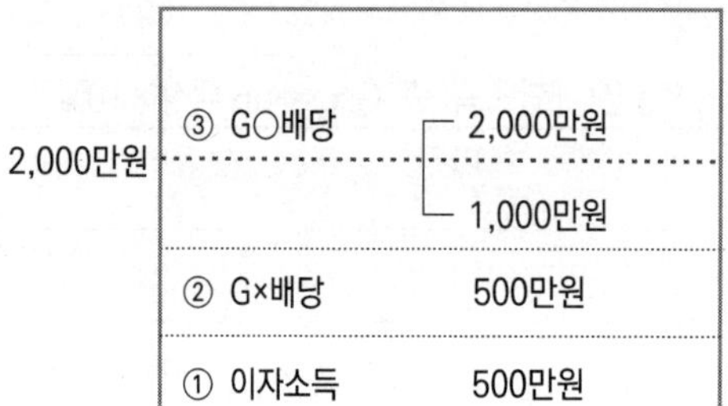

G-up 금액 = Min (3,000만원, 2,000만원)×10%

[Case 2]

이자소득 500만원, G×배당 2,500만원, G○배당 1,000만원

G-up 금액 = Min (1,000만원, 2,000만원)×10%

[Step 3] 종합소득금액에 합산되는 이자소득금액과 배당소득금액의 계산

- 이자소득금액 = 종합과세되는 이자소득 총수입금액
- 배당소득금액 = 종합과세되는 배당소득 총수입금액 + Gross-up 금액*

* Gross-up 금액 = Min (① Gross-up 적용대상 배당소득, ② 기본세율 적용분) × 10%

9) ① 2천만원까지 14%를 적용하는 이유 : 금융소득 2,000만원을 기준으로 급격하게 세부담이 증가하는 것을 막기 위하여, 종합과세되는 금융소득 중 2,000만원까지는 분리과세시와 동일한 세부담이 되도록 14%의 세율을 적용하고, 2,000만원을 초과하는 부분에 대하여는 기본세율을 적용한다.

② 14%의 세율 구성순서의 취지 : 가급적 *Gross-up* 적용대상 배당소득에 기본세율을 적용케 하여 이중과세 조정이 가능하도록 하기 위하여 이자소득 · *Gross-up* 제외대상 배당소득부터 14%를 구성하게 한 것이다.

예제 09 금융소득종합과세여부

다음은 거주자 이동섭 씨의 20X1년 금융소득자료이다. 금융소득종합과세 여부를 판정하시오.

① 비영업대금이익 1,000,000원
② 국외이자 8,000,000원
③ 국외배당 5,000,000원
④ 정기예금이자 3,000,000원
⑤ 비상장법인 소액주주배당금 3,000,000원
⑥ 투자신탁의 이익 6,000,000원

해 답

조건부과세와 종합과세금액의 합이 2,000만원을 초과하기 때문에 모두 종합과세를 하여야 한다.

구 분	금융소득 구분		세율 적용		Gross-up 대상
	조건부과세	무조건종합	14%세율***	기본세율	
비영업대금이익	1,000,000		①1,000,000		
국외이자		8,000,000	①8,000,000		
국외배당 (G×*)		5,000,000	②5,000,000		
정기예금이자	3,000,000		①3,000,000		
비상장법인 배당 (Go**)	3,000,000			③3,000,000	3,000,000
투자신탁의 이익 (G×*)	6,000,000		②3,000,000	②3,000,000	
계	13,000,000	13,000,000	20,000,000	6,000,000	3,000,000

* Gx : Gross-up 대상 배당소득 아님.

** Go : Gross-up 대상 배당소득임.

*** 세율적용 : 14% 세율구간은 ① 이자소득 ② G× 배당수익 ③ Go 배당소득 순서로 2,000만원까지 적용하고, 나머지를 기본세율 구간에 적용시킨다.

이자소득금액 : 12,000,000

배당소득금액 : 14,000,000 + 3,000,000 × 10%

4. 특정사업소득

(1) 사업소득의 범위

사업소득은 영리를 목적(①영리목적성)으로 자기의 계산과 책임하에(②독립성)에서 계속・반복적(③계속・반복적)으로 영위하는 사업에서 발생하는 소득을 말한다. 현행 소득세법에서는 한국표준산업분류표를 기준으로 해당 업종을 분류하고 있다. 예를 들면, 연예인 등이 사업 활동과 관련하여 지급받는 전속계약금 등이 특정 사업소득에 해당한다.

예) 특정회사에 소속되어 고용없이 독립된 자격으로 일정한 고정보수를 받지 않고, 그 실적에 따라 지급받는 대가는 사업소득으로 본다.

(2) 사업소득의 지급자 세무처리

대부분의 일반사업소득에 대해서는 원천징수를 하지 않고 세금계산서를 수수하여야 한다. 다만, 아래의 특정사업소득에 대하여는 원천징수를 적용한다.

① **의료보건용역 · 인적용역의 공급에서 발생하는 소득** : 소득의 지급자가 수입금액의 3%를 원천징수해야 한다. 여기서 말하는 인적용역이란, 물적, 인적설비 없이 제공하는 인적서비스를 의미한다.

② 보험모집인 · 방문판매원의 모집 · 판매수당 : 소득의 지급자가 수입금액의 3%를 원천징수하고 연말정산을 해야 한다. 사업소득 중 연말정산 대상 사업소득은 ②만 해당된다는 것에 주의해야 한다.

③ 봉사료 수입금액 : 봉사료가 공급가액(간이과세자의 경우에는 공급대가)의 20%를 초과하는 경우에 사업자가 봉사료수입금액의 5%를 원천징수하여야 한다.

④ 농축수산물 판매업자 등의 일정한 사업자 : 납세조합이 기본세율로 징수해야 한다.

⑤ 외국인 직업운동가 : 외국인 직업운동가에 대한 원천징수를 확대 적용하여 외국인 직업운동가와의 계약기간에 상관없이 소득의 지급자가 수입금액의 20%를 원천징수해야 한다.

(3) 사업소득의 귀속자의 세무처리

소득귀속자의 소득은 모두 종합과세되어야 하며 총수입 금액에서 입증된 필요경비를 차감하여 사업소득금액을 계산한다. 단, 무기장 사업자는 아래와 같이 소득금액을 계산한다.

1) 무기장 사업자의 소득금액 계산방법

소득세 과세표준을 계산하기 위해서는 먼저 수입금액에서 필요경비를 차감하여 소득금액을 계산한다. 이때, 장부를 기장하지 않는 사업자는 필요경비를 계산할 수가 없기 때문에 정부에서 정한 경비율에 따라 필요경비를 인정받게 되는데, 이러한 제도를 경비율제도 라고 한다. 기준경비율 및 단순경비율에 의한 소득금액 계산방법은 아래와 같다.

① 기준경비율에 의한 소득금액 계산방법

기준경비율 적용대상자는 주요경비 및 기타경비를 비용으로 인정받는다. 주요경비(매입비용, 인건비, 지급임차료)는 증빙서류에 의한 금액이며 기타경비는 수입금액에 기준경비율을 곱한 금액에 해당된다.

> 추계소득금액 = Min (①, ②)
> ① 수입금액× (1-기준경비율) - 증명서류로 확인되는 주요경비
> ② 한도 : 단순경비율 추계소득금액×기획재정부령이 정하는 배율

② 단순경비율에 의한 소득금액 계산방법

단순경비율 적용대상자의 경우 장부나 증빙서류에 의하지 않고 수입금액에 단순경비율을 곱한 금액을 필요경비로 인정받게 된다. 단, 신규사업자라 하더라도 일정규모 이상 사업자의 경우 주요경비의 증빙서류 비치 및 기장이 충분히 가능한 점을 고려하여 신규사업자 중 해당 과세기간의 수입금액이 복식부기 의무자의 판단기준이 되는 수입금액 이상인 자는 단순경비율 적용대상에서 제외된다.

소득금액 = 수입금액 - (수입금액 × 단순경비율)

- 단순경비율에 의한 방법을 적용할 때에는 수입금액에서 고용노동부 장관이 기업의 고용유지에 필요한 비용의 일부를 지원하기 위해 지급하는 일자리안정자금을 제외함.

✔ 기준경비율 적용대상자 : 직전과세기간 수입금액이 단순경비율 적용대상 금액을 초과하는 사업자

✔ 단순경비율 적용대상자 : 직전연도 수입금액이 아래 금액 미만인 사업자 (참조 : 국세청 자료)

업 종	도 · 소매업	제조 · 음식업	부동산임대, 서비스업
수입금액	60백만원	36백만원	24백만원

* 다만, 수리 및 기타 개인서비스업 중 인적용역의 경우 직전연도 수입금액 36백만원 미만시 단순경비율이 적용된다.

✔ 무조건 기준경비율 대상자로 보는 사업자

- 다음 중 어느 하나에 해당하는 사업자는 단순경비율 적용대상자에 포함하지 않는다

(a) 의료업, 수의업 및 약국을 개설하여 약사에 관한 일을 행하는 사업자

(b) 변호사업, 변리사업, 법무사업, 공인회계사업, 세무사업, 의사업, 약사업 등 전문직 사업자

예제 10 원천징수금액 및 종합소득세 신고

강초롱씨는 2025년 8월 1일 프리랜서로서 인적용역 서비스를 제공하고 ㈜오대산으로부터 3,600만원을 2025년 8월 31일에 받기로 하였다. 강초롱 씨의 소득이 특정사업소득이라고 할 때 ㈜오대산이 강초롱 씨 통장으로 입금할 금액은 얼마인가? 강초롱 씨는 2026년 5월 31일에 종합소득세 결정세액과 환급세액은 얼마인가?

(강초롱 씨는 다른 종합소득은 없고 단순경비율 대상이며 단순경비율이 70%라고 가정하고 종합소득공제는 500만원이며 표준세액공제는 7만원으로 가정한다.)

과세표준 = 수입 - 수입 × 경비율 - 종합소득공제
산출세액 = 과세표준 (1,400만원이하) × 6%
결정세액 = 산출세액 - 세액공제

해 답

강초롱 씨 통장 입금금액 : 3,600만원 - 3,600만원 × 3.3% (지방소득세포함) = 3,481.2만원
강초롱 씨 원천징수 : 소득세 3,600만원 × 3% = 108만원, 지방소득세 3,600만원 × 0.3% = 10.8만원
소득금액 : 3,600만원 - 3,600만원 × 70% = 1,080만원
과세표준 : 1,080만원 - 500만원 = 580만원
산출세액 : 580만원 × 6% = 34만 8,000원
표준세액공제 : 7만원
결정세액 : 27만 8,000원
지방소득세 : 결정세액 × 10% = 2만 7,800원
총결정세액(지방소득세 포함) : 27만 8,000원 + 2만 7,800원 = 30만 5,800원
기납부세액(지방소득세 포함) : 108만원 (소득세) + 10만 8 원 (지방소득세) = 118만 8,000원
환급세액(지방소득세 포함) = 118만 8,000원 - 30만 5,800원 = 88만 2,200원

5. 근로소득

(1) 근로소득의 개념

근로소득이란 근로자가 고용관계에 의하여 종속적인 지위에서 근로를 제공하고 명칭여하에 관계없이 대가로 지급받은 모든 금품을 의미한다.

① 근로수당 · 가족수당 · 전시수당 · 물가수당 · 출납수당 · 직무수당 · 근속수당 · 명절휴가비 · 연월차수당 · 승무수당 · 공무원의 연가보상비 · 정근수당 · 휴업수당

② 보험회사 · 증권회사 등 금융기관의 내근사원이 지급받는 집금수당과 보험가입자의 모집, 증권매매의 권유 또는 저축의 권장으로 인한 대가 기타 이와 유사한 성질의 급여

③ 급식수당 · 주택수당 · 피복수당 및 기타 이와 유사한 성질의 급여

④ 기술수당 · 보건수당 및 연구수당 및 기타 이와 유사한 성질의 급여

⑤ 시간외 근무수당 · 통근수당 · 개근수당 · 특별공로금 출퇴근 교통비 명목 및 체력단련비 명목으로 지급하는 금액

⑥ 벽지수당 · 해외근무수당 및 기타 이와 유사한 성질의 급여

⑦ 기밀비 · 판공비 · 교제비 및 기타 이와 유사한 명목으로 받은 것으로서 업무를 위하여 사용된 것이 분명하지 아니한 급여

⑧ 종업원이 받는 공로금 · 위로금 · 개업축하금 · 학자금 · 장학금 및 기타 이와 유사한 성질의 급여로서 종업원의 수학 중인 자녀가 사용자로부터 받는 학자금 · 장학금

⑨ 여비의 명목으로 지급되는 연액 또는 월액의 급여

⑩ 퇴직으로 인하여 받는 소득으로서 퇴직소득에 속하지 아니하는 퇴직위로금 · 퇴직공로금 기타 이와 유사한 성질의 급여

⑪ 휴가비 기타 이와 유사한 성질의 급여

⑫ 사택에 해당하지 않는 주택을 제공받음으로서 얻는 이익

⑬ 종업원이 주택 (주택에 부수된 토지를 포함) 구입 또는 임차에 소요되는 자금을 저리 또는 무상으로 대여 받음으로서 얻는 이익

⑭ 종업원이 계약자이거나 종업원 또는 배우자 기타의 가족을 수익자로 하는 보험 · 신탁 또는 공제와 관련하여 사용자가 부담하는 보험료 · 신탁부금 또는 공제부금

⑮ 퇴직보험, 퇴직일시금신탁 [근로자퇴직급여보장법] 제 16조 제2항의 규정에 따른 보험 또는 신탁이 해지되는 경우 종업원에게 귀속되는 환급금

⑯ 계약기간만료 전 또는 만기에 종업원에게 귀속되는 단체환급부 보장성보험의 환급금
이 경우 근로소득에 해당하는 금액은 다음과 같다.

단체환급부보장성보험 환급금 × $\frac{\text{납입보험료 중 연 70만원 이하 금액의 합계액}}{\text{납입보험료 합계액}}$

Case 1)
2025년 단체환급부보장성보험료 60만원 납부 : 60만원 과세제외
2026년 단체환급부보장성보험료 60만원 납부 : 60만원 과세제외
2027년 단체환급부보장성보험료의 환급금 50만원 수령 : 50만원 근로소득 과세

50만원 × $\frac{\text{120만원}}{\text{120만원}}$ = 50만원 근로소득 과세

Case 2)
2025년 단체환급부보장성보험료 120만원 납부 : 70만원 과세제외, 50만원 근로소득 과세
2026년 단체환급부보장성보험료 120만원 납부 : 70만원 과세제외, 50만원 근로소득 과세
2027년 단체환급부보장성보험료의 환급금 200만원 수령 : 116만6,667원 근로소득 과세

200만원 × $\frac{\text{140만원}}{\text{240만원}}$ = 116만 6,667원 근로소득 과세

⑰ 법인의 임원 또는 종업원이 당해 법인 또는 당해 법인과 법인세법시행령 제87조의 규정에 의한 특수관계에 있는 법인으로부터 부여받은 주식매수선택권을 당해 법인 등에서 근무하는 기간 중 행사함으로써 얻은 이익 (주식매수선택권 행사당시의 시가와 실제 매수가액과의 차액을 말하며, 주식에는 신주인수권포함).

⑱ 종업원, 법인의 임원, 공무원 또는 대학의 교직원이 지급받는 직무발명보상금 (퇴직이후 지급받는 경우 기타소득)

⑲ 공무원이 국가 또는 지방자치단체로부터 공무수행과 관련하여 받는 상금과 부상

실무사례 : 고용주가 근로자에게 명절에 지급한 선물도 근로소득에 포함하여야 한다.

▌참고사항▐ (인적용역제공의 소득구분)

종속적인 지위	독립적인 지위
계속적 근로자 : 상용근로자	계속적 : 사업소득 (서비스업)
일시적 근로자 : 일용근로자	일시적 : 기타소득 (일시적인 인적용역)

(2) 근로소득의 구분

1) 종합과세 여부에 따른 구분

구 분	내 용
상용근로소득	계속적으로 고용되어 월정액에 의하여 급여를 지급받는 자의 근로소득으로 종합소득 과세표준에 합산한다.
일용근로소득	일용근로자*의 근로소득은 종합소득 과세표준에 합산하지 아니한다(분리과세로 과세종결)

* 일용근로자의 범위 : 일용근로자는 근로를 제공한 날 또는 시간에 따라 근로대가를 계산하거나, 근로를 제공한 날 또는 시간의 근로성과에 따라 급여를 계산하여 받는 소득자를 의미한다. 다만, 다음에 해당되지 아니하여야 한다.
① 일반적인 근로자 : 근로계약에 따라 동일한 고용주에게 3월 이상 계속하여 고용된 자
② 건설공사 종사자 : 동일한 고용주에게 1년 이상 고용된 자
③ 하역 (항만)작업종사자 : 통상 근로를 제공한 날에 급여를 지급받지 아니하고 정기적으로 근로대가를 받는 자 (별도의 근로기간 제한 없음)

2) 사용자의 원천징수의무 여부에 따른 구분

원천징수의무자에게 원천징수의무가 있으면, 아래 ① ~ ⑥ 까지의 근로소득에 대하여는 원천징수의무가 있다.

① 근로의 제공으로 인하여 받는 봉급 · 급료 · 보수 · 세비 · 임금 · 상여 · 수당과 이와 유사한 성질의 급여
② 법인의 주주총회 · 사원총회 또는 이에 준하는 의결기관의 결의에 의하여 상여로 받는 소득
③ 법인세법에 의하여 상여로 처분된 금액 (인정상여)
④ 퇴직으로 인하여 받는 소득으로서 퇴직소득에 속하지 아니하는 소득
⑤ 외국기관 또는 우리나라에 주둔하는 국제연합군 (미국군 제외)으로부터 받는 급여
⑥ 국외에 있는 외국인 또는 외국법인 (국내지점 또는 국내영업소 제외)으로부터 받는 급여 다만, 외국인의 국내사업장과 외국법인의 국내사업장의 국내원천소득금액을 계산함에 있어서 필요경비 또는 손금으로 계상되는 것을 제외한다.

원천징수의무자는 근로소득자에게 매월분의 근로소득 (비과세금액 제외)을 지급하는 때에는 [소득세법시행규칙 별표2 근로소득간이세액표]를 적용하여 소득세를 원천징수하고 다음달 10일까지 납부하고 반기별 납부 원천징수의무자의 경우 지급한 반기의 다음달 10일까지 납부한다.

외국인 기업에 근무하는 근로자의 급여는 외국에서 지급시 국내에서 원천징수를 하지 아니하므로, 외국인기업 근로자는 당해연도의 급여에 대해 다음연도 5월 말일까지 종합소득세 과세표준 확정신고를 하여야 한다.

(3) 인건비 신고와 지급명세서

인건비는 법인의 대표적인 손금항목이다. 법인손금인 동시에 근로자에게는 근로소득에 해당된다. 원천징수 (간이지급명세서 제출)와 관련하여 법인손금과 근로소득 그리고, 과세관청의 관계를 정리하면 다음과 같다.

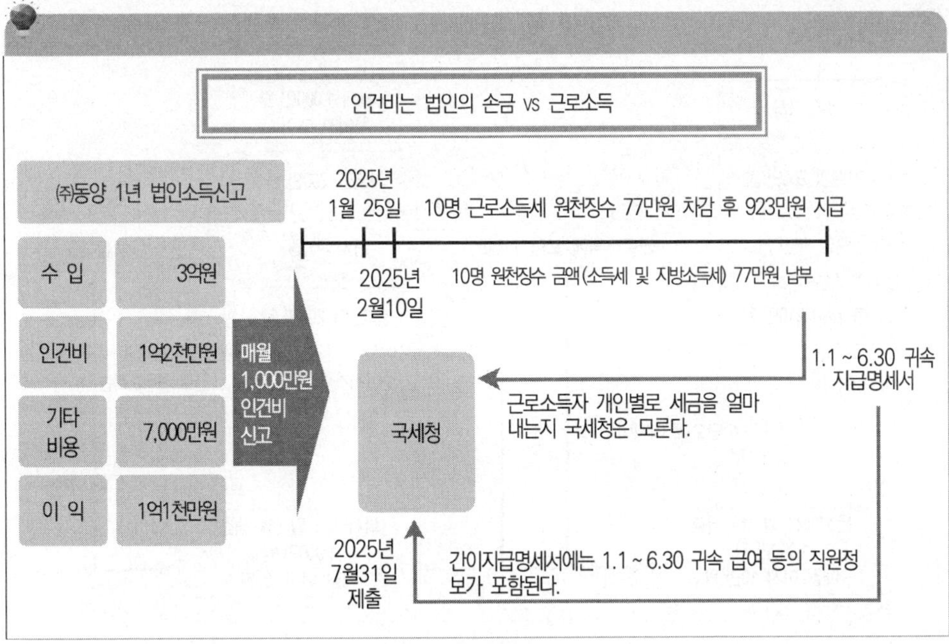

㈜동양은 매월 인건비를 지급하면서 원천징수이행상황신고서(인건비 신고)를 제출한다. 인건비 신고는 급여지급일이 속하는 다음달 10일까지 한다. 2025년 1월 25일 10명 직원의 총급여 1,000만원을 지급하면서 원천징수 77만원을 차감후 923만원을 각각 지급하였다. 원천징수이행상황신고서(인건비 신고)는 2025년 2월 10일까지 제출해야 한다. 인건비 신고시 인건비의 총액과 원천징수 총액만을 신고한다. 직원 개인별로 원천징수한 금액과 지급한 금액에 대한 정보는 국세청에 제출하지 않는다.

2025년에 1월부터 6월까지 귀속 근로소득과 원천징수에 대한 개별 상세정보를 2025년 7월 31일까지 제출[10]하고, 2025년 7월부터 12월까지 귀속 근로소득과 원천징수에 대한 상세정보는 2026년 1월 31일까지 제출해야 한다. 직원 개인별 지급한 금액과 인적사항 등의 상세정보를 모두 국세청에 제출해야 하는데 이를 간이지급명세서라 제출이라 한다.

(4) 근로소득에 포함되는 금액

① 주택을 제공받음으로서 얻는 이익

② 종업원이 주택 (주택부수토지 포함)의 구입・임차에 소요되는 자금을 저리 또는 무상으로 대여받음으로써 얻는 이익

10) 사업소득 간이지급명세서는 지급일이 속하는 달의 다음달 말일까지 제출해야하며, 이자·배당·기타소득 그 밖의 소득의 간이지급명세서는 다음연도 2월말까지 제출해야 한다.

주택자금대여

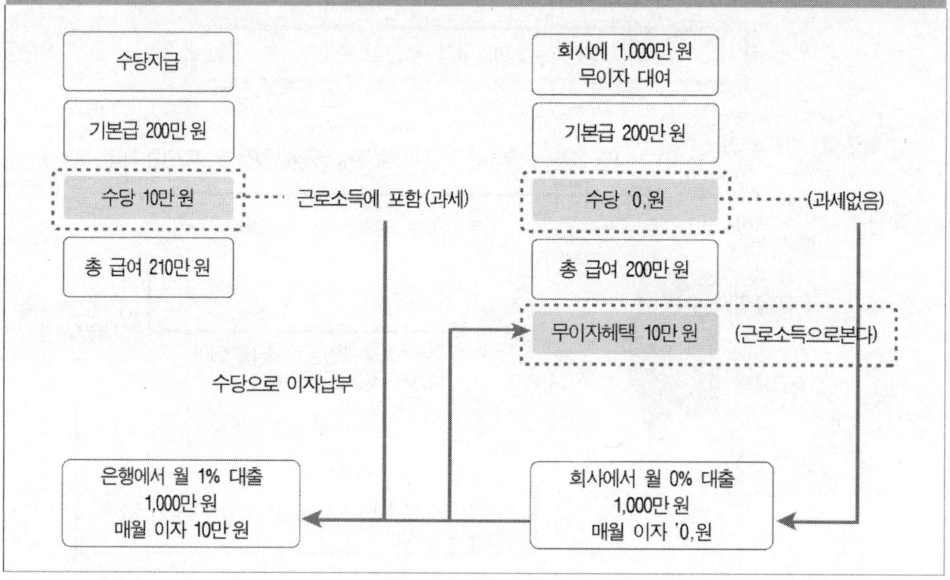

종업원에 무상대여 및 저리대여는 회사가 이자상당액을 수당으로 지급하는 효과와 동일하다.

정리사항 주택제공이익 · 주택구입자금대여이익 및 주택보조금

구 분	출자임원 (소액주주 임원 제외)		비출자임원, 소액주주임원 · 사용인	
	비중소기업	중소기업	비중소기업	중소기업
주택제공이익	근로소득		-	-
주택구입자금 대여이익	근로소득		근로소득	-
주택보조금	근로소득		근로소득	근로소득

③ 공무원에게 지급되는 직급보조비

④ 주식매수선택권 행사이익 (= 행사당시 시가 - 매수가액)

- 근무법인 또는 근무법인과 특수관계가 있는 법인에서 부여받는 선택권

  근무기간 중 행사 ⟶ 근로소득

  퇴직 후 행사 ⟶ 기타소득

  고용관계 없이 부여받은 선택권 ⟶ 기타소득

예

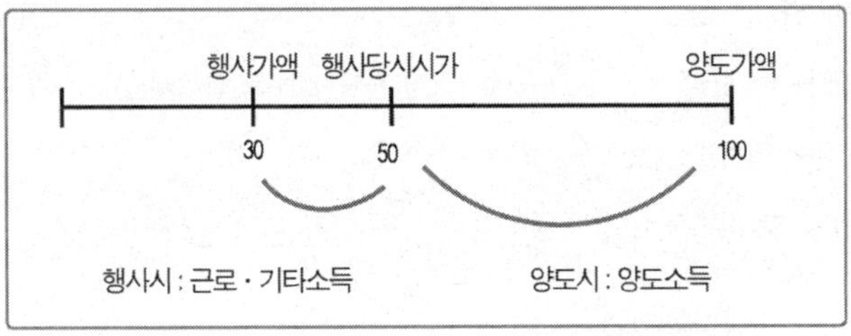

벤처기업 주식매수선택권 행사이익 비과세 특례 (조특법 16의2)
벤처기업의 임원 또는 종업원이 해당 벤처기업으로부터 2027.12.31. 이전에 「벤처기업육성에 관한 특별조치법」에 따라 부여받은 주식매수선택권을 행사함으로써 얻는 이익 중 연간 2억원이내 금액은 비과세한다.

⑤ 기타 다음의 금액

- 기밀비 (판공비를 포함함), 교제비 및 기타 이와 유사한 명목으로 받는 것으로서 업무를 위하여 사용한 것이 분명하지 아니한 급여
- 종업원이 받는 공로금 · 위로금 · 개업축하금 · 학자금 · 장학금 및 기타 이와 유사한 성질의 급여
- 근로수당 · 가족수당 · 전시수당 · 물가수당 · 출납수당 · 직무수당 및 기타 이와 유사한 성질의 급여
- 시간외 근무수당 · 통근수당 · 개근수당 · 특별공로금 및 기타 이와 유사한 성질의 급여

(5) 근로소득으로 보지 않는 것

① 우리사주조합원의 우리사주 취득이익 : 소액주주인 우리사주조합원이 당해 법인의 주식을 그 조합을 통하여 취득한 주식의 시가와 취득가액의 차액

우리사주조합원이 우리사주조합에 출자하고 그 조합을 통하여 자사주를 취득하는 경우 그 주식의 취득가액과 시가의 차액은 다음과 같이 과세한다.
㉠ 출자금액이 400만원 이하인 경우 : 해당차익을 과세하지 않는다.
㉡ 출자금액이 400만원 초과하는 경우 : 그 초과금액으로 취득한 자사주의 취득가액이 기준가액 (시가의 70%)보다 낮은 경우에는 취득가액과 기준가액이 차액에 대하여 근로소득으로 보아 과세한다.

Case 1) 우리사주조합원이 우리사주조합에 800만원 출자하였음
(우리사주조합출자 400만원 소득공제도 가능, 연말정산 그 밖의 조특법 공제 참고)

이후, 우리사주조합원이 우리사주를 통하여 자사주 10주를 저가로 취득함. (1주당 취득가액 50만원, 시가 90만원)

▲ 출자금액 400만원 이하분 :

$$(90만원-50만원) \times 10주 \times \frac{400만원}{800만원} = 200만원\ (근로소득\ 과세제외)$$

▲ 출자금액 400만원 이하분 :

$$(90만원 \times 70\%-50만원) \times 10주 \times \frac{400만원}{800만원} = 65만원\ (근로소득\ 과세제외)$$

② 사업자가 종업원에게 지급한 경조금 중 사회통념상 타당하다고 인정되는 범위안의 금액

③ 사내근로복지기금으로부터 받는 장학금 등 : 사내근로복지기금으로부터 근로자 또는 근로자의 자녀가 지급받는 장학금 및 사내근로복지기금이 무상 또는 저리로 지원한 주택구입자금 (다만, 회사가 근로자에게 직접 지급할 자금을 사내근로복지기금 또는 노동조합에 지급한 후 사내근로복지기금 또는 노동조합에서 학자금을 지급하는 경우에는 과세대상 근로소득에 해당된다.)

(6) 비과세 근로소득

1) 회사로부터 수령한 학자금

초・중등교육법 및 고등교육법에 의한 학교와 직업능력개발훈련시설의 입학금・수업료・수강료 기타 공납금 중 다음의 요건을 모두 갖춘 학자금

① 당해 근로자가 종사하는 사업체의 [업무와 관련있는] 교육훈련을 위하여 받은 것일 것

② 당해 근로자가 종사하는 사업체의 규칙 등에 의하여 정하여지 [지급기준에 따라] 받은 것일 것.

③ 교육훈련기간이 6월 이상인 경우 교육훈련 후 당해 교육기간을 초과하여 근무하지 아니하는 때에는 지급받은 금액을 [반납할 것을 조건으로] 하여 받은 것일 것

정리사항 회사로부터 받은 학자금과 사내근로복지기금으로부터 받은 학자금

구 분		근로소득 과세여부	교육비 세액공제 대상
회사로부터 받은 학자금	자녀 학자금	근로소득으로 과세	세액공제 가능
	본인 학자금	요건을 갖춘 경우 비과세	세액공제 불가
사내근로복지기금으로부터 받은 자금	자녀 및 본인	근로소득으로 과세하지 않음	세액공제 불가

회사에서 학자금수당을 지원받아 근로자가 교육비로 지출하나, 회사가 교육비로 직접 지출하나, 근로자에게 실질은 동일하다. 그러므로, 회사에서 부담한 학자금은 원칙적으로 근로소득으로 과세하는 것이 합당하다.

학자금보조

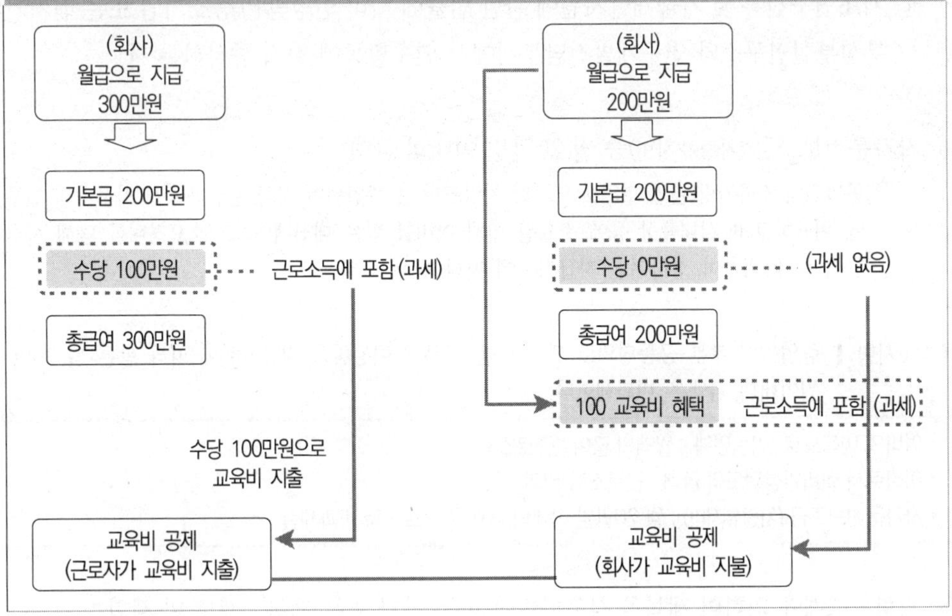

2) 실비변상적 성질의 급여

실비변상이란 단어를 해석하면 '직무를 수행하기 위하여 필요한 비용을 자신이 지출하였을 때 회사가 이를 보상하는 일'이란 뜻이다. 회사에 직무수행과 관련하여 필요한 비용을 자신이 지출한 경우 무조건 실비변상적 급여에 해당되는 것은 아니다. 세법에서 의미하는 실비변상적 성질의 급여는 세법조문에 열거되어 있는 실비변상적 성질의 급여 항목을 의미한다.

① 법령 · 조례에 의한 위원회 등의 보수를 받지 아니하는 위원

② 「선원법」에 의하여 지급하는 식료

③ 일직료 · 숙직료 또는 여비로써 실비변상 정도의 금액

일직 · 숙직료에 대한 실비변상 정도의 금액에 대한 판단은 회사의 사규 등에 의하여 그 지급기준이 정하여져 있고, 사회통념상 타당하다고 인정되는 범위 내에서 비과세 되는 급여로 보는 것이며, 이때 숙직료 등을 월 단위로 모아서 지급한다 할지라도 1일 숙직료 등을 기준으로 판단

④ 다음 중 어느 하나에 해당하는 자가 받는 연구보조비 또는 연구활동비 중 월 20만원 이내의 금액

㉠ 유아교육법, 초중등교육법 및 고등교육법에 따른 학교 및 이에 준하는 학교의 교원

㉡ 특정연구기관육성법의 적용을 받는 연구기관, 정부출연연구기관, 지방자치단체 출연연구원에서 직접 종사하는 자 및 직접적으로 연구활동을 지원하는 자로서 기획재정부

령으로 정하는 자

㉢ 기초연구진흥 및 기술개발지원에 관한 법률에 따라 인정받은 중소기업 또는 벤처기업의 부설부설연구소와 연구개발전담부서에서 연구활동에 직접 종사하는 자

⑤ 자가운전보조금 (차량유지비)중 월 20만원 이내의 금액

* 종업원의 소유차량(본인 명의로 임차한 차량포함)을 종업원이 직접 운전하여 (a) 사용자의 업무수행에 이용하고 (b) 시내출장 등에 소요된 실제 여비를 받는 대신에 (c) 그 소요경비를 당해 사업체의 규칙 등에 의하여 정하여진 지급기준에 따라 받는 금액

▌참고사항 ▌ 종업원이 부부 공동명의로 된 차량을 업무에 이용하고 지급기준에 따라 받은 월 20만원이내의 금액은 비과세한다.

- 여비의 명목으로 받는 연액 · 월액의 급여 : 근로소득
- 여비로서 실비변상정도의 금액 : 근로소득 비과세함.
- 자가운전보조금 (차량유지비) : 월 20만원 이내의 금액은 근로소득 비과세함.

⑥ 법령 · 조례에 의하여 제복을 착용하여야 하는 자가 받는 제복 · 제모 및 제화

⑦ 병원 · 실험실 · 금융기관 · 공장 · 광산에서 근무하는 자 또는 특수한 작업이나 역무에 종사하는 자가 받는 작업복이나 그 직장에서만 착용하는 피복

⑧ 선업법에 의한 선원이 받는 월 20만원 이내의 승선 수당

⑨ 광산근로자가 지급받는 입갱수당 또는 발파수당

⑩ 방송법에 의한 방송, 신문 등의 자유와 기능보장에 관한 법률에 의한 통신을 경영하는 언론기업 및 방송법에 의한 방송채널사용사업에 종사하는 기자가 취재활동과 관련하여 받는 취재수당중 월 20만원 이내의 금액. 이 경우 취재수당을 급여에 포함하여 받는 경우에는 20만원에 상당하는 금액을 취재수당으로 본다.

⑪ 근로자가 벽지에 근무함으로 인하여 받는 월 20만원 이내의 벽지수당.

⑫ 국가 또는 지방자치단체가 지급하는 것으로서 다음에 해당하는 것.

㉠ 보육교사 처우개선을 위하여 지급하는 근무환경개선비.

㉡ 사립유치원 수석교사 교사의 인건비.

㉢ 전문과목별 전문의의 수급 균형을 유도하기 위하여 전공의에게 지급하는 수련보조수당.

⑬ 수도권 외의 지역으로 이전하는 공공기관의 소속 공무원이나 직원에게 한시적으로 지급하는 이전 지원금으로 20만원이내의 금액

⑭ 종교관련종사자가 소속 종교단체의 규약 또는 소속 종교단체의 의결기구의 의결 · 승인 등을 통하여 결정된 지급 기준에 따라 종교 활동을 위하여 통상적으로 사용할 목적으로 지급받은 금액 및 물품

3) 생산직 근로자 등의 시간외 근무수당 등

생산 및 그 관련직에 종사하는 근로자로서, 급여수준 및 직종 등을 감안하여 월정액 급여 210만원이하로서, 직전과세기간의 총급여액이 3,000만원 이하인 근로자 (일용근로자 포함)가 연장시간근로 및 야간근로 또는 휴일근로로 인하여 받는 연 240만원 이하의 금액.

[월정액 급여* 210만원 이하] 인 다음의 근로자 **(일용근로자 포함)**가 받는 시간외 근무수당 중 한도 내의 금액

대상근로자	시간외 근무수당	비과세 한도
① 공장·광산에서 근로를 제공하는 근로자 ② 운전원 및 관련 종사자와 배달·수달물 운반종사자 ③ 돌봄 서비스, 미용관련 서비스, 숙박 서비스	연장시간근로·야간근로 또는 휴일근로로 인하여 통상임금에 가산하여 받는 급여	연 240만원 이내의 금액 • 광산근로자·일용근로자의 경우에는 당해 급여 총액

① 월정액 급여

매월 직급별로 받는 봉급·급료·임금·수당 기타 이와 유사한 성질의 급여의 총액을 말한다. 다만 다음의 급여는 제외한다.

- 상여 등 비정기적인 급여
- 실비변상적 성질의 비과세급여
- 시간외 근무수당

② 사용자(회사) 부담 법정부담금

사용자(회사) 부담 법정부담금은 근로소득 비과세하지만, 사용인(근로자) 부담분 법정부담금은 사용자(회사)가 대납한 경우에는 근로자가 회사로부터 보너스를 받아 자신이 납부한 것으로 보아 총급여에 포함하여 근로소득으로 과세한 후 보험료 공제 대상이 된다.

사 례

• 생산직 근로자의 시간외 근무수당 비과세 판정사례

① 당기 급여 등의 내역

급여 월 170만원×12월, 상여 90만원×4회. 자가운전보조금 30만원×12월
식대 월 20만원×12월, 시간외 근무수당 연 250만원, 전기총급여 2,800만원

② 월정액 급여와 비과세 판정

월정액 급여 : 170만원 + (30만원-20만원) + 20만원* = 200만원
비과세 판정 : 시간외 근무수당 연 240만원은 비과세이다.

* 월정액 급여 계산시 월식대 비과세는 차감하지 않는다.

구분	월정액	지급액	비과세	총급여액(연)
급여	170만원	170만원×12	-	2,040만원
상여	-	90만원×4	-	360만원
자가운전보조금	10만원	30만원×12	20만원×12	120만원
식대	20만원	20만원×12	20만원×12	-
시간외 근무수당		250만원	240만원	10만원
합계	200만원	3,250만원	720만원	2,530

③ 총급여 : 급여(170×12) + 상여(90×4) + 자가운전보조금(30-20)×12 + 식대(0) + 시간외 수당(10) → 2,530만원

4) 식사 및 식사대

사용인이 근로자에게 식사 또는 금전으로 식사대를 제공하는 경우 당해 식사 또는 식사대의 비과세 해당 여부는 다음과 같이 판단한다.

① 근로자가 사내급식 또는 이와 유사한 방법으로 제공받는 식사 기타 음식물 (한도없음)
- 통상적으로 급여에 포함되지 아니하고
- 음식물의 제공 여부로 급여에 차등이 없으며
- 사용자가 추가 부담하여 제공할 것

② 식사 및 기타 음식물을 제공받지 아니하는 근로자가 받는 월 20만원 이하의 식사대
- 일률적으로 식사대를 지급하고 야근 등 시간 외 근무시 별도로 제공받는 식사 기타 음식물은 비과세한다.

- 사용자가 기업 외부의 음식업자와 식사 또는 기타 음식물 공급계약을 체결하고 그 사용자가 교부하는 식권에 의하여 제공받는 식사 및 기타 음식물로서 당해 식권이 현금으로 환급할 수 없는 경우에는 비과세되는 식사 또는 기타 음식물로 본다.

5) 출산 및 보육수당

근로자 또는 배우자의 출산이나 6세 이하 자녀의 보육과 관련하여 지급받은 급여로서 월 20만원이내의 금액

- 근로자가 6세 이하 자녀 2인 이상을 둔 경우에도 자녀수에 상관없이 월 20만원이내 금액을 비과세 하며 사용자가 분기마다 보육수당을 지급하는 경우에는 지급월에 20만원 이내의 금액을 비과세한다.
- 과세기간 개시일을 기준으로 6세이하 여부를 판단한다.
  (2025년 근로소득 연말정산시 6세 이하 판단기준은 2019.1.1.이후 출생한 자녀에 대하여 적용함)

6) 복리후생적 성질의 급여 비과세

① 종업원 등의 사택제공이익 : Ⓐ주주 또는 출자자가 아닌 임원 또는 Ⓑ소액주주인 임원과 Ⓒ임원이 아닌 종업원 (비영리법인 또는 개인의 종업원 포함) 및 Ⓓ국가・지방자치단체로부터 근로소득을 지급받는 자가 사택을 제공받음으로서 얻는 이익은 비과세한다.

② 중소기업의 종업원11)이 주택 (주택부수토지 포함)의 구입・임차에 소요되는 자금을 저리 또는 무상으로 대여 받음으로서 얻는 이익은 근로소득 비과세한다.

③ 종업원이 계약자이거나 종업원 또는 그 배우자 기타의 가족을 수익자로 하는 사용자가 부담하는 단체순수보장성 보험료 중 연 70만원 이하의 금액

단체순수보장성 보험 : 종업원의 사망・상해 또는 질병을 보험금의 지급사유로 하고 종업원을 피보험자와 수익자로 하는 보험으로서 만기에 납입보험료를 환급하지 아니하는 단체순수보장성보험과 만기에

---

11) 아래에 해당하는 종업원은 제외한다.
① 중소기업이 개인사업자인 경우 : 해당 개인사업자와 친족관계에 있는 종업원
② 중소기업이 법인인 경우 : 해당 법인의 지배주주등에 해당하는 종업원

납입보험료를 초과하지 아니하는 범위 안에서 환급하는 단체환급부보장성보험의 보험료 중 연 70만원 이하의 금액은 근로소득 비과세한다.

④ 공무원이 국가 또는 지방자치단체로부터 공무 수행과 관련하여 받는 상금과 부상 중 연 240만원 이내의 금액

⑤ 직장어린이집을 설치하거나 지역의 어린이집과 위탁계약을 맺은 사업주가 「영유아보육법시행령」에 따라 부담하는 보육비용

7) 법정부담금

국민건강보험법 · 고용보험법 · 국민연금법 · 공무원연금법 · 사립학교교직원연금법 또는 군인연금법 및 노인장기요양법에 의하여 국가지방자치단체 또는 사용자가 부담하는 부담금

▍국민연금료 · 건강보험료 · 고용보험료

구 분	내 용
사용자 (회사)부담	근로소득 비과세
사용인 (근로자)부담	연금보험료공제 · 보험료공제 대상임 (한도없음)

사용자(회사) 부담 법정부담금은 근로소득 비과세하지만, 사용인(근로자) 부담분 법정부담금은 사용자(회사)가 대납한 경우에는 근로자가 회사로부터 보너스를 받아 자신이 납부한 것으로 보아 총급여에 포함하여 근로소득으로 과세한 후 보험료 공제 대상이 된다.

사 례

- 사용인(근로자) 법정부담금을 사용인이 부담한 경우
  ① 당기 급여 등의 내역
  월급여 300만원, 사용자(회사) 법정부담금 30만원. 사용인(근로자) 법정부담금 20만원 가정
  ② 월정액 급여와 비과세 판정
  총급여 : 300만원
  비과세 판정 : 사용자 법정부담금 30만원은 비과세이다.
  ③ 급여지급 : 급여 300만원 – 사용인 법정부담금 20만원 = 280만원 지급
- 사용인(근로자) 법정부담금을 회사가 부담한 경우
  ① 당기 급여 등의 내역
  월급여 300만원, 사용자(회사) 법정부담금 30만원. 사용인(근로자) 법정부담금 20만원 가정
  ② 월정액 급여와 비과세 판정
  총급여 : 300만원 + 20만원 (보너스 지급)
  비과세 판정 : 사용자 법정부담금 30만원은 비과세이다.
  ③ 급여지급 : 급여 300만원 +보너스 20만원– 사용인 법정부담금 20만원 = 300만원 지급

일반보험료를 회사가 부담한 경우에는 당연히 근로소득에 포함해야 한다. 회사가 보험료를 지불하나, 회사가 '나'에게 수당을 더 지급해서 내가 보험료를 납부하나, 경제적 실질은 동일하다. 다만, 국민연금료 · 건강보험료 · 고용보험료의 사용자부담액은 강제의무사항임으로 근로소득이 비과세된다.

보험료지원

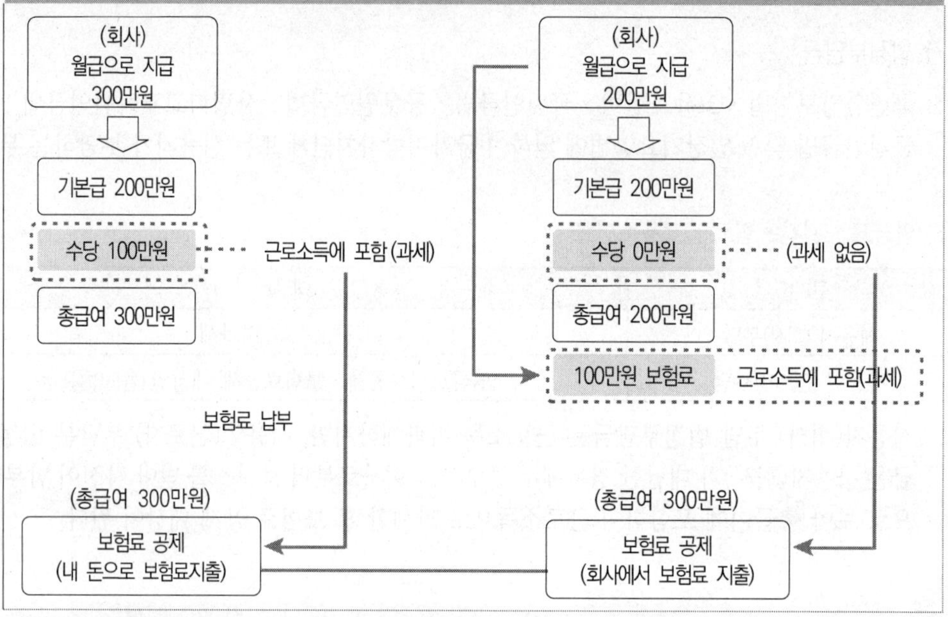

8) 국외근로에 대한 비과세

국외 근무하는 경우에는 체류비 등 실제 생활에 소요되는 비용이 추가로 발생한다. 그러므로 국외 근로에 대하여는 일정금액 한도로 비과세를 적용하고 있다.

① 국외 또는 북한지역에서 근로를 제공하고 받는 보수 중 월 100만원 이내 금액
② 원양어업 선박, 국외 등을 항행하는 선박 또는 국외의 건설현장에서 근로를 제공하거나, 건설현장[12]을 지원하고 받는 보수의 경우에는 월 500만원 이내 금액
③ 공무원, 대한무역 투자진흥공사 · 한국관광공사 · 한국국제협력단 · 한국국제보건의료재단의 종사자가 국외 등에서 근무하고 받는 수당 중 당해 근로자가 국내에서 근무할 경우 지급받는 금액 상당액을 초과하여 받는 금액 중 실비변상적 성질의 급여로서 외교부장관이 기획재정부장관과 협의하여 고시하는 금액

9) 근로장학금

기초생활수급자인 대학생이 대학으로부터 근로장학금을 받는 경우 「국민기초생활 보장법」에 따른 소득인정액이 증가하여 기초생활수급권자에서 제외되는 문제가 있어 비과세 근로소득의 범위에 근로장학금을 포함하였다. (「교육기본법」 제28조 제1호부터 제4호까지의 규정에 의한 대학에 재학하는 대학생에 한한다)

12) 감리업무 및 설계 업무 수행자도 포함됨.

10) 직무발명보상금

종업원, 법인의 임원, 공무원 또는 대학의 교직원이 지급받는 직무발명 보상금으로서 연 700만원 이하의 금액

11) 고용보험법에 따른 급여 등

「고용보험법」에 따라 받는 실업급여, 육아휴직 급여, 육아기 근로시간 단축 급여, 출산전후 휴가 급여등, 배우자 출산휴가급여, 「제대군인 지원에 관한 법률」에 따라 받는 전직지원금, 「국가공무원법」·「지방공무원법」에 따른 공무원 또는「사립학교교직원 연금법」·「별정우체국법」을 적용받는 사람이 관련 법령에 따라 받는 육아휴직수당, 사립학교 직원이 사립학교 정관 등에 의해 지급받는 육아휴직수당[13)]

12) 복무 중인 병(兵)이 받는 급여

병역의무의 수행을 위하여 징집되거나 지원하여 복무 중인 사람으로 병장 이하의 현역병, 의무경찰, 그 밖에 이에 준하는 사람이 받는 급여

13) 종업원 등에 자세 제품 할인에 대한 근로소득 비과세

종업원 할인금액에 대한 근로소득 비과세 기준을 신설했다. 자동차나 가전제품을 생산하는 기업에서는 종업원에게 일반 소비자보다 낮은 가격으로 제품을 구입할 수 있도록 하는 혜택을 제공하는데, 이에 대한 명확한 규정을 신설 하였다. 종업원에게 제공하는 자사 및 계열사 제품과 서비스 할인 혜택은 시가의 20% 또는 연 240만 원까지 비과세된다.
예를 들어, 자동차 회사에 근무하는 직원이 4000만 원에 판매되는 자사 자동차를 25% 할인받아 3000만 원에 구입하면, 할인 금액인 1000만 원 중 시가의 20%인 800만 원은 비과세되고, 나머지 200만 원은 근로소득으로 과세된다.

14) 근로자 본인 또는 배우자 출산과 관련하여 지급하는 출산수당

근로자 본인 또는 배우자 출산과 관련하여, 출생일 이후 2년 이내에 공통 지급규정에 따라 사용자로 지급(2회 이내)받는 급여는 전액 비과세[14)]한다. 단 친족인 특수관계자가 출산과 관련하여 지급받는 경우에는 제외한다.

(7) 근로소득 귀속시기

근로소득의 귀속시기는 다음과 같다.
① 일반적인 급여 : 근로를 제공한 날
② 잉여금처분에 의한 상여 : 당해 법인의 잉여금 처분 결의일
③ 근로소득으로 보는 퇴직위로금등 : 지급받거나 지급받기로 한 날
④ 부당해고기간 급여 : 법인의 판결 등에 의하여 부당해고기간의 급여를 일시에 지급받는 경우에는 해고기간에 근로를 제공하고 지급받은 것으로 본다.
⑤ 급여를 소급 인상하고 이미 지급된 금액과의 차액을 추가로 지급하는 경우 : 근로제공일이 속하는 연월

13) 사립학교 직원이 지급받는 육아휴직수당 비과세 한도는 월 150만원이다.

14) 2024년 수당 지급 시에는 2021년 1월 1일 이후 출생자에 대한 지급분을 포함한다.

⑥ 성과급 상여 : 매출액등 계량적 요소에 따라 성과급을 지급하기로 한 경우 당해 성과급 상여의 귀속시기는 계량적 요소가 확정되는 날이 속하는 연도

⑦ 사이닝보너스 : 근로계약 체결시 일시에 선지급하는 경우 당해 선지급 (계약기간 내 퇴사시 일정금액 반환조건) 사이닝보너스를 계약조건에 따른 근로기간 동안 안분

(8) 근로소득금액의 계산

근로소득금액 = 총급여액 (비과세소득 제외) − 근로소득공제*

* 근로소득공제액은 근속기간이 1년 미만인 경우에도 월할계산을 하지 않는다.

총급여를 계산한 후 아래의 근로소득공제 산식에 따라 근로소득공제를 적용한다.

사업소득금액은 사업소득 (비과세제외)에서 입증된 필요경비*를 차감하여 계산하지만, 근로소득금액은 총급여액에서 법률에서 정한 일률적인 근로소득공제액을 차감하여 계산한다.

* 필요경비로 인정되기 위해서는 세금계산서, 신용카드 매출전표, 간이영수증 등 업무와 관련하여 사용하였다는 것을 입증할 수 있는 증빙이 있어야 한다.

근로소득공제액

구 분	내 용
500만원 이하	총급여의 × 70%
500만원 초과 1,500만원 이하	350만원 +(총급여액 - 500만원) × 40%
1,500만원 초과 4,500만원 이하	750만원 +(총급여액 - 1,500만원) × 15%
4,500만원 초과 1억원 이하	1,200만원 +(총급여액 - 4,500만원) × 5%
1억원 초과	1,475만원 +(총급여액 - 1억원) × 2%

* 총급여액이 362,500,000원 이상인 경우에, 2,000만원의 한도가 적용된다.

외국법인 인건비와 개인의 근로소득

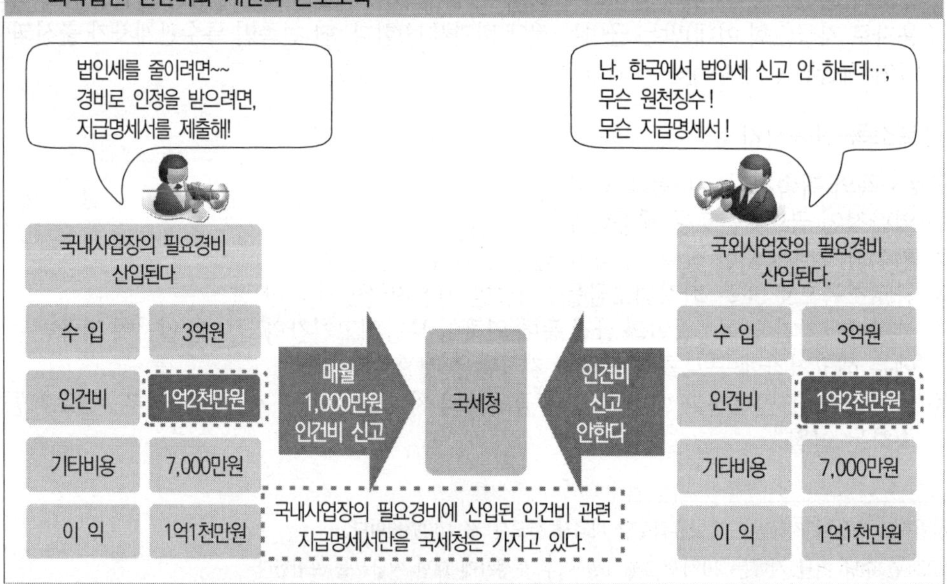

근로제공대가로 받는 급여는 시간이나 일수에 따라 받을 수도 있고 매월 일정하게 받을 수도 있다. 세법에서는 근로를 제공한 날 또는 시간에 따라 근로대가를 계산하여 급여를 지급 받는자를 일용근로자라고 하며, 일용근로자 이외자로서 일정한 정액에 따라 지급받는 자를 일반 근로자라고 한다.

일반근로자의 근로소득이 매월 지급시점에 일정부분 원천징수하여 지급되고 지급자가 연말정산에 의해 세액을 확정한다. 근로소득 이외의 다른 종합과세 대상소득이 없는 경우에는 연말정산에 의하여 세액이 확정된다.

▌소득세 원천징수

구 분	내 용	
소득의 지급자	매월분 원천징수	원천징수의무자가 매월분의 근로소득을 지급하는 때에는 근로소득간이세액표에 의하여 소득세를 원천징수한다.
	연말 정산	원천징수의무자가 당해연도의 다음 연도 2월분의 근로소득 또는 퇴직자의 퇴직하는 달의 근로소득을 지급하는 때에는 소득귀속자의 당해연도의 근로소득금액 또는 퇴직하는 달까지의 당해연도의 근로소득금액에 대하여 다음과 같이 소득세를 정산한다. 연말정산시 소득세 총결정세액 (-) 매월 원천징수당한세액 = (환급, 납부)
소득의 귀속자	근로소득이 있는 자는 다른 종합소득금액과 합산하여 종합소득 확정신고를 하여야 한다. 다만 근로소득 이외의 다른 종합소득금액이 없는 경우에는 연말정산으로 당해연도의 소득에 대한 납세의무가 종결되므로 확정신고를 생략할 수 있다.*	

* 다만, ① 근로소득만 있는 자로서 연말정산을 하지 못하였거나, ② 이중근로에 대한 합산누락이 있는 경우 또는 ③ 소득공제·특별공제, 특정세액공제 등 누락이 있는 경우에는 증빙 및 관련서류를 첨부하여 확정신고를 할 수 있다.

1) 일용근로자

일용근로자는 동일한 고용주에 3월 (건설공사에 종사하는 자는 1년)이상 계속하여 고용되어 있지 아니한 자를 말한다. 만일 일용근로자에 해당하는 자가 동일한 고용주에게 3월 이상 고용되는 경우에는 3월이 경과한 시점부터 일용근로자에서 제외하여 일반근로자로 간주된다.

일용근로자 또는 1월 미만의 기한부로 사용되는 근로자는 4대 보험가입에서 제외된다. 다만, 1월 이상 계속 사용되는 경우에는 근로자에 포함하며 건설현장의 일용근로자는 20일 이상 근무하면 국민연금 가입대상이다. 1개월간 근로시간이 80시간 이상인 시간제 근로자 등 사업장에서 상시 근로를 종사할 목적인 자는 1개월 미만이라도 4대 보험에 가입해야 한다.

▌일용직 근로소득자 원천징수

구 분	내 용
소득의 지급자	소득의 지급자는 아래금액을 원천징수 하여 납세의무를 종결짓는다. 원천징수세액 = [일급여액 - 15만원[15]] × 세율 (6%) × (1-55%[16])
소득의 귀속자	분리과세로 과세를 종결하며 종합과세하지 아니한다.

(9) 간이세액조견표

간이세액조견표는 해당 근로자의 근로소득공제, 기본공제, 특별공제, 연금보험료 공제 및 특별세액공제 등을 고려하여 근로소득세액을 추정해 계산한 것이다. 이는 지급하는 월급여액(비과세소득 제외)을 기준으로, 본인을 포함한 부양가족 수에 따라 매월 원천징수해야 하는 세액을 보여주는 표이다. 근로소득자의 월급여액(비과세소득 제외)이 속하는 소득구간을 찾은 후, 공제대상 가족 수(본인 포함)에 해당하는 구간을 확인하여 세액을 산출한다.

예를 들어, 월급여가 235만 원(비과세소득 제외)이고, 부양가족이 본인, 배우자, 자녀 2명이라면 공제 대상 가족수는 4명이 된다. 25만 원 구간에서 부양가족 4명에 해당하는 경우, 소득세로 원천징수해야 할 금액은 10,170원이 된다 (예제 12번 참고).

소득세를 원천징수할 때는 항상 지방소득세도 함께 원천징수해야 한다. 지방소득세는 소득세의 10%로, 이 경우 1,010원(원단위 절사)이 된다. 따라서 간이세액조견표에 따라 원천징수할 총세액은 지방소득세를 포함한 11,180원이다.

(10) 외국인근로자에 대한 과세특례(조특법 18조의 2)

1) 외국인 근로자 단일세율

외국인 임원 또는 사용인(일용근로자는 제외)가 2026년 12월 31일 이전에 국내에서 최초로 근로를 제공하기 시작하는 경우 국내에서 근무(시행령으로 정하는 외국인 투자기업을 제외한 특수관계기업에 근로를 제공하는 경우는 제외)함으로써 받는 근로소득으로 국내에서 최초로 근로를 제공한 날부터 20년 이내에 끝나는 과세기간까지 받는 근로소득에 대한 소득세는 소득세법 규정에도 불구하고 해당 근로소득에 19%를 공제한 금액을 그 세액으로 할 수 있다. 이 규정을 적용할 때 소득세와 관련된 비과세(사택제공이익에 대한 비과세는 제외함), 공제, 감면 및 세액공제에 관한 규정은 적용하지 않으며, 해당 근로소득은 종합소득 과세표준에 합산하지 않는다. 원천징수의무자는 외국인 근로자에게 매월분의 근로소득을 지급할 때 해당 근로소득에 19%를 곱한 금액을 원천징수[17]할 수 있다.

2) 단일세율 적용시 연말정산

외국인근로자에 대한 과세특례를 적용받으려는 외국인근로자는 근로소득세액의 연말정산을 하는 때에 근로소득자 소득·세액공제신고서에 외국인근로자 단일세율적용신청서(「조세특례제한법 시행규칙」 별지 제8호 서식)를 첨부하여 원천징수의무자·납세조합 또는납세지 관할 세무서장에게 제출하여야 한다.

외국인 근로자는 단일세율 19% 선택 여부에 따라 공제 항목에 차이가 있다. 외국인 근로자가

15) 일용직 근로소득공제

16) 일용직 근로소득세액공제

17) 근로소득간이세액표와 19%의 단일세율 중 선택

19%를 선택하지 않는다면, 주택 마련저축 납입액 소득공제를 제외한 일반적인 공제항목은 내국인 거주자와 동일하다. 다만 단일세율 19%를 선택시 인적공제와 추가공제는 본인만 적용하여 부양가족 공제는 적용받을 수 없고, 특별소득공제와 그밖의 소득공제 및 세액공제를 적용받을 수 없다.

예제 11 총급여

다음은 ㈜동양에 근무하는 사무직 근로자인 거주자 고석우 씨가 ㈜동양으로부터 수령한 소득자료이다. 다음 자료를 이용하여 고석우 씨의 20X1년 총급여를 구하시오

(고석우 씨는 1월 1일 부터 12월 31일 까지 근무하였다.)

(1) 급 여 : 월 40만원
(2) 상여금 : 분기별로 월급여액의 100% 지급. 상여금은 고석우 씨가 20X1년 제공한 근로에 대한 대가로 지급받은 것이다.
(3) 자녀 학자보조금 70만원
(4) 본인 학비보조금 100만원. 본인 학비보조금은 업무와 관련하여 회사의 지급기준에 따라 받은 것이다.
(5) 연차수당 60만원
(6) 가족수당 월 10만원
(7) 출산 및 보육수당 월 22만원. 출산보육수당은 장남 (5세), 장녀 (3세) 보육관련 수당이다.
(8) 의료비보조금 60만원
(9) 체력단련비 50만원
(10) 휴일근무수당 330만원
(11) 중식대 월 25만원 (중식은 별도로 제공받지 아니하였음.)
(12) 국민연금과 건강보험료는 월 10만원, 회사부담분 (월 5만원) 50%와 직원 부담분 (월 5만원) 50%를 모두 회사가 부담하였다.
(13) 자가운전보조금 월 30만원. 자가운전보조금은 종업원 소유차량을 종업원이 직접 운전하여 업무수행에 이용하고 여비를 받지 않는 대가로 받았다.

예제 11 총급여

해 답

(1) 급여 : 월 40만원×12달 = 480만원
(2) 상여금 : 월 40만원×4번 (분기별) = 160만원
(3) 자녀 학자보조금 : 70만원
(4) 본인 학비보조금 : 100만원 - 100만원 (비과세) = 0
(5) 연차수당 : 60만원
(6) 가족수당 : 120만원
(7) 출산 및 보육수당 : 월 22만원×12달 - 월 20만원×12달 = 24만원 (자녀수에 관계없다)
(8) 의료비보조금 : 60만원
(9) 체력단련비 : 50만원
(10) 휴일근무수당 : 330만원 (사무직 근로자로서 비과세가 없다)
(11) 중식대 : 월 25만원×12달 - 월 20만원×12달 (비과세) = 60만원
(12) 국민연금과 건강보험료 :
10만원×12달 - 5만원×12달 (비과세) = 60만원 (회사부담분은 비과세)
(13) 자가운전보조금 : 월 30만원×12달 - 월 20만원×12달 = 120만원 (월 20만원 비과세)
총급여 : 1,594만원

예제 12 간이세액조견표에 따른 원천징수

간이세액조견표에 따라 홍길동 씨의 소득세 원천징수금액을 구하시오

〈간이세액조견표〉

(단위 : 천 원)

월급여액(천원) [비과세 등 제외]		공제대상가족의 수					
		1	2	3	4	5	6
2,260	2,270	27,880	20,880	11,760	8,380	5,010	1,630
2,270	2,280	28,200	21,200	11,960	8,580	5,210	1,830
2,280	2,290	28,520	21,520	12,150	8,780	5,400	2,030
2,290	2,300	28,840	21,840	12,350	8,980	5,600	2,230
2,300	2,310	29,160	22,160	12,550	9,180	5,800	2,430
2,310	2,320	29,480	22,480	12,750	9,370	6,000	2,620
2,320	2,330	29,810	22,810	12,950	9,570	6,200	2,820
2,330	2,340	30,130	23,130	13,150	9,770	6,400	3,020
2,340	2,350	30,450	23,450	13,340	9,970	6,590	3,220
2,350	2,360	30,770	23,770	13,540	**10,170**	6,790	3,420
2,360	2,370	31,090	24,090	13,740	10,370	6,990	3,620
2,370	2,380	31,410	24,410	13,940	10,560	7,190	3,810
2,380	2,390	31,730	24,730	14,140	10,760	7,390	4,010
2,390	2,400	32,050	25,050	14,340	10,960	7,590	4,210
2,400	2,410	32,380	25,380	14,530	11,160	7,780	4,410
2,410	2,420	32,700	25,700	14,730	11,360	7,980	4,610
2,420	2,430	33,020	26,020	14,930	11,560	8,180	4,810
2,430	2,440	33,340	26,340	15,130	11,760	8,380	5,010

(1) 가족관계
- 홍길동 씨의 가족관계는 다음과 같다.
- 부인 심향단 : 나이 41세, 소득없음
- 아들 홍두깨 : 나이 17세, 소득없음
- 딸 홍두리 : 나이 13세, 소득없음

(2) 소득관계

2월 급여의 구성은 다음과 같다.

기본급 230만원, 중식대 25만원, 자가운전보조금 20만원 (비과세 요건 충족)

예제 12 간이세액조견표에 따른 원천징수

해 답

비과세를 제외한 총급여는 235만원이다.

급여 275만원 - 비과세 40만원 = 총급여 235만원

부양가족은 본인을 포함하여 4명이다.

소득세 10,170원, 지방소득세 1,010원(원단위 절사)을 원천징수하여야 한다.

❙ 참고사항 ❙ 4대보험의 부담률

근로소득이 거주자는 아래기준에 따라 4대보험을 부담하여야 한다.

구 분	직 원 부 담		회 사 부 담		계	비 고
국민연금	부담	4.5%	부담	4.5%	9.0%	표준소득월액기준
건강보험	부담	3.545%	부담	3.545%	7.09%	소득세과세대상액
장기요양보험	부담	건강보험료 × 12.81%	부담	건강보험료 × 12.95%	건강보험료 × 12.95%	
고용보험	0.90%		0.90%		1.8%	총지급액 기준
산재보험	-		업종별로 상이함 (제조업 0.7% ~ 2.5%)		-	총지급액 기준

❙ 참고사항 ❙ 근로기준법

※ 사업장에 대해 <u>적용되는</u> 근로기준법의 주요내용

관련 근로기분법 조항	적용되지 않는 내용 요지
제19조 제2항 (근로조건위반)	• 사업주의 근로조건위반에 대한 손해배상을 노동위원회에 신청할 권리
제23조 제1항 (해고의 제한) 제24조 (정리해고) 제27조 (해고서면통보)	• 부당해고 (정리해고 포함)에 대해 노동위원회에 구제를 신청할 권리 • 해고사유과 시기를 서면으로 통보받을 권리. 단, 해고수당 (제26조)은 적용됨.
제34조 (퇴직금)	• 1년 이상 근무후 퇴직시 퇴직금을 청구할 권리
제46조 (휴업수당)	• 회사의 사정으로 휴업하는 경우, 휴업수당 (평균임금의 70%)을 청구할 권리
제50조 (근로시간) 제51조 (탄력적근로시간제) 제52조 (선택적근로시간제) 제53조 (연장근로의 제한)	• 1일 8시간, 1주 40시간 노동할 권리 • 1주 12시간 이상 연장근로 제한 권리
제56조 (연장, 야간, 휴일근로)	• 연장, 야간, 휴일근로에 대해 가산임금 (50%)을 적용받을 권리
제60조 (연차휴가)	• 1년에 15일의 연차휴가를 사용할 권리
제70조 제1항 (여성의 야간, 휴일근로 제한)	• 18세 이상의 여성에 대해 오후 10시부터 오전 6시 사이의 야간근로시간 및 휴일근로를 하는 경우 동의를 받아야 하는 권리
제73조 (생리휴가)	• 월 1일의 생리휴가를 청구할 권리

6. 연금소득

(1) 연금소득의 범위

1) 연금소득의 의의

연금소득 과세

	불입연도	수령연도
불입연도 과세방식	과세 ○(∵소득공제 ×)	과세 ×
수령연도 과세방식	과세 ×(∵소득공제 ○)	과세 ○(연금소득)

↳현행 소득세법 입장

연금소득은 연금계약자 또는 연금수혜자 등이 사전에 불입한 금액 등을 초대로 하여 일정기간 또는 종신에 걸쳐서 약정된 금액을 정기적으로 지급받는 연금수입을 말한다. 연금소득의 일부 또는 전부를 지연하여 지연지급에 따른 이자를 함께 지급받는 경우 당해이자도 연금소득이다.

연금소득은 2000년 12월 세법개정시 신설된 것으로 종래 각종 연금의 기여금 불입액에 대하여 소득공제를 아니하는 대신 연금수령시 비과세하던 방식 (불입연도 과세방식)에서 기여금 불입시 소득공제한 뒤 연금수령시 과세하는 방식으로 전환함에 따라 신설된 것이다.

연금소득의 과세

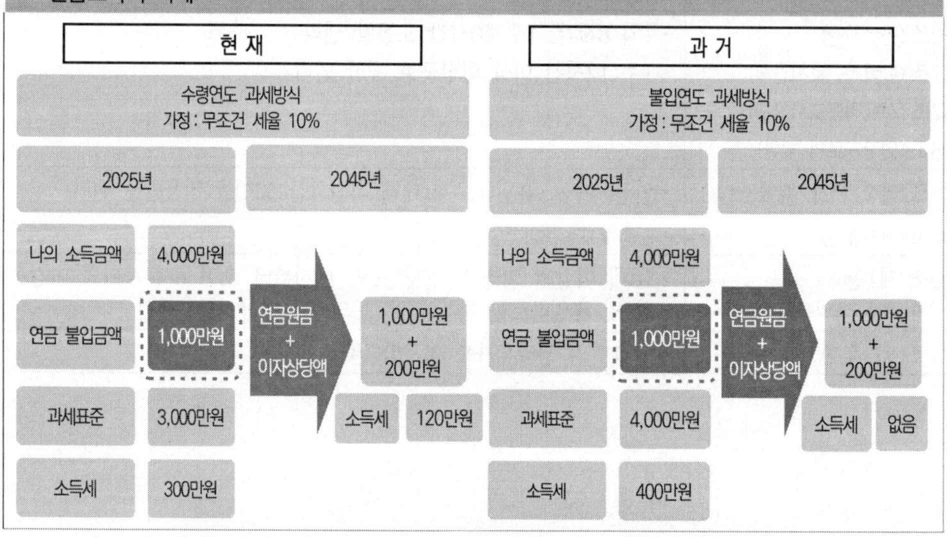

현행소득세법은 수령연도 과세방식을 취하고 있기 때문에, 국민연금 납부액 (연금불입액)등은 종합소득공제에서 전액 한도 없이 공제 하고 있다.

* 연금불입하여 공제받는 것이 납세자에게 유리한가?
현행 소득세법은 8단계 누진세율을 취하고 있다. 현재 과세표준이 9,200만원인 자는 8,800만원을 초과하는 400만원에 대하여 35%세율을 부담할 것이다. 사적연금을 가입하여 400만을 불입한다면, 연금계좌세액공제를 적용받아 48만원의 소득세를 줄일 수 있다. 400만원과 이자상당액은 노후에 지급받으면서 과세될 것이다. 노후에는 경제활동을 하지 않아 다른 소득이 없고, 소득세 세율구간이 동일하다면, 6%세율을 적용하여, 24만원의 소득세를 납부할 것이다.

2) 연금소득의 범위

▌연금소득의 범위

구 분		불입시 소득공제 여부	수령시 과세여부	
			연금형태	일시금형태
공적 연금*[1]	국민연금	연금보험료공제 : 불입액 전액 소득공제	연금소득	퇴직소득
	지역연금		연금소득	퇴직소득
	연계노령연금 연계퇴직연금		연금소득	-
사적 연금	퇴직보험연금	- (회사가 불입함)	연금소득	퇴직소득
	연금저축	세액공제(①, ②) × 12%(총급여 5,500만원 이하 혹은 종합소득금액 4,500만원 이하는 15%) ① Min (연금저축납입액, 600만원) + 퇴직연금 계좌 납입액 ② 한도 : 연 900만원	연금소득	기타소득*[2]
	퇴직연금		연금소득	퇴직소득

*1 공적연금은 2002.1.1 이후 불입분을 기초로 하여 받는 소득만 과세함.
연계노령연금 · 연계퇴직연금은 「국민연금과 직역연금의 연계에 관한 법률」에 따라 받는 연금임.
*2 사망으로 인하여 일시금으로 받는 경우에는 연금소득.

연금소득은 크게 두 가지 범위로 구분하여 볼 수 있다. 첫째는 공적연금이고, 둘째는 사적연금이다. 공적연금은 의무가입이지만 사적연금은 소득자가 임의로 선택할 여지가 있다.

① 공적연금

- 국민연금 : 국민연금법에 의하여 지급받는 각종 연금
- 특수직연금 : 공무원연금법 · 군인연금법 · 사립학교 교직원 연금법 또는 별정우체국법에 의하여 지급받는 각종 연금

② 사적연금

- 퇴직보험연금 : 퇴직보험의 보험금을 연금형태로 지급받는 경우 당해 연금 또는 이와 유사한 것으로서 퇴직자가 지급받는 연금
- 개인연금 : [조세특례제한법]상에 연금저축에 가입하고 연금형태로 지급받는 소득
- 퇴직연금 : [근로자 퇴직급여 보장법]에 따라 지급받는 퇴직연금

③ 기타연금

위와 유사하고 연금형태로 지급받는 것으로서 대통령령이 정하는 것.

정리사항 각종 연금의 수령시 소득구분

연금종류	연금으로 수령시	일시금으로 수령시
국민연금	연금소득	퇴직소득
특수직연금	연금소득	퇴직소득
퇴직보험연금	연금소득	퇴직소득
개인연금	연금소득	기타소득
퇴직연금	연금소득	퇴직소득

3) 비과세 연금소득

① 국민연금법에 의하여 지급받는 유족연금과 장애연금
② 공무 원 연금법 · 군인연금법 · 사립학교교직원연금법 또는 별정우체국법에 의해 지급받는 유족연금 · 장애연금 · 상해연금
③ 산업재해보상법에 의하여 지급받는 각종 연금
④ 국군포로의 송환 및 대우 등에 관한 법률에 따른 국군 포로가 지급받는 연금

4) 연금소득금액의 계산

연금소득금액은 총연금액에서 연금소득공제액을 차감하여 계산하고, 종합소득금액에 합산하여 종합과세된다. 단 총연금액이 1,500만원 이하인 경우 분리과세를 선택할 수 있다.

연금소득금액 = 총연금액 (비과세소득제외) – 연금소득공제

① 총 연금액 계산

- 국민연금 = 총수령액 × $\frac{\text{2002.1.1. 이후 불입기간동안의 환산소득누계액}}{\text{총불입기간동안의 환산소득누계액}}$

$$(-)\ [1 - \frac{\text{실제 세액공제받은 금액을 초과하여 불입한 금액의 누계}}{\text{연금지급개시일현재 연금보험료누계액중 2002.1.1. 이후 해당분}}]$$

• 개인연금

$$= \text{연금수령액} \times [1 - \frac{\text{실제소득공제받은금액을초과하여 불입한 금액의 누계액}}{\text{총연금지급액 또는 예상액}}]$$

= 불입시 소득공제를 받는 부분 + 이자부분

② 연금소득공제액

총 연금액에서 연금소득공제를 차감하여 연금소득금액을 계산한다. 근로소득공제는 한도없이 근로소득공제를 차감하지만, 연금소득공제는 공제액이 900만원을 초과하는 경우에는 900만원을 공제한다.

총 연금액	연금소득공제
350만원 이하	총 연금액
350만원 초과 700만원 이하	350만원 + (총연금액 - 350만원) × 40%
700만원 초과 1,400만원 이하	490만원 + (총연금액 - 700만원) × 20%
1,400만원 초과	630만원 + (총연금액 - 1,400만원) × 10%

5) 연금소득의 수입시기

연금소득에 대한 총수입금액의 수입시기는 연금을 지급받거나 받기로 한 날로 한다.

6) 연금소득 귀속자

① 연금소득은 원칙적으로 종합과세한다. 다만, 공적연금소득 외의 소득이 없는 경우 확정신고 생략 가능하다.

② 이연퇴직소득을 연금수령하는 연금소득은 무조건 분리과세

③ 무조건 분리과세대상 연금소득 외의 사적연금소득의 합계액이 연 1200만원 이하인 경우의 연금소득은 분리과세 선택가능

7. 기타소득

(1) 기타소득의 범위

기타소득은 이자소득 · 배당소득 · 사업소득 · 근로소득 · 연금소득 · 퇴직소득 · 양도소득 외의 소득으로 다음에 열거하는 소득으로 한다. 이것은 어떤 소득이 기타소득에도 해당되고 다른 소득에도 해당될 경우 다른 소득으로 우선 구분한다는 의미이다.

① 상금 · 현금 · 포상금 · 보로금 또는 이에 준하는 금품

② 복권 · 경품권 기타 추첨권에 의하여 받는 당첨금품

③ 승마투표권 · 승자투표권 · 소싸움경기투표권 · 체육진흥투표권의 구매자가 받는 환급금.
(발생원인이 되는 행위의 적법 또는 불법 여부는 고려하지 아니한다)

④ 저작자 또는 실연자 · 음반제작자 · 방송사업자 외의 자가 저작권 또는 저작인접권의 양도 또는 사용대가로 받는 금품

❙ 참고사항 ❙ (인적용역제공의 소득구분)

- 저작자 본인이 받는 것 : 사업성이 있으면 사업소득, 사업성이 없으면 기타소득.
- 저작자 외의 자 (상속 · 증여 · 양도받은 자)가 받는 것 : 기타소득 (위 ④).

⑤ 영화필름 · 라디오 · 텔레비전 방송용 테이프 또는 필름 및 기타 이와 유사한 자산 또는 권리의 양도 · 대여 또는 사용의 대가로 받는 금품

⑥ 각종 무체재산권[광업권 · 어업권 · 산업재산권 · 산업정보, 산업상 비밀, 상표권 · 영업권(점포임차권포함), 토사석 채취허가에 따른 권리, 지하수 개발 · 이용권 및 그 밖에 이와 유사한 자산이나 권리]을 양도하거나 대여하고 그 대가로 받는 금품
*사업용 고정자산과 함께 양도하는 영업권은 양도소득에 해당한다.

⑦ 물품 또는 장소를 일시적으로 대여하고 사용료로 받은 금품

❙ 참고사항 ❙ 물품 또는 장소의 사용대가

- 물품의 사업적 대여 : 사업소득
- 장소의 사업적 대여 : 부동산 임대소득
- 물품 또는 장소의 일시적 대여 : 기타소득

⑧ 「전자상거래 등에서의 소비자보호에 관한 법률」에 따라 통신판매중개를 하는 자 (공유마켓)를 통하여 물품 또는 장소를 대여하고 500만원 이하의 사용료로서 받은 금품 (비교 500만원 초과 시 사업소득)

⑨ 계약의 위약 또는 해약으로 인하여 받는 위약금과 배상금

❙ 비 교 ❙ 손해배상금과 그 법정이자

- 재산권에 관한 위약 · 해약으로 인한 손해배상금과 그 법정이자 : 기타소득
- 기타의 손해배상금과 그 법정이자 (타인의 신체의 자유 또는 명예를 해하거나 기타 정신적 고통 등을 가한 것과 같이 재산권 외의 손해에 대한 배상 또는 위자료로서 받는 금액) : 과세제외 (미열거소득)

⑩ 「공익사업을 위한 토지 등의 취득 및 보상에 관한 법률」 제4조에 따른 공익사업과 관련하여 지역권 · 지상권 (지하 · 공중에 설정된 권리 포함)을 설정 또는 대여하고 받는 금품

▌비 교▐ 지역권 · 지상권

- 지역권 지상권의 대여로 인한 소득 : 사업소득
- 공익사업과 관련 하여 지역권 지상권의 대여로 인한 소득 : 기타소득
- 지상권의 양도로 인한 소득 : 양도소득
- 지역권의 양도로 인한 소득 : 과세제외 (미열거소득)

⑪ 슬러트머신 (비디오게임 포함) 및 투전기 및 기타 이와 유사한 기구를 이용하는 행위에 참가하여 받은 당첨금품 · 배당금품 또는 이에 준하는 금품

⑫ 일시적인 문예창작소득

문예 · 학술 · 미술 · 음악 또는 사진에 속하는 창작물에 대한 원작자로서 받은 소득으로 다음에 해당하는 것

ⓐ 원고료

ⓑ 저작권 사용료인 인세

ⓒ 미술 · 음악 또는 사진에 속하는 창작품에 대하여 받는 대가

▌비 교▐ 사보원고료 등

- 업무와 관련있는 사보게재 원고료 · 신규채용시험 및 사내교육을 위한 출제수당 · 강사료 · 원고료 등
  ➡ 근로소득
- 업무와 관계없이 독립적인 자격에 의해 사보 등에 원고를 게재하고 받는 대가
  ➡ 기타소득 (일시적인 문예창작소득)
- 고용관계 없는 타회사의 신규채용시험 및 사내교육을 위한 출제수당
  ➡ 기타소득 (아래⑯)

⑬ 재산권에 관한 알선수수료

⑭ 사례금

사무처리 또는 역무의 제공 등과 관련하여 법적지급의무 없이 감사의 뜻으로 지급하는 금액

⑮ 전속계약금

다만, 연예인 및 직업운동선수 등 사업자가 사업활동과 관련하여 지급받는 전속계약금은 사업소득이다.

▌비 교▐ 전속계약금

- 한 회사 등에만 일시 전속적으로 계약하여 일시소득적인 전속계약금 : 기타소득
- 여러회사 등과 출연 등의 계약을 하면서 사업적으로 받는 전속계약금 : 사업소득 (출연료 : 개인서비스업)

⑯ 다음에 해당하는 인적용역 (⑫ ~⑭)의 규정을 적용받는 용역을 제외함)을 일시적으로 제공하고 지급받는 대가

ⓐ 고용관계 없이 다수인에게 강연을 하고 강연료 등의 대가를 받는 용역

ⓑ 라디오 · 텔레비젼방송 등을 통하여 해설 · 계몽 또는 연기의 심사 등을 하고 보수 또는 이와 유사한 성질의 대가를 받는 용역

ⓒ 대학이 자체 연구관리비 규정에 따라 대학에서 연구비를 관리하는 경우 교수가 제공하는 연구용역

▌비 교▐ 강사료

- 학교 등과 근로계약에 의해 정기적으로 일정한 과목을 담당하고 시간 등에 따라 강사료를 지급받는 경우 3개월 이상 계속해서 강사료를 지급받는 경우 그 강사료
 : 근로소득
- 학원 등에서 계속적・반복적 강의를 하고 수강생 등에 따라 일정비율로 지급받는 강사료
 : 사업소득

기타의 강사료 (특강료 등 : 고용관계 없이 다수인에게 강연을 하고 강연료 등의 대가를 받는 인적용역으로 일시적으로 제공하고 지급받은 대가) : 기타소득

⑰ 법인세법에 의하여 기타소득으로 처분된 소득

⑱ 연금계좌에서 연금외 수령한 소득 중 자기불입분・운용수익
다음의 금액을 그 소득의 성격에도 불구하고 연금외 수령한 소득
ⓐ 연금계좌 자기불입분으로서 연금계좌세액공제를 받은 금액
ⓑ 운용수익 : 연금계좌의 운용실적에 따라 증가된 금액

⑲ 사행행위 등 규제 및 처벌 특례법에서 규정하는 행위(적법 또는 불법 여부는 고려하지 아니한다)에 참가하여 얻은 재산상의 이익

⑳ 유실물의 습득 또는 매장물의 발견으로 인하여 보상금을 받거나 새로 소유권을 취득하는 경우 그 보상금 또는 자산

㉑ 서화・골동품의 양도로 발생하는 소득
서화・골동품의 양도차익으로, 개당・점당 또는 조당 양도가액이 6천만원 이상인 것을 말한다. 다만 양도일 현재 생존해 있는 국내 원작자의 작품은 제외한다. 단, 「문화재보호법」에 따라 국가지정문화재로 지정된 서화・골동품의 양도로 발생하는 소득 및 서화・골동품을 박물관 또는 미술관에 양도함으로서 발생하는 소득에 대하여는 소득세를 과세하지 아니한다.

㉒ 종교 관련 종사자가 종교의식을 집행하는 등 종교 관련 종사자로서의 활동과 관련하여 대통령령으로 정하는 종교단체로부터 받은 소득[18]

㉓ 소기업・소상공인 공제부금의 폐업전 해지일시금

---

18) 종교인의 소득에 대한 과세제도의 도입
ⓐ 종교단체에 소속된 종교 관련 종사자가 종교예식 또는 종교의식을 집행하거나 관장하는 등의 활동과 관련하여 받은 소득을 기타소득 중 종교인소득으로 구분하여 법률에 명시하고, 종교인소득 중 학자금, 식사 또는 식사대 및 교통비 등 실비변상적 성격의 소득을 비과세 소득으로 규정함.
ⓑ 종교 관련 종사자에 대하여 종교인소득을 지급하는 종교단체에 대해서는 다른 원천징수의무자와는 달리 원천징수 여부를 선택사항으로 규정하는 등 종교인의 소득과 관련된 과세체계를 마련하고 종교인소득에 대한 신고・납부 절차 등을 신설함.
ⓒ 종교인 소득에 대하여 근로소득으로 원천징수하거나 과세표준확정신고를 한 경우에는 해당 소득을 근로소득으로 보도록 함.
ⓓ 세무공무원의 질문・조사시 종교인소득에 대해서는 종교단체의 장부・서류 또는 그 밖의 물건 중에서 종교인소득과 관련된 부분에 한하여 조사하거나 그 제출을 명할 수 있도록 함.
ⓔ 종교인 소득에 대한 과세제도 관련 규정은 2018년 1월 1일 이후 발생하는 소득분부터 적용함.

㉔ 종업원 등이 퇴직 후에 지급받는 직무발명 보상금

㉕ 가상자산 거래에서 발생하는 소득으로 특정금융정보법 제2조제3호에 다른 가상자산(가상화폐)을 양도·대여함으로써 발생하는 소득(2025.1.1 이후 양도·대여하는 분부터 적용)

(2) 비과세 기타소득

다음에 해당하는 경우 비과세 기타소득에 해당한다.

① 「대한민국학술원법」에 의한 학술원상 또는 「대한민국예술원법」에 의한 예술원상의 수상자가 받는 상금과 부상

② 노벨상 또는 외국정부·국제기관·국제단체 기타 외국의 단체나 기금으로부터 받는 상의 수상자가 받는 상금과 부상

③ 「문화예술진흥법」에 따른 대한민국 문화예술상과 같은 법에 따른 한국문화예술위원회가 문화예술진흥기금으로 수여하는 상의 수상자가 받는 상금과 부상

④ 대한민국 미술대전의 수상작품에 대하여 수상자가 받는 상금과 부상

⑤ 「국민체육진흥법」에 의한 체육상의 수상자가 받는 상금과 부상

⑥ 교육과학기술부가 개최하는 과학전람회의 수상작품에 대하여 수상자가 받는 상금과 부상.

⑦ 특별법에 의하여 설립된 법인이 관계 중앙행정기관의 장의 승인을 얻어 수여하는 상의 수상자가 받는 상금과 부상

⑧ 「품질경영 및 공산품안전관리법」에 의하여 품질명장으로 선정된 자(분임을 포함한다)가 받는 상금과 부상

⑨ 직장새마을운동·산업재해예방운동 등 정부시책의 추진실적에 따라 중앙행정기관장 이상의 표창을 받은 종업원이나 관계 중앙행정기관의 장이 인정하는 국내외 기능경기대회에 입상한 종업원이 그 표창 또는 입상과 관련하여 사용자로부터 받는 상금 중 1인당 15만원 이내의 금액

⑩ 「모범공무원규정」에 따라 모범공무원으로 선발된 사람이 받는 모범공무원수당

⑪ 「국세기본법」 제84조의 2에 따른 포상금 등 법규의 준수 및 사회질서의 유지를 위하여 신고 또는 고발한 사람이 관련 법령에서 정하는 바에 따라 국가 또는 지발자체단체로부터 받는 포상금 또는 보상금

⑫ 경찰청장이 정하는 바에 따라 범죄 신고자가 받는 보상금. (2010.2.18. 신설)

⑬ 제1호부터 제12호까지의 규정에 따른 상금과 부상 외에 국가 또는 지방자치단체로부터 받는 상금과 부상

⑭ 종교 관련 종사자가 사택을 제공받아 얻는 이익 : 종교단체가 소유하고 있는 주택을 종교 관련 종사자가 무상 또는 저가에 제공하거나, 종교단체가 직접임차하여 종교 관련 종사자에게 무상으로 제공하는 주택을 말하며, 임대차기간 중 종교 관련 종사자가 전근 및 퇴직 또는 이사하는 때에는 다른 종교 관련 종사자 또는 직원이 당해 주택에 입주하는 경우에 한하여 이를 사

택을 제공받아 얻는 이익으로 본다. 다만 다음 중 어느 하나에 해당하는 경우에는 그렇지 않음

- 입주한 종교 관련 종사자가 전근 및 퇴직 또는 이사한 후 당해 종교단체의 종교 관련 종사자나 종업원등 중 입주 희망자가 없는 경우
- 당해 임차주택의 계약 잔여기간이 1년 이하인 경우로서 주택임대인이 주택임대차계약의 갱신을 거부하는 경우

⑮ 종업원등이 퇴직한 후에 지급받는 직무발명 보상금으로서 연 500만원 이하의 금액

⑯ 법령 · 조례에 의한 위원회 등의 보수를 받지 아니하는 위원이 받는 수당

> 2006년에 개봉한 영화 '괴물'을 보면 남일 (박해일 역)이 '현서 (고아성 역)'의 핸드폰 위치 추적을 하기 위해 선배의 회사로 찾아간다. 선배는 남일을 형사들에게 넘기고 '상금'을 받고자 한다. 선배가 형사에게 질문을 한다 "포상금은 세금을 얼마나 떼요?" 그러자 형사가 대답한다. "포상금은 기타소득으로 비과세 됩니다" [정말, 비과세가 맞는지 판단해 보자]

(3) 기타소득금액의 계산

> 기타소득금액 = 총수입금액 (비과세소득제외) − 필요경비

기타소득은 다른 소득과 달리 필요경비 입증에 어려움이 있다. 장부를 비치하면서 계속 · 반복적인 경제활동이 아니기 때문이다. 이에 기타소득은 100분의 60 (100분의 80)에 상당하는 금액을 필요경비로 간주하는 경우가 있다.

1) 최소한 60%경비 의제

아래의 항목에 해당되는 기타소득의 경우 총수입 금액의 최소한 60% 필요경비를 인정한다. 가령, 1,000원의 수입에 대하여 실제경비가 500원이 소요되었다고 가정하자. 그렇다고 해도 1,000원의 60%인 600원을 필요경비로 인정한다. 그럼, 만약 실제 소요된 경비가 900원인 경우에는 900원을 필요경비로 인정한다.

① 공익사업과 관련된 지역권 및 지상권 설정 · 대여소득

② 다음의 인적용역을 일시적으로 제공하고 지급받은 대가

(a) 고용관계 없이 다수인에게 강연을 하고 강연료 등의 대가를 받은 용역

(b) 라디오 · 텔레비전방송 등을 통하여 해설 · 계몽 또는 연기의 심사 등을 하고 보수 또는 이와 유사한 성질의 대가를 받는 용역

(c) 변호사 · 공인회계사 · 세무사 · 건축사 · 측량사 · 변리사들 기타 전문적 지식 또는 특별한 기능을 가진 자가 당해 지식 또는 기능을 활용하여 보수 또는 기타의 대가를 받고 제공하는 용역

③ 일시적인 문예창작소득

④ 각종 무체재산권[광업권 · 어업권 · 산업재산권 · 산업정보, 산업상비밀, 상표권 · 영업권 (점포임

차권포함), 토사석 채취허가에 따른 권리, 지하수 개발·이용권 및 그 밖에 이와 유사한 자산이나 권리]을 양도하거나 대여하고 받은 소득

⑤ 「전자상거래 등에서의 소비자보호에 관한 법률」에 따라 통신판매중개를 하는 자 (공유마켓)를 통하여 물품 또는 장소를 대여하고 500만원 이하의 사용료로서 받은 금품

2) 최소한 80%경비 의제

아래의 항목에 해당되는 기타소득의 경우, 총수입금액의 최소한 80%를 필요경비로 인정한다.

① 공익법인 주무관청의 승인을 얻어 시상하는 상금과 부상

② 다수가 순위 경쟁하는 대회에서 입상자가 받는 상금·부상

③ 계약의 위약 또는 해약으로 인하여 받는 위약금 중 주택입주 지체상금

3) 최소한 80% 혹은 90% 필요경비 의제

① 대통령령으로 정하는 서화·골동품의 양도로 발생하는 소득[19)]

양도가액이 1억원 이하인 기타소득에 대하여는 거주자가 받은 금액의 100분의 90에 상당하는 금액을 필요경비로 한다. 양도가액이 1억원을 초과하는 경우, 거주자가 받은 1억원 초과금액의 100분의 80 (서화·골동품의 보유기간이 10년 이상인 경우에는 100분의 90)에 상당하는 금액을 필요경비로 한다. 다만, 실제 소요된 필요경비가 필요경비 의제에 상당하는 금액을 초과하는 경우에는 실제 소요된 필요경비에 산입한다.

양도가액	필요경비율	
거주자가 받은 금액이 1억원 이하인 경우	양도가액 전체	90%
거주자가 받은 금액이 1억원을 초과하는 경우	양도가액 중 1억원 이하까지	90%
	양도가액 중 1억원 초과	0~1억원 까지 : 90% 1억원 초과분 : 80% (단 보유기간이 10년인 경우 90%)

4) 종교인 소득 필요경비 의제

종교인소득에 대해서는 종교관련 종사자가 받은 금액 (비과세소득 금액을 제외함) 중 Max [실제소요경비, 아래 표에 따른 금액]를 필요경비로 함. (소득수준에 따라 차등 적용)

19) 계속적·반복적 거래의 경우에도 기타소득으로 구분하며, 단, 다음의 어느 하나에 해당하는 경우에는 제외 (사업소득으로 과세)
① 서화·골동품 거래를 위해 사업장 등 물적시설을 갖춘 경우
② 서화·골동품을 거래하기 위한 목적으로 사업자등록을 한 경우

소득구간 (연간)	필요경비
2천만원 이하	소득의 80%
2~4천만원	1,600만원+2천만원 초과분의 50%
4~6천만원	2,600만원+4천만원 초과분의 30%
6천만원 초과	3,200만원+6천만원 초과분의 20%

5) 가상자산 필요경비 계산 (소득법 37조⑤)

2027.1.1 이후 양도하는 분부터 적용하며, 총수입금액은 양도 (매매, 교환) · 대여의 대가로 하면 다음의 필요경비를 차감한다.

가상자산 소득금액 = 총수입금액 - 필요경비	
필요경비	부대비용취급업소수수료 과세 표준신고서 작성비용 취득 후 소유권관련 쟁송시 소송비용등 포함
취득가액평가방법 (선입선출법)	먼저 거래한 것부터 순차적으로 양도한 것으로 보아 필요경비를 계산함

가상자산을 양도하는 경우 원천징수 하지 않고 20% 분리과세를 적용하며, 과세기간 내 손익통산을 허용한다. 다만 과세기간의 가상자산 소득금액이 250만원 이하인 경우 소득세를 과세하지 않는다.

(4) 기타소득의 수입시기 및 과세최저한

1) 수입시기

① 각종 무체재산권을 양도하거나 대여하고 그 대가로 받는 금품에 대한 수입시기는 대금청산일, 인도일, 사용수익일 중 빠른날로 한다.

② 인정기타소득 : 결산확정일

③ 그 외의 기타소득 : 지급받은 날 (현금주의)

2) 과세최저한

기타소득이 다음에 해당하는 경우에는 당해 소득에 대한 소득세를 과세하지 아니한다.

① 승마투표권 등에 의한 환급금으로 매진마다 투표권의 권면에 표시된 금액의 합계액이 10만원이하이고 단위 투표금액 당 환급금이 단위 투표금액의 100배 이하 이면서 적중한 개별투표당 환급액이 200만원이하인 경우

② 슬러트머신 등의 당첨금액 등으로 매건마다 200만원 이하인 때

③ 복권 당첨금으로 매건마다 200만원 이하인 때

④ 과세기간의 가상자산 소득금액이 250만원 이하인 때

⑤ ①부터 ④를 제외한 기타소득금액이 매건마다 5만원 이하인 때

예 [공익법인 주무관청 승인을 얻어 시상하는 상금 : 200,000원
기타소득금액 : 200,000 - 160,000 = 40,000 (과세×)]

사/례/연/구

필자는 2008년에 로또 4등에 당첨되었다. 6개의 당첨 숫자 중 4개가 일치되면, 4등이다. 4등 당첨금을 조회해 보니, 48,000원부터 60,000원 사이에서 결정되어졌다. 필자는 48,000원이 당첨되기를 원했다. 복권은 필요경비가 인정되지 않는 기타소득이다. 필요경비가 인정되지 않는 경우 60,000원에 당첨되면, 22% (지방소득세 포함)의 기타소득세 및 지방소득세를 납부하여야 한다. 만약 필자가 60,000에 당첨된다면, 46,800원[60,000원 - 13,200원 (60,000 × 22%)]을 수령하게 된다. 그러나 48,000원에 당첨되면, 2022년 이전 과세최저한 (50,000이하)에 적용되어 세금을 납부하지 않고, 48,000원을 받을 수 있다. 이러한 문제점 때문에 로또 대행사는 2010년부터 4등 지급금액을 5만원으로 정액화하였다. 2023년 유사 당첨금(슬롯머신등) 간 형평을 감안하여 복권 당첨금의 과세최저한을 기존 5만원에서 200만원으로 상향하였다.

기타소득과세

1. 소득의 지급자

원 칙 : 원천징수 ○

- 원천징수세액 = 기타소득금액×20% (무조건 분리과세대상 중 3억원 초과분은 30%)

예 외 : 원천징수 ×

- 뇌물, 알선수재 · 배임수재에 의하여 받는 금품
- 계약의 위약 · 해약으로 인한 위약금 · 배상금 中 계약금이 위약금 · 배상금으로 대체되는 경우만 해당

2. 소득의 귀속자

[A] 무조건 분리과세대상 : 분리과세

① 복권당첨소득
② 승마투표권 등의 환급금
③ 슬롯머신 등의 당첨금품
④ 신용카드 등의 사용자 보상금

무조건 종합과세대상 : 종합과세

① 뇌물, 알선수재 · 배임수재에 의하여 받는 금품 ([B])
② 계약의 위약으로 인한 위약금 · 배상금 中 계약금이 위약금 · 배상금으로 대체되는 것 ([C])

[D] 조건부 과세대상 : 조건에 따라 결정됨.

- 무조건 분리과세대상과 무조건 종합과세대상을 제외한 나머지 기타소득

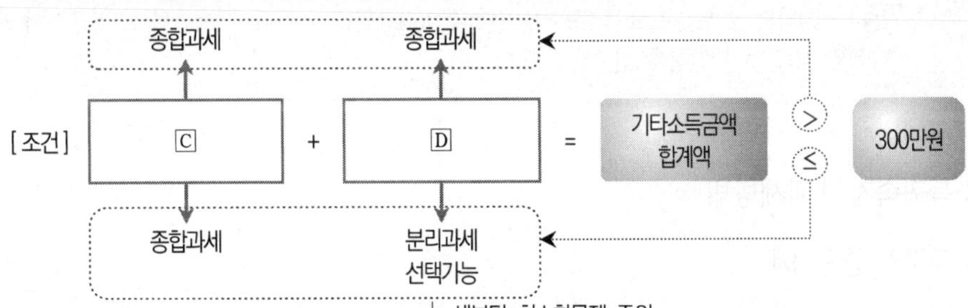

(5) 소득지급자의 과세방법 : 원천징수

① **기타소득을 지급하는 자는 다음의 세액을 원천징수한다.**

기타소득금액 × 20%, 무조건분리과세 대상 기타소득 중 3억 초과분 30%

② **다만, 다음 중 어느 하나에 해당하는 경우에는 원천징수하지 아니한다.**

ⓐ 계약의 위약 또는 해약으로 받는 위약금과 배상금 (계약금이 위약금·배상금으로서 대체되는 경우만 해당함)

ⓑ 뇌물, 알선수재 및 배임수재에 의하여 받는 금품

③ **사망 등에 따른 연금소득세 과세특례**

사망 등 부득이한 사유로 연금계좌에서 연금형태 외의 방식으로 수령하는 기타소득에 대한 원천징수세율을 15%로 분리과세하도록 하며 연금계좌 가입자의 사망으로 해당 연금계좌를 일시금으로 수령 없이 배우자가 승계하는 경우에는 연금계좌의 연금소득을 배우자의 소득금액으로 보아 소득세를 과세하도록 하였다.

④ **소기업 · 소상공인 공제부금 중도해지시**

임의해지 소기업·소상공인의 부담완화를 위해 원천징수세율을 15%로 인하하였다.

예제 14 소득구분

(1) LK전자은 유명 영화배우인 전지영 씨와 전속계약을 체결하고 10억원의 전속계약금을 지급하려고 한다. 전지영 씨의 소득과 지급시 차감해야 하는 원천징수세액을 구하시오

(2) LK전자는 전속계약 내용의 범위를 초과하여, 전지영 씨의 초상권을 무단으로 사용하였다. 이에 대하여 LK전자는 초상권 침해에 따른 10억원의 위약금을 지급해야 한다. 전지영 씨에게 지급해야하는 위약금의 소득구분과 지급시 차감해야 하는 원천징수 세액을 구하시오.

해 답

(1) 연예인의 전속계약금은 사업소득으로 구분되며 특정사업소득에 해당하여 3.3% (지방소득세포함) 원천징수해야 한다. 3,300만원을 차감하여 지급하고 지급일이 속하는 다음달 10일까지 소득세와 지방소득세를 신고납부해야 한다.

(2) 계약위반으로 인하여 지급하는 위약금은 기타소득이며, 동 위약금은 필요경비가 인정되지 않는다. 10억의 22% (지방소득세포함), 2억 2,000만원을 차감하여 지급하고 지급일이 속하는 다음달 10일까지 원천세 신고납부 해야 한다.

(6) 소득귀속자의 과세방법

1) 무조건 종합과세

뇌물, 알선수재 및 배임수재에 의하여 받는 금품은 무조건 종합과세한다.

2) 무조건분리과세

다음의 기타소득은 분리과세로 과세를 종결한다.

① 복권당첨 소득

② 승마투표권 등의 구매자가 받는 환급금

③ 슬로트머신 등의 당첨금품 등

④ ①~③소득과 유사한 소득으로서 기획재정부령이 정하는 소득

3) 조건부과세대상

무조건 종합과세대상과 무조건 분리과세대상을 제외한 나머지 기타소득은 다음에 의한다.

① 기타소득금액이 300만원을 초과하는 경우에는 종합과세한다.

② 기타소득금액이 300만원 이하인 경우에는 납세의무자의 선택에 따라 종합과세와 분리과세를 선택할 수 있다.

여기서 분명히 기억해야 할 것은 "기타소득"이 아니라 "기타소득금액" 기준으로 300만원이라는 것이다. 즉, 필요경비가 있는 경우에는 필요경비를 차감한 후의 금액이다.

예제 15 소득구분 (경품지급 의사결정)

(1) 경품지급

LK텔레콤은 가입고객에게 추첨을 통해 경품을 지급하려고 한다. 마케팅 담당자는 경품을 무엇으로 지급할지를 고민하고 있다. 지급대상 인원은 1,000명이고, 지급물품은 5만원 상당의 도자기세트와 5만 5,000원 상당의 식기 세트 중 선택하려고 한다. (고객의 제세공과금은 회사가 부담하기로 하였다)

도자기세트와 식기세트의 경품을 지급하기 위하여 회사가 필요한 예산은 각각 얼마인가?

해 답

LK텔레콤이 만약 5만원 상당의 식기 세트를 경품으로 지급한다면 소요되는 예산은 5,000만원이다. 기타소득금액기준으로 5만원 이하에 대하여는 소득세 및 지방소득세를 원천징수하지 않는다.

LK텔레콤이 만약 5만 5,000원 상당의 식기 세트를 경품으로 지급한다면 소요되는 예산은 5,500만원이 아니라 7,051만원이다. 경품은 기타소득으로 필요경비가 인정되지 않는 소득이다. 소득금액이 5만원을 초과하기 때문에 22%(소득세와 지방소득세)를 원천징수해야 한다. "회사가 경품에 부과된 세금을 부담한다"는 것은 세금을 차감후 지급금액이 5만5,000원이 되게 만든다는 것이다. 소득세 및 지방소득세를 차감 후의 금액이 5만 5,000원이 되기 위해서는 7만 510원의 소득금액을 지급하여야 한다.

5만 5,000원 = 7만 510원 - 1만 5,510원 (7만 510원 × 22%)

대납 시 예산은 다음과 같이 계산한다.

5만 5,000원 ÷ (1 - 22%) = 7만 510원

예제 16 기타소득

다음은 거주자 이창렬 씨의 2025년 소득에 관한 자료이다. 다음의 각 경우별로 소득세 부담 최소화 가정하에 과세표준을 계산하시오.

(다만, 종합소득공제액은 300만원이고, 사업소득금액은 2,000만원이 있다고 가정한다.)

1. 공익사업과 관련하여 지역권을 대여하고 받은 소득 : 5,000,000원
2. 월간잡지에 수필을 기고하고 받은 원고료 : 100,000원
3. 어업권을 대여함에 따라 받은 대가 : 2,000,000원
   ※ 어업권의 실제 소요된 필요경비는 150만원이다.
4. 광고모델로 1회 출연하고 받은 금액 : 1,000,000원 (일시적인 용역대가)

과세표준 = 종합소득금액 - 종합소득공제

해 답

지역권 대여소득 : 5,000,000 × (1 - 60%) = 2,000,000
수필원고료 : 100,000 × (1 - 60%) = 40,000 (과세최저한)
어업권대여 : 2,000,000 - Max (2,000,000 × 60%, 1,500,000) = 500,000
광고모델료 (일시적 인적용역) : 1,000,000 × (1 - 60%) = 400,000
기타소득금액 2,900,000(조건부 종합과세)
종합소득에 합산할 수도 있고, 합산하지 않고, 22% 세율을 부담할 수도 있다.
합산하면 과세표준은 1,990만원 (2,000만원 + 290만원 - 300만원)으로 세율은 16.5% (지방소득세포함)을 부담한다. 분리과세 22% (지방소득세포함)보다 세율이 낮으므로 종합과세를 선택하는 것이 유리하다.

보론

종교인 소득

기타소득 중 종교관련 종사자가 종교의식을 집행하는 등 종교관련 종사자로서의 활동과 관련하여 대통령령으로 정하는 종교단체로부터 받은 소득 (이하 "종교인소득"이라 한다) (2015.12. 15. 신설)

(1) 종교인소득의 범위
   다음의 소득을 종교인 소득으로 본다. (2018.1.1.부터 시행)
   (ㄱ) 종교인이 아래의 종교단체로 부터 받는 소득
   (ㄴ) 종교를 목적으로 민법 제32조에 따라 설립된 비영리단체로부터 받는 소득

(2) 비과세 소득
   각 항목의 범위를 근로소득과 동일한 수준으로 규정
   (ㄱ) 학자금으로 종교인으로서의 활동과 관련된 본인의 학자금
   (ㄴ) 식비로서 종교단체 제공 식사 또는 월 10만원 이하의 식사대
   (ㄷ) 실비변상액 성질의 숙직료 · 여비 및 종교의식에서 착용하는 의복 등
   (ㄹ) 사택제공 이익으로 종교단체가 소유 · 임차한 주택을 무상 · 저가로 제공받는 이익

보론

(3) 필요경비를 소득수준에 따라 차등 적용

소득구간 (연간)	필요경비
2천만원이하	소득의 80%
2~4천만원	1,600만원+2천만원 초과분의 50%
4~6천만원	2,600만원+4천만원 초과분의 30%
6천만원 초과	3,200만원+6천만원 초과분의 20%

(4) 종교인소득 원천징수세액

근로소득으로도 신고 · 납부할 수 있도록 하고, 근로소득으로 신고 · 납부하는 경우에도 원천징수는 선택사항으로 규정한다.

월 소득에 12*를 곱하여 연간 소득으로 환산한 후 필요경비를 적용하고, 이에 원천징수세율 (20%) 적용 후 12로 나눈 금액을 원천징수

*연도 중 소속계약을 개시하는 경우에는 12 대신에 해당 월을 포함한 과세기간 중 잔여 개월 수 적용

(5) 연말정산시 납부액

연간 소득에서 필요경비 및 소득공제액을 공제하고, 소득세율을 적용한 후 세액 공제액 및 기납부세액 등 차감하여 납부세액을 계산한다.

(6) 퇴직소득

종교인이 퇴직에 따라 지급받는 소득은 퇴직소득으로 분류한다.

■ 소득세법 시행규칙 [별지 제21호서식] 〈개정 2012.2.28〉

(1 쪽)

①신고구분						[ ]원천징수이행상황신고서 [ ]원천징수세액환급신청서	②귀속연월	년 월
매월	반기	수정	연말	소득처분	환급신청		③지급연월	년 월

원천징수 의무자	법인명 (상호)		대표자 (성명)		일괄납부 여부	여, 부
					사업자단위과세 여부	여, 부
	사업자 (주민) 등록번호		사업장 소재지		전화번호	
					전자우편주소	@

❶ 원천징수 명세 및 납부세액 (단위 : 원)

소득자 소득구분			코드	원천징수명세					⑨ 당월조정 환급세액	납부세액	
				소득지급 (과세 미달, 일부 비과세 포함)		징수세액					
				④인원	⑤총지급액	⑥소득세등	⑦농어촌특별세	⑧가산세		⑩소득세 등 (가산세 포함)	⑪농어촌특별세
개인(거주자·비거주자)	근로소득	간이세액	A01								
		중도퇴사	A02								
		일용근로	A03								
		연말정산	A04								
		가감계	A10								
	퇴직소득		A20								
	사업소득	매월징수	A25								
		연말정산	A26								
		가감계	A30								
	기타소득		A40								
	연금소득	매월징수	A45								
		연말정산	A46								
		가감계	A47								
	이자소득		A50								
	배당소득		A60								
	저축해지 추징세액 등		A69								
	비거주자 양도소득		A70								
법인	내·외국법인원천		A80								
수정신고 (세액)			A90								
총 합 계			A99								

❷ 환급세액 조정 (단위 : 원)

전월 미환급 세액의 계산			당월 발생 환급세액				⑱ 조정대상 환급세액 (⑭+⑮+⑯+⑰)	⑲ 당월조정 환급세액계	⑳ 차월이월 환급세액 (⑱-⑲)	㉑환급 신청액
⑫전월 환급세액	⑬기환급 신청세액	⑭차감 잔액 (⑫-⑬)	⑮일반 환급	⑯신탁재산 (금융 회사 등)	⑰그 밖의 환급세액					
					금융회사등	합병 등				

원천징수의무자는 「소득세법 시행령」 제185조제1항에 따라 위의 내용을 제출하며, 위 내용을 충분히 검토하였고 원천징수의무자가 알고 있는 사실 그대로를 정확하게 적었음을 확인합니다.

년 월 일

신고인 (서명 또는 인)

세무대리인은 조세전문자격자로서 위 신고서를 성실하고 공정하게 작성하였음을 확인합니다.

세무대리인 (서명 또는 인)

세 무 서 장 귀하

신고서 부표 등 작성 여부 ※ 해당란에 "○" 표시를 합니다.		
부표 (4 ~ 5쪽)	환급 (7쪽 ~ 9쪽)	승계명세 (10쪽)

세무대리인	
성 명	
사업자등록번호	
전화번호	

국세환급금 계좌신고 ※ 환급금액 2천만원 미만인 경우에만 적습니다.	
예입처	
예금종류	
계좌번호	

210㎜×297㎜ (백상지 80g/㎡)

(2 쪽)

작성방법

※ 참고사항

○ 신고서(부표 등) 작성 여부란에는 원천징수이행상황신고서(부표) 작성 여부를 해당란의( )안에 "○"표시를 합니다. 다만, 이자소득(A50), 배당소득(A60), 법인원천(A80)에 해당하는 소득을 지급하거나 저축해지추징세액(A69) 및 연금저축해지가산세를 징수한 원천징수의무자 및 비거주자 또는 외국법인에게 국내원천소득을 지급한 원천징수의무자는 반드시 원천징수이행상황신고서(부표)를 작성하여 신고하여야 합니다.

○ 원천징수 세액을 환급신청하는 경우 원천징수세액환급신청서 부표, 기납부세액 명세서, 전월미환급세액 조정명세서, 환급신청대상 소득 지급명세서 등을 제출하여야 하며, 국세환급금 계좌신고란은 환급금액이 2천만원 미만인 경우에 적으며, 2천만원 이상인 경우 별도 "계좌개설신고서"를 제출해야 합니다.

1. 원천징수대상소득을 지급하는 원천징수의무자(대리인, 위임받은 자 또는 「소득세법」 제164조 및 「법인세법」 제120조에 따라 지급명세서를 작성하여 제출하여야 하는 자를 포함합니다)는 납부(환급)세액의 유무와 관계없이 이 서식을 작성하여 제출하여야 하며, 귀속연월이 다른 소득을 당월분과 함께 원천징수하는 경우에는 이 서식을 귀속월별로 각각 별지로 작성하여 제출합니다.
   - 「부가가치세법」 제5조제2항 및 제3항에 따라 사업자단위로 등록한 경우 법인의 본점 또는 주사무소에서는 사업자단위과세 사업자로 전환되는 월 이후 지급하거나, 연말정산하는 소득에 대해 원천징수이행상황신고서를 작성하여 제출합니다.

2. 기본사항 및 소득구분

가. ①신고구분란은 매월분 신고서는 "매월"에, 반기별 신고서는 "반기"에, 수정신고서는 "수정"에, 소득처분에 따른 신고시에는 "소득처분"에 "○"표시(지점법인·국가기관 및 개인은 제외합니다)를 하며, 매월분 신고서에 계속근무자의 연말정산분이 포함된 경우에는 "매월" 및 "연말"란 두 곳에 모두 "○"표시를 합니다. 원천징수세액을 환급신청하려는 경우 "환급신청"란에도 "○" 표시를 합니다.

나. ②귀속연월란은 소득발생 연월[반기별납부자는 반기 개시월(예: 상반기는 ××년 1월)을 말합니다]을 적습니다.

다. ③지급연월란은 지급한 월(또는 지급시기 의제월)[반기별납부자는 반기 종료월(예: 상반기는 ××년 6월)을 말합니다]을 적습니다.

라. ⑤총지급액란은 비과세 및 과세미달을 포함한 총지급액을 적습니다. 다만, 비과세 근로소득의 경우 「소득세법 시행령」 제214조제1항제2호의2 및 제2호의3에 해당하는 금액은 제외합니다.

마. [A26]연말정산란은 보험모집인 등 사업소득자(중도해약자를 포함합니다) 연말정산분을 함께 적습니다.

바. 가산세(⑧·⑩)란에는 소득세·법인세 또는 농어촌특별세의 가산세가 있는 경우 이를 포함하여 적습니다.

사. 비거주자 국내원천소득 중 개인분은 아래의 예와 같이 소득종류별로 거주자분과 합산하여 해당 소득란에 적고, 비거주자 중 법인분은 법인원천[A80]란에 합산하여 적습니다.

예) 임대·인적용역·사용료소득 등은 사업소득[A25, A26, A30]란, 유가증권양도소득 등은 비거주자 양도소득[A70]란에 합산합니다.

3. 원천징수명세 및 납부세액(Ⅰ)과 환급세액 조정(Ⅱ)

가. 소득지급(④·⑤)란에는 과세미달분과 비과세를 포함한 총지급액과 총인원을 적습니다. 다만, 총지급액은 근로소득(A02, A04) 퇴직소득(A20), 사업소득(A26)의 경우에는 주(현), 종(전) 근무지 등으로부터 지급받은 소득을 합산하여 원천징수하는 경우에는 총지급액의 합계액을 적습니다.

나. 징수세액(⑥~⑧)란에는 각 소득별로 발생한 납부 또는 환급할 세액을 적되, 납부할 세액의 합계는 총합계(A99의 ⑥~⑧)에 적고, 환급할 세액은 해당란에 "△"표시하여 적은 후 그 합계액은 ⑮일반환급란에 적습니다["△"표시된 세액은 어떠한 경우에도 총합계를(A99의 ⑥~⑪)란에는 적지 아니합니다]

210㎜×297㎜(백상지 80g/㎡)

심 화 학 습

일반적으로 용익권(用益權)·임차권(賃借權) 등의 권리를 양도하는 대가로 주고받는 금전을 흔히 권리금이라고 말한다. 권리금은 영업권의 일종이라고 할 수 있다.

이 권리금을 지급받는 자가 개인인 경우에는 원천징수와 동시에 세금계산서도 발행하여야 한다.

(1) 권리금 지급시

선점하고 있는 임차인에게 지급하는 권리금은 '재산적 가치가 있는 권리의 양도'로 부가가치세 과세대상이며, 선점임차인의 유형에 따라 다음과 같이 세무처리가 달라진다.

<table>
<tr><th colspan="2">선점임차인</th><th>세금
계산서</th><th>원천징수
여부</th><th>비 고</th></tr>
<tr><td colspan="2">법인</td><td>○</td><td>×</td><td></td></tr>
<tr><td rowspan="2">개인</td><td>일반
과세자</td><td>○</td><td rowspan="2">○</td><td rowspan="2">• 지급액의 8.8%(지방소득세 포함)를 기타소득으로 원천징수해야 함.
• 거래상대방의 사업자등록증(사업자가 아닌 개인의 경우 주민등록증) 사본을 수취하고 은행송금 처리함.
• 추후 종합소득세(또는 법인세) 신고시 송금명세서를 작성·첨부하여야 함.</td></tr>
<tr><td>간이
과세자</td><td>×</td></tr>
</table>

(2) 권리금 수령자

권리금을 수령하는 자가 개인인 경우 60% 필요경비가 인정되며, 기타소득금액이 300만원이 초과하는 경우에는 반드시 종합소득세 신고시 다른 소득과 합산하여 신고하여야 한다.

사 례

개인사업자 이현우씨는 선점임차인인 개인사업자 김정희씨에게 권리금을 매입하며, 부가가치세를 포함해 총 1억 1,000만원을 지급하려고 한다. 이현우씨는 김정희씨의 원천징수 대상 기타소득금액 4,000만원[1억원(부가가치세 제외) - 6,000만원(필요경비)]에 대해 22%를 원천징수해야 한다.

이에 따라 이현우씨는 김정희씨에게 원천징수금액을 제외한 9,120만원과 부가가치세 1,000만원을 지급한다. 그리고 지급일이 속하는 다음 달 10일까지 원천세 880만 원을 신고·납부해야 한다. 또한, 부가가치세 신고 기간에는 지급한 부가가치세 1,000만원에 대해 매입세액공제를 받을 수 있다.

한편, 김정희 씨는 부가가치세 신고 기간에 지급받은 부가가치세 1,000만 원을 신고·납부해야 한다. 또한, 기타소득금액 4,000만원을 다른 소득과 합산해 다음 해 5월 31일까지 종합소득세를 신고해야 하며, 이 과정에서 원천징수된 880만원은 기납부세액으로 공제받게 된다.

A씨의 기타소득 관련 세금 되돌려 받기

영화감상이 취미인 회사원A씨는 취미생활을 살려 영화 관련 잡지에 "개봉영화 평" 등의 글을 올려 짭짤한 수입을 올리고 있다. 가끔씩 하는 일이지만 취미생활로 연간 500만원 가까이 가욋돈을 벌게 되니, A씨는 최근 동창회에서 세무사 개업을 하고 있는 친구로부터 솔깃한 얘기를 들었다. 지금까지 원고료에 대한 세금문제를 신경 쓰지 않았지만, 종합소득세 신고를 잘 이용하면 소득세 일부를 되돌려 받을 수 있다는 설명을 듣게 된 것

• 300만원 이하의 기타소득은 분리과세 가능 •

현행세법에서 개인은 모든 소득을 합산해서 종합과세하지만, 예외적으로 연간 기타소득금액이 300만원 이하 일땐 납세자가 분리과세와 종합과세 중 하나를 선택할 수 있다. 기타소득에는 사업소득이나, 근로소득 등을 제외한 것으로 원고료, 강연료, 사례금, 전속계약금 등이 포함된다.

글을 쓰는 것을 직업으로 하는 작가의 경우는 원고료가 사업소득에 포함돼 반드시 종합소득세 신고를 해야 하지만, A씨처럼 고용관계 없이 일시적으로 원고를 작성하는 경우의 원고료는 기타소득으로 분류된다.

이 때 분리과세가 가능한 "300만원"이라는 기준금액은 실제로 받은 강연료 등 "수입금액"이 아니라 "소득금액"이기 때문에 원고료에서 필요경비를 뺀 돈이다.

• 세부담액 비교해 보고 분리과세 여부 결정이 관건 •

기타소득에 대해 분리과세를 선택할 경우엔 기타소득을 지급받은 당시 원천징수 한 소득세로 모든 납세의무를 종결된다. A씨가 지급까지 세금문제를 신경 쓰지 않은 이유도 이처럼 원고료를 받을 때 약간의 소득세가 원천징수 됐기 때문

문제는 원천징수 되는 세율과 종합과세 될 때 적용되는 세율이 다르다는 것. 기타소득을 원천징수할 때의 세율은 20%이지만 종합소득세는 과세표준에 따라 1,400만원 이하는 6%, 1,400만원에서 5,000만원까지는 15%, 5,000만원에서 8,800만원 까지는 24%세율로 결정된다.

A씨의 근로소득금액이 3,600만원이기 때문에 기타소득금액 100만원을 합쳐도 종합소득금액이 3700만원이어서, 분리과세 세율은 20%와 종합소득세율 15%를 비교할 때 종합과세하는 것이 유리하다.

•조세일보, 2005년 9월 29일•

제 3 절 원천징수 관련 실무사례

1. 원천징수영수증과 원천징수이행상황신고서

(1) 원천징수이행상황 신고서

원천징수의무자는 매월의 원천징수대상 거래를 한 금액에 대하여 원천징수 후 지급해야 하며, 지급일 속하는 다음달 10일까지 원천징수이행상황 신고서를 제출해야 한다.

① **기본자료**

회사명 : ㈜ LK텔레콤 (사장 : 홍길동)
사업자번호 : 123 - 45 - 67890
신고업부 담당부서 연락처 : 2222-1234
귀속월 2025년 2월
사업장소재지 경기도 성남시 복정동 XX번지

② **신고관련자료**

ⓐ 정규직 (상용근로자)은 2025년 2월 현재 2,011명이며, 2월 25일 지급한 급여는 17,312,323,000원이다.
간이세액조견표에 근거하여 차감 소득세는 751,327,444원이다.

ⓑ 일용근로자는 2025년 현재 2,400명이며, 지급한 금액은 570,904,320원이며, 일용근로자 세액계산방법에 따라 일당 15만원의 비과세차감하고 원천징수세액은 13,921,321원이다.

ⓒ 2월에 퇴사한 직원은 20명이며, 1월부터 2월까지 20명 직원에 대하여 지급한 급여는 170,320,000이며, 중간 연말정산 한 결과에 따라 원천징수한 소득세 31,230,000만원은 환급대상이다.

ⓓ 2월 퇴직금을 지급한 직원은 13명이며, 72,334,500원을 지급하였으며, 퇴직소득세 4,531,110원을 원천징수하였다.

ⓔ 2월 지급한 원천징수대상 사업소득자는 2,345명이며 지급금액은 432,132,110원이며, 원천징수소득세는 12,963,963원이다.

ⓕ 2월에 지급한 원천징수대상 기타소득자는 138명이며, 기타소득은 184,321,100원이며, 대상원천징수소득세는 8,643,200원이다.

[별지 제21호서식 (1)] (2003.4.14신설)

신고구분					원천징수이행상황신고서	귀속연월	2025년 2월
매월	반기	수정	연말	소득처분		지급연월	2025년 2월

원천징수의무자	법인명(상호)	주식회사 LK텔레콤	대표자(성명)	홍 길 동	일괄납부 여부	(여), 부
	사업자(주민)등록번호	123-45-67890	사업장 소재지	경기도 성남시 복정동 XX번지	전화번호	2222-1234

1. 원천징수 내역 및 납부세액 (단위 : 원)

구분		원천징수내역					6.당월조정환급세액	납부 세액	
		소득지급(과세미달, 비과세포함)		징수세액					
		1.인원	2.총지급액	3.소득세등	4.농어촌특별세	5.가산세		7.소득세등(가산세포함)	8.농어촌특별세
근로소득	간이세액	2,011	17,312,323,000	751,327,444					
	중도퇴사	20	170,325,000	△ 31,230,000					
	일용근로	2,400	570,904,320	13,921,321					
	연말정산								
	가감계	4,431	18,053,552,320		-				
퇴직소득		13	72,334,500	4,531,110				4,531,110	
사업소득	매월징수	2,345	432,132,110	12,963,963					
	연말정산								
	가감계	2,345	432,132,110	12,963,963				12,963,963	
기타소득		138	184,321,100	8,643,200				8,643,200	
연금소득									
이자소득									
배당소득									
저축해지 추징세액									
법인원천								-	
수정신고(세액)									
총합계		6,927	18,742,340,030		-			760,157,038	

2. 환급세액 조정 (단위 : 원)

전월 미환급 세액의 계산			D.당월 발생 환급세액			E. 조정대상 환급세액 (C+D)	F. 당월 조정 환급세액계	G. 차월 이월 환급세액 (E-F)
A.전월미환급세액	B.기환급신청세액	C.차감잔액 (A-B)	①일반환급	②신탁재산 (금융기관)	③기타			

소득세법시행령 제185조 제1항의 규정에 의하여 원천징수이행상황신고서를 제출합니다.

2025년 3월 10일

원천징수의무자 ㈜ LK텔레콤 (서명 또는 인)

성 남 세무서장 귀하

신고서(뒤쪽) 작성 여부	
작성하였음	( )
작성대상 아님	(○)
세무대리인	
성명	
사업자 등록번호	
전화번호	

원천징수의무자 전자우편 주소	@

(2) 원천징수영수증 (지급명세서)의 작성

1) 원천징수영수증 (지급명세서)

원천징수영수증은 원천징수의무자가 해당소득을 지급시 원천징수세액을 징수하였다는 것을 증명하는 서식이다.

① 이자・배당소득원천징수영수증.
② 사업소득원천징수영수증.
③ 퇴직소득원천징수영수증.
④ 근로소득원천징수영수증.
⑤ 연금소득원천징수영수증.

2) 원천징수영수증의 작성 및 교부

원천징수의무자는 원천징수대상 소득을 지급할 때, 소득자의 인적정보를 기재하여 원천징수 소득자의 소득금액 및 원천징수세액을 기재한 원천징수영수증을 작성한다.

3) 원천징수영수증의 제출

매월 원천징수의무자는 원천징수세액을 지급일이 속하는 다음달 10일까지 신고・납부한다. 그러므로 매월 원천징수이행상황신고서를 작성해야 하는 의무가 있다. 반면, 근로소득 간이지급명세서는 반기 기준으로 7월 31일과 1월 31일까지 제출해야 한다. 사업소득 간이지급명세서는 지급일이 속하는 달의 다음달 말일까지 매월 제출하고, 이자 및 배당 그리고 기타소득 간이지급명세서는 다음연도 2월말까지 1년에 한번 제출한다. 1년에 12번 제출하는 원천징수이행상황신고서에는 총액기준으로 기재되어 있다. 위 기재된 내용을 보면, LK텔레콤이 기타소득자 138명에게 기타소득 184,321,100원을 2025년 2월에 지급했으며 원천징수한 세액이 8,643,200원이라는 것을 보여주고 있다. 그러나, 구체적으로 138명이 누구인지, 또는 각각 얼마의 금액을 지불 했으며 원천징수한 금액이 얼마인지에 대한 정보는 기재되어 있지 않다. 간이지급명세서는 원천징수 대상자 각각의 인적정보와 소득금액과 원천징수세액에 대한 정보를 보여주고 있다. 원천징수의무자는 소득별로 제출시기에 따라 간이지급명세서를 관할세무서에 제출한다.

■ 소득세법 시행규칙 [별지 제24호서식(1)] 〈개정 2015.5.13.〉 (8쪽 중 제1쪽)

관리번호	

[ ]근로소득 원천징수영수증
[ ]근로소득 지 급 명 세 서

([ ]소득자 보관용 [ ]발행자 보관용 [ ]발행자 보고용)

거주구분		거주자1/비거주자2	
거주지국		거주지국코드	
내·외국인		내국인1 /외국인9	
외국인단일세율적용		여 1 / 부 2	
국적		국적코드	
세대주 여부		세대주1, 세대원2	
연말정산 구분		계속근로1, 중도퇴사2	

구분		
징 수 의무자	① 법인명(상 호)	② 대 표 자(성 명)
	③ 사업자등록번호	④ 주 민 등 록 번 호
	⑤ 소 재 지(주소)	
소득자	⑥ 성 명	⑦ 주 민 등 록 번 호
	⑧ 주 소	

	구 분	주(현)	종(전)	종(전)	⑯-1 납세조합	합 계
Ⅰ 근무처별소득명세	⑨ 근 무 처 명					
	⑩ 사업자등록번호					
	⑪ 근무기간	~	~	~	~	~
	⑫ 감면기간	~	~	~	~	~
	⑬ 급 여					
	⑭ 상 여					
	⑮ 인 정 상 여					
	⑮-1 주식매수선택권 행사이익					
	⑮-2 우리사주조합인출금					
	⑮-3 임원 퇴직소득금액 한도초과액					
	⑮-4					
	⑯ 계					

	구 분	코드	주(현)	종(전)	종(전)	⑯-1 납세조합	합 계
Ⅱ 비과세 및 감면소득명세	⑱ 국외근로	M0X					
	⑱-1 야간근로수당	O0X					
	⑱-2 출산·보육수당	Q0X					
	⑱-4 연구보조비	H0X					
	⑱-5						
	⑱-6						
	~						
	⑱-25						
	⑲ 수련보조수당	Y22					
	⑳ 비과세소득 계						
	⑳-1 감면소득 계						

	구 분			⑧⓪ 소 득 세	⑧① 지방소득세	⑧② 농어촌특별세
Ⅲ 세액명세	⑦④ 결 정 세 액					
	기납부세액	⑦⑤ 종(전)근무지 (결정세액란의 세액을 적습니다)	사업자등록번호			
		⑦⑥ 주(현)근무지				
	⑦⑦ 납부특례세액					
	⑦⑧ 차 감 징 수 세 액 (⑦④-⑦⑤-⑦⑥-⑦⑦)					

위의 원천징수액(근로소득)을 정히 영수(지급)합니다.

년 월 일

징수(보고)의무자 (서명 또는 인)

세 무 서 장 귀하

210mm×297mm[백상지 80g/㎡(재활용품)]

(8쪽 중 제2쪽)

구분								금액
Ⅳ 정산명세	㉑ 총급여(⑯, 다만 외국인단일세율 적용 시에는 연간 근로소득)							
	㉒ 근로소득공제							
	㉓ 근로소득금액							
	종합소득공제	기본공제	㉔ 본 인					
			㉕ 배 우 자					
			㉖ 부 양 가 족(명)					
		추가공제	㉗ 경 로 우 대(명)					
			㉘ 장 애 인(명)					
			㉙ 부 녀 자					
			㉚ 한 부 모 가 족					
		㉛ 국민연금보험료						
		연금보험료공제	㉜ 공적연금보험료공제	㉮ 공무원연금				
				㉯ 군인연금				
				㉰ 사립학교교직원연금				
				㉱ 별정우체국연금				
		특별소득공제	㉝ 보험료	㉮ 건강보험료(노인장기요양보험료포함)				
				㉯ 고용보험료				
			㉞ 주택자금	㉮ 주택임차차입금원리금상환액	대출기관			
					거주자			
				㉯ 장기주택저당차입금이자상환액	2011년 이전 차입분	15년 미만		
						15년~29년		
						30년 이상		
					2012년 이후 차입분(15년 이상)	고정금리이거나, 비거치상환 대출		
						그 밖의 대출		
					2015년 이후 차입분	15년 이상	고정금리이면서, 비거치상환 대출	
							고정금리이거나, 비거치상환 대출	
							그 밖의 대출	
						10년~15년	고정금리이거나, 비거치상환 대출	
			㉟ 기부금(이월분)					
			㊱ 계					
	㊲ 차 감 소 득 금 액							
	그 밖의 소득공제	㊳ 개인연금저축						
		㊴ 소기업·소상공인 공제부금						
		㊵ 주택마련저축소득공제	㉮ 청약저축					
			㉯ 주택청약종합저축					
			㉰ 근로자주택마련저축					
		㊶ 투자조합출자 등						
		㊷ 신용카드등 사용액						
		㊸ 우리사주조합 출연금						
		㊹ 우리사주조합 기부금(2014년 이전 기부분)						
		㊺ 고용유지 중소기업 근로자						
		㊻ 목돈 안드는 전세 이자상환액						
		㊼ 장기집합투자증권저축						
		㊽ 그 밖의 소득공제 계						
	㊾ 소득공제 종합한도 초과액							

구분						금액
㊿ 종합소득 과세표준						
(51) 산출세액						
세액감면	(52) 「소득세법」					
	(53) 「조세특례제한법」(54 제외)					
	(54) 「조세특례제한법」 제30조					
	(55) 조세조약					
	(56) 세 액 감 면 계					
세액공제	(57) 근로소득					
	(58) 자녀	공제대상자녀(명)				
		6세 이하 (명)				
		출산·입양자(명)				
	연금계좌	(59) 과학기술인공제	공제대상금액			
			세액공제액			
		(60) 「근로자퇴직급여 보장법」에 따른 퇴직연금	공제대상금액			
			세액공제액			
		(61) 연금저축	공제대상금액			
			세액공제액			
	특별세액공제	(62) 보험료	보장성	공제대상금액		
				세액공제액		
			장애인전용보장성	공제대상금액		
				세액공제액		
		(63) 의료비	공제대상금액			
			세액공제액			
		(64) 교육비	공제대상금액			
			세액공제액			
		(65) 기부금	㉮ 정치자금기부금	10만원 이하	공제대상금액	
					세액공제액	
				10만원 초과	공제대상금액	
					세액공제액	
			㉯ 특례기부금	공제대상금액		
				세액공제액		
			㉰ 우리사주조합 기부금(2015년 이후 기부분)	공제대상금액		
				세액공제액		
			㉱ 일반기부금	공제대상금액		
				세액공제액		
		(66) 계				
		(67) 표준세액공제				
	(68) 납세조합공제					
	(69) 주택차입금					
	(70) 외국납부					
	(71) 월세액	공제대상금액				
		세액공제액				
	(72) 세 액 공 제 계					
(73) 결 정 세 액(51-56-72)						

(8쪽 중 제8쪽)

관리번호	

근로소득 원천징수영수증 (매월분)

([ ]소득자 보관용
[ ]발행자 보관용 [ ]발행자 보고용)

거주구분	거주자1/비거주자2		
거주지국		거주지국코드	
내·외국인	내국인1 /외국인9		
외국인단일세율적용	여 1 / 부 2		
국적		국적코드	

구분		
징수의무자	① 법인명(상 호)	② 대 표 자(성 명)
	③ 사업자등록번호	④ 주 민 등 록 번 호
	⑤ 소 재 지(주소)	
소득자	⑥ 성 명	⑦ 주 민 등 록 번 호
	⑧ 주 소	

	구 분		국 내	국 외	합 계
Ⅰ. 근무처별 소득명세	⑨ 근 무 처 명				
	⑩ 사업자등록번호				
	⑪ 근무기간		~	~	~
	⑫ 감면기간		~	~	~
	⑬ 급 여				
	⑭ 상 여				
	⑮ 인 정 상 여				
	⑮-1 주식매수선택권 행사이익				
	⑮-2 우리사주조합인출금				
	⑮-3 임원 퇴직소득금액 한도초과액				
	⑮-4				
	⑯ 계				
Ⅱ. 비과세및 감면 소득 명세	⑱ 국외근로	M0X			
	⑱-1 야간근로수당	O0X			
	⑱-2 출산·보육수당	Q0X			
	⑱-4 연구보조비	H0X			
	⑱-5				
	⑱-6				
	~				
	⑱-25				
	⑲ 수련보조수당	Y22			
	⑳ 비과세소득 계				
	⑳-1 감면소득 계				

				차 감 납 부 세 액	
Ⅲ. 세액계산	㉑ 근로소득				
	㉒			㉗ 소 득 세	
	㉓ 간이세액표에 의한 소득세			㉘ 지방소득세	
	세액공제	㉔ 외국납부			
		㉕ 납세조합[(㉓-㉔)× 10/100]		㉙ 농어촌특별세	
	㉖ 납부특례세액				

위의 납부 세액을 영수합니다.　　　　년　　월　　일

납세조합　　　　(서명 또는 인)

세 무 서 장 귀하

작 성 방 법

※ 1. 「소득세법」 제149조제1호에 해당하는 납세조합이 「소득세법」 제127조제1항제4호 각 목에 해당하는 근로소득에 대해 매월분의 소득세를 원천징수하는 경우에 사용합니다.

2. "⑨ 근무처명"란 및 "⑩ 사업자등록번호"란에는 실제 근무처의 상호 및 사업자번호를 적습니다. 다만, 근무처의 사업자등록이 없는 경우 납세조합의 사업자등록번호를 적습니다.

■ 소득세법 시행규칙 [별지 제24호의4서식] 〈신설 2015. . .〉

소득세 원천징수세액 조정신청서

<table>
<tr><td>관리번호</td><td></td><td>처리기간</td><td>즉시</td></tr>
</table>

<table>
<tr><td rowspan="4">기본사항</td><td>성 명</td><td colspan="3">주 민 등 록 번 호</td></tr>
<tr><td>주 소</td><td colspan="3"></td></tr>
<tr><td rowspan="2">① 신청일 현재 원천징수방식
(소득세법 시행령 별표2 근로소득간이세액표에 따른 세액의 120%,100% 또는 80% 중에서 선택합니다.)</td><td>120%</td><td>100%</td><td>80%</td></tr>
<tr><td></td><td></td><td></td></tr>
</table>

<table>
<tr><td rowspan="3">조정신청
내용</td><td rowspan="2">② 조정하고자 하는 원천징수방식
(소득세법 시행령 별표2 근로소득간이세액표에 따른 세액의 120%,100% 또는 80% 중에서 선택합니다.)</td><td>120%</td><td>100%</td><td>80%</td></tr>
<tr><td></td><td></td><td></td></tr>
<tr><td>③ 조정하고자 하는 시기</td><td colspan="3">년 월 원천징수분부터
별도의 변경신청 전까지</td></tr>
</table>

「소득세법 시행령」 제194조 제3항에 따라 소득세 원천징수세액 조정신청서를 제출합니다.

년 월 일

신고인

(서명 또는 인)

원천징수의무자 귀하

작 성 방 법

1. "① 신청일 현재 원천징수방식"란에는 신청일 현재 적용하고 있는 원천징수방식에 "○"표시를 합니다.
2. "② 조정하고자 하는 원천징수방식"란에는 신청일 이후 조정하고자 하는 원천징수방식에 "○"표시를 합니다.
3. "③ 조정하고자 하는 시기"란에는 신청일 이후 조정하고자 하는 시기를 적습니다. 이 경우 새롭게 조정한 원천징수방식은 해당 과세기간종료일까지는 변경할 수 없습니다.

210mm× 297mm[백상지 80g/㎡]

2. 실무사례 풀어보기

(1) 소득의 구분

당신은 LK텔레콤 회계팀의 원천세신고 담당자이다.

① 기본자료

회사명 : ㈜ LK텔레콤 (사장 : 강 호)
사업자번호 : 123 - 45 - 67890
신고업무 담당부서 연락처 : 2222 - 1234
귀속월 2025년 1월
사업장소재지 경기도 성남시 복정동 XX번지

② 신고 관련 자료 : 급여 등의 지급은 1월 25일 지급하였다.

ⓐ **정규직 (상용근로자)은 3명이다**

- 강 호 사장 : 기본급 150만원, 식대 20만원, 휴일수당 30만원 (부양가족 4명)
- 이봉삼 사원 : 기본급 150만원, 식대 20만원 (부양가족 없음)
- 서현아 사원 : 기본급 130만원, 식대 20만원 (부양가족 없음)

ⓑ **일용직 근로자 1명**

- 이미옥 : 105만원, 근무일수 15일

ⓒ **소득 미분류자 2명**

- 이현경 씨 : 2025년 1월 1일 '세무와 정책'이라는 주제로 직원들을 대상으로 특강을 실시하고, 강사료는 100만원 지급하기로 하였다. (이현경 씨는 LK텔레콤 소속직원이 아님)
- 오주영 씨 : 프리랜서로서 LK텔레콤 웹사이트 구축해 주고, 수수료 1,000만원을 지급받기로 하였다.
- 특강료와 수수료는 1월 31일에 지급하였다.

(2) 소득 구분하기

- 근로소득의 구분 및 원천징수세액 구하기

  비과세를 제외한 총급여의 구간과 부양가족을 확인하여 소득세로 원천징수하여야 할 세액과 지방소득세를 계산한다. (소득세의 10%)

▌간이세액조견표 사례

월급여액 (비과세소득은 제외)		1	2	3	4	5
이상	미만			일반	일반	일반
~~						
1,290	1,295	7,610	4,610	-	-	-
1,295	1,300	7,760	4,760	-	-	-
1,300	1,305	7,910	4,910	-	-	-
1,305	1,310	8,060	5,060	-	-	-
1,310	1,315	8,220	5,220	-	-	-
~~						
1,485	1,490	13,280	10,280	3,680	680	-
1,490	1,495	13,430	10,430	3,830	830	-
1,495	1,500	13,590	10,590	3,990	990	-
1,500	1,510	13,820	10,820	4,220	1,220	-
1,510	1,520	13,980	10,980	4,380	1,380	-
1,520	1,530	14,280	11,280	4,680	1,680	-
1,530	1,540	14,590	11,590	4,990	1,990	-
1,540	1,550	14,890	11,890	5,290	2,290	-
~~						
1,750	1,760	22,250	18,000	11,400	8,400	5,400
1,760	1,770	22,720	18,300	11,700	8,700	5,700
1,770	1,780	23,200	18,610	12,010	9,010	6,010
1,780	1,790	23,680	19,010	12,310	9,310	6,310
1,790	1,800	24,150	19,490	12,620	9,620	6,620
1,800	1,810	24,630	19,960	12,930	9,930	6,930
1,810	1,820	24,850	20,190	13,070	10,070	7,070
1,820	1,830	25,330	20,660	13,380	10,380	7,380
1,830	1,840	25,800	21,140	13,680	10,680	7,680

1) 정규직의 원천징수금액 구하기

- 강 호 : 총급여 (비과세제외) : 180만원 / 부양가족 4인
  (원천징수금액 : 소득세 : 9,930, 지방소득세 990)
- 이봉삼 : 총급여 (비과세제외) : 150만원 / 부양가족 1인
  (원천징수금액 : 소득세 : 13,820, 지방소득세 1,380)
- 서현아 : 총급여 (비과세제외) : 130만원 / 부양가족 1인
  (원천징수금액 : 소득세 : 7910, 지방소득세 790)

2) 일용직 원천징수금액 구하기

- 이미옥 : 105만원 근무일수 15일.
  (1일 7만원, 1일 비과세 한도 15만원, 원천징수금액 없다)

3) 기타소득 원천징수

- 이현경 : 특강은 기타소득에 해당되고 60% 필요경비가 인정된다.
  기타소득금액 : 100만원 - 60만원 = 40만원
  40만원 × 22% (지방소득세 포함)
  (원천징수금액 : 소득세 80,000, 지방소득세 8,000)

4) 사업소득 원천징수

- 오주영 : 프리랜서로서 인적용역을 제공한 경우 사업소득에 해당한다.
  사업소득 1,000만원 × 3.3% (지방소득세 포함)
  (원천징수금액 : 소득세 300,000, 지방소득세 30,000)

(3) 원천징수이행상황신고서 작성하기

원천징수이행상황신고서에는 회사명, 사업자번호, 신고업무 담당자 연락처, 귀속월, 사업장소재지등 기본적인 사항을 반드시 입력하여야 한다. 원천징수이행상황신고서에 기입되는 것은 소득세만 기입된다.

1. 정규직 원천징수 소득세는 3명에 대하여 총 31,660원이다. 원천징수이행상황 신고에서는 소득세만 기재한다. 또한, 주의해야 할 것은 원천징수이행상황신고서에 기재되는 소득지급에는 비과세를 차감하지 않은 총지급금액을 기입해야 한다.
2. 일용직 근로자는 1명이며, 1일 15만원 비과세를 한도에 미달되어 원천징수대상금액은 없다.
3. 일시적인 인적용역에 해당되는 특강료는 기타소득으로서 필요경비 60% 차감한 기타소득금액의 20% (지방소득세 제외)로 소득세 8만원을 원천징수해야한다.
4. 프리랜서로 인적용역에 해당되는 서버구축비용은 사업소득으로 3% (지방소득세 제외) 원천징수해야 한다.

주어진 자료를 근거로 원천징수이행상황신고서를 작성해 보았다.

신고구분					원천징수이행상황신고서	귀속연월	2025년 1월
매월	반기	수정	연말	소득처분		지급연월	2025년 1월

원천징수의무자	법인명(상호)	주식회사 LK텔레콤	대표자(성명)	강 호	일괄납부 여부	(여), 부
	사업자(주민)등록번호	123-45-67890	사업장 소재지	경기도 성남시 복정동 XX번지	전화번호	2222-1234

1. 원천징수 내역 및 납부세액 (단위 : 원)

구분		원천징수내역					6.당월조정 환급 세액	납부 세액	
		소득지급 (과세미달, 비과세포함)		징수세액				7. 소득세등 (가산세포함)	8. 농어촌 특별세
		1.인원	2.총지급액	3.소득세등	4.농어촌 특별세	5.가산세			
근로소득	간이세액	3	5,200,000	31,660					
	중도퇴사								
	일용근로	1	1,050,000	-					
	연말정산								
	가감계	4	6,250,000		-			31,660	
퇴직소득		-						-	
사업소득	매월징수	1	10,000,000	300,000					
	연말정산								
	가감계	1	10,000,000	300,000				300,000	
기타소득		1	1,000,000	80,000				80,000	
연금소득									
이자소득									
배당소득									
저축해지 추징세액									
법인원천								-	
수정신고(세액)									
총합계		6	17,250,000		-			411,660	

2. 환급세액 조정 (단위 : 원)

전월 미환급 세액의 계산			D.당월 발생 환급세액			E. 조정대상 환급세액 (C+D)	F. 당월 조정 환급세액계	G. 차월 이월 환급세액 (E-F)
A.전월미 환급세액	B.기환급 신청세액	C.차감잔액 (A-B)	①일반환급	②신탁재산 (금융기관)	③기타			

소득세법시행령 제185조 제1항의 규정에 의하여 원천징수이행상황신고서를 제출합니다.

2025년 2월 10일

원천징수의무자 ㈜LK텔레콤 (서명 또는 인)

성 남 세무서장 귀하

신고서(뒤쪽) 작성 여부	
작성하였음	( )
작성대상 아님	(○)
세무대리인	
성명	
사업자 등록번호	
전화번호	

원천징수의무자 전자우편 주소	@

(4) 납부서 작성하기

1) 납부번호 작성하기

납부서는 아래와 같은 방법으로 기재하면 된다.

(전자)납 부 번 호						수입징수관서	계좌번호	
분류기호	서코드	납부년월	납부구분	세 목				
						세무서		
상 호		사업자(주민)등록번호				일반회계		조세
사업장				전화		회계연도		

- 분류기호 : 0126 [국세,국세청]
- 서 코 드 : 관할세무서 3자리 [사례 역삼서 → 220]
- 납 부 연 월 : [사례 2025.01 → 2501]
- 납 부 구 분 : 1 [확정분 자납 : 부가가치세 확정신고, (소득 · 법인)세 정기신고분]
  2 [수시분 자납 : 수정신고, 정정신고등 수시로 자납하는 것]
  3 [예정신고 및 중간예납 : (부가가치 · 양도소득)세 예정신고]
  4 [원천분 자납 : 원천징수의무자가 원천징수한세액을 납부]
- 세 목 : 종합소득 (10), 이자 (11), 배당 (12), 사업 (13), 근로 (14), 기타 (16), 퇴직 (21) 양도소득 (22), 법인 (31), 상속 (32), 증여 (33), 부가 (41), 개별소비 (42), 주세 (43), 증권거래 (45), 인지 (46), 교통 (53), 농어촌특별 (55)
- 상호 (성명) : 개인자격으로 납부하는 경우는 성명, 그 이외는 상호.
- 사업자 (주민)등록번호 : 개인자격으로 납부하는 경우 주민등록번호, 그 이외는 사업자 등록번호.
- 사업장 (주소) : 개인자격으로 납부하는 경우 주민등록상 주소, 그 이외는 사업장 주소.

2) 납부금액 기입하기

납부서에 금액을 쓸 경우 단수처리는 국고금단수계산법에 의한다. 즉, 10원 미만의 단수가 있을 때는 그 단수는 계산하지 않도록 되어 있다. [사례 8,430원 → 8,400원]

근로소득보다 강사료 많아 사업소득으로 과세
심판원, 외부 강사료는 기타소득‥국세청 결정 뒤집어

대학강사가 외부에서 강의해서 벌어들인 강사료에 대해 기타소득이 아닌 사업소득으로 보고 종합소득세를 부과한 것은 잘못된 처분이라는 결정이 내려졌다.

5일 국세심판원에 따르면 대학 강사인 A씨는 지난 2003년에 기업들을 상대로 강의를 하고 총 4,290만원의 강사료를 받았으며, 이들 기업들은 A씨의 강사료를 기타소득으로 분류해 원천징수 납부했다.

그러나 국세청은 2003 과세연도 중 A씨가 받은 강사료를 기타소득이 아닌 사업소득으로 보고 지난 2005년 543만원의 종합소득세를 경정고지했다.

A씨가 영리를 목적으로 기업들과 독립적인 위치에서 반복적으로 강의를 했으며, 특히 2003년에 대학으로부터 지급받은 984만원의 근로소득보다 더 많은 강사료를 받은 것은 A씨가 사업목적 없이 일시적으로 강의용역을 제공하고 받은 기타소득이 아니라 사업소득에 해당된다는 것.

이에 대해 A씨는 지난 2001년부터 줄곧 기업들로부터 받은 강사료를 소득세법상 기타소득으로 신고해왔는데, 유독 2003년에만 사업소득으로 과세한 것은 부당하다며 이의신청을 거쳐 심판청구를 제기했다.

심판원은 결정문에서 A씨가 2003년에 받은 외부강사료가 근로소득보다 많고 다른 과세연도의 강사료보다 과다하다는 이유만으로 국세청이 이를 사업소득으로 보고 과세상 취급을 달리한 것은 과세의 일관성이 결여된 부당한 처분이라며 A씨의 손을 들어줬다.

심판원은 이와 관련해 A씨는 시간강사로 재직 중이었기 때문에 근로소득이 외부 강사료보다 적은 것이 현실이라며 강사료는 강사의 강의수준 및 강의내용에 따라 달리 책정되는 것이 일반적이라는 점 등을 감안하면 A씨의 강사료는 기타소득으로 과세하는 것이 타당하다고 설명했다.

• 조세일보(2007.2.5)

»The practice Taxation of Corporotion

연/습/문/제

제1장 원천세법

01. 소득세법상 일용근로자의 근로소득에 대한 설명 중 옳지 않은 것은?

① 1일 15만원의 근로소득공제가 적용된다.
② 일용근로자도 종합소득세 신고를 해야 한다.
③ 일용근로자의 근로소득세액공제는 산출세액의 55%이다.
④ 원칙적으로 동일한 고용주에게 3월 이상 계속하여 고용되어 있지 아니한 자는 일용근로자로 본다.

02. 2025년 5월 1일 김아중 씨와 고용관계가 없는 방송국에서 다수인에게 일시적으로 강연을 하고 그 대가로 1,000,000원을 받았다. 소득지급 시 원천징수는 정상적으로 이루어졌으며 다른 소득이 전혀 없다고 가정할 때 이에 대한 설명으로 틀린 것은?

① 김아중 씨가 받은 강연료는 소득세법상의 기타소득에 해당한다.
② 김아중 씨의 필요경비 공제 후 소득금액은 400,000원이다.
③ 김아중 씨의 강연료 소득은 다음연도 5월에 종합소득세신고하는 것이 불리하다.
④ 김아중 씨의 강연료 실수령액은 912,000원이다.

03. 인치원 씨는 재테크 수단으로 주식투자를 하고 있다. 주식투자에서 발생된 소득에 대한 설명으로 틀린 것은?

> ① 인치원 씨는 ㈜LK전자의 주식에 200,000,000원을 투자하였다.
> ② ㈜LK전자는 2024년분 정기주주총회에서 인치원 씨에게 현금으로 10,000,000원을 배당하기로 2025년 2월 15일 결의하였다.
> ③ ㈜LK전자는 2025년분 정기주주총회에서 인치원 씨에게 현금으로 20,000,000원을 배당하기로 2026년 2월 20일 결의하였다.
> ④ ㈜LK전자는 인치원 씨에게 배당금을 지급하면서 소득세 등을 원천징수하여 납부하였다.
> ⑤ 인치원 씨의 2025년 귀속소득은 ㈜LK전자와 관련된 배당소득이 전부이다.

① 인치원의 2025년 귀속 배당소득은 10,000,000원이다.
② 인치원의 2026년 귀속 배당소득은 20,000,000원이다.
③ 인치원는 2025년 귀속 종합소득세 신고시 원천징수세액을 환급받을 수 있다.
④ 인치원의 2025년 배당소득에 대한 원천징수세액은 1,540,000원(지방소득세포함)이다.

04. **다음은 홍길동(사무직근로자) 씨의 7월분 급여내역이다. 이에 대한 설명으로 가장 타당한 것은?**

Ⅰ. 7월 급여내역

① 급 여	1,200,000원	② 자가운전보조금	300,000원
③ 식 대	250,000원	④ 야간근로수당	200,000원

Ⅱ. 기타 사항

① 부인명의 차량을 업무수행에 사용하고 있다.

② 회사는 구내식당을 구비하고 있으며 직원들에게 별도의 부담 없이 점심을 제공한다.

① 홍길동 씨가 지급받는 식대는 월20만원 이상이므로 50,000원은 과세대상이다.
② 홍길동 씨가 지급받는 자가운전보조금은 20만원까지 비과세대상이다.
③ 홍길동 씨가 지급받은 야간근로수당은 월 20만원 한도내에서 비과세한다.
④ 홍길동 씨의 7월 총 급여는 1,950,000원이다.

05. **다음은 소득세법상 비과세소득에 대한 내용이다. 비과세소득에 해당하지 않는 것은?**

① 사업소득 중 전답을 작물생산에 이용하게 함으로 인하여 발생하는 소득 및 1개 이하의 주택을 소유하는 자의 주택임대소득(고가주택의 임대소득을 제외한다)
② 개인종합 자산관리계좌에서 발생한 금융소득 200만원
③ 근로자가 전근 관련하여 사업자로부터 지급받은 이사비 500만원
④ 노벨상 또는 외국정부·국제기관·국제단체 기타 외국의 단체나 기금으로부터 받는 상의 수상자가 받는 상금과 부상

06. **만약 당신이 다수인에게 강연을 하고 강연료 5,000,000원을 받을 경우 발생하는 소득세의 과세문제에 대한 설명으로 틀린 것은?**

① 당신이 고용관계에 의하여 받은 강연료라면 근로소득으로 분류된다.
② 당신이 강의를 전문적으로 하고 있는 개인프리랜서라면 사업소득으로 분류된다.
③ 일시적으로 발생한 강연료라면 기타소득으로 분류된다.
④ 당신이 받은 강연료소득은 소득의 구분과 상관없이 반드시 종합 과세된다.

07. 보험모집인인 최영리 씨에게 지급할 사업수입금액이 1,300,000원 (필요경비 입증액은 300,000원이다)일 경우, 당해 사업수입금액 지급 시 원천징수하여야 할 소득세액 (지방소득세 제외)은?

① 39,000원 ② 42,900원 ③ 30,000원 ④ 33,000원

08. 일용근로자인 최세무 씨의 금일 일당이 150,000원일 경우, 당해 일당 지급시 원천징수하여야 할 소득세액 (지방소득세 제외)은?

① 15,000원 ② 0원 ③ 1,080원 ④ 1,350원

09. 근로소득 비과세에 해당되지 않는 것은?

① 식사 기타 음식물을 제공받지 아니하는 근로자가 받은 월 20만원의 중식대
② 일직료 등으로 실비변상정도의 금액
③ 출산 및 보육수당 월 20만원(6세이하 자녀)
④ 회사가 부담한 건강보험료 월 5만원 직원 부담분

10. 다음 중 소득세법상 종합소득과세표준에 합산대상이 아닌 것은?

① 퇴직소득이 있는 경우
② 연간 기타소득 금액의 합계액이 300만원을 초과하는 경우
③ 사업소득이 있는 경우
④ 금융소득이 2,000만원 초과하는 이자소득이 있는 경우

11. 다음에 해당하는 소득을 각각 1,000,000원씩 지급하는 경우 원천징수세액이 가장 작은 소득은?

① 비영업대금의 이익
② 부가가치세가 면세되는 인적용역 사업소득
③ 일시적인 문예창작소득에 해당하는 기타소득
④ 실지명의가 확인되지 아니하는 배당소득

12. 다음 중 소득세법상 소득의 구분이 틀린 것은?

① 지역권, 지상권의 대여소득 - 기타소득
② 종업원이 주택 구입자금을 무상으로 대여 받음으로서 얻는 이익 - 근로소득
③ 계약의 위약 또는 해약으로 인하여 받는 위약금과 배상금 - 기타소득
④ 국내에서 받는 투자신탁수익의 분배금 - 배당소득

13. 소득세법상 원천징수대상 기타소득에 해당하지 않는 것은?

① 사례금
② 연예인등이 받는 전속계약금
③ 주택입주지체상금
④ 물품 또는 장소를 일시적으로 대여하고 사용료로서 받는 금품

14. 다음 중 소득세법상의 소득구분으로 옳지 않는 것은?

① 사업자의 은행이자수입 : 사업소득
② 부동산매매업과 주택신축판매업 소득 : 사업소득
③ 지역권을 설정하고 받는 금품 또는 소득 : 사업소득
④ 농업 (작물재배업 제외)소득 : 사업소득

15. 다음 중 소득세와 가장 관련이 없는 것은?

① 기간과세 ② 열거주의원칙 적용 ③ 누진세율의 적용
④ 신고납부제도 ⑤ 간접세

16. 소득세법상 계약의 위약 또는 해약으로 인하여 받는 위약금과 배상금은 어느 소득에 해당되는가?

① 양도소득 ② 이자소득 ③ 근로소득
④ 기타소득 ⑤ 자유직업소득

17. 소득세법상 금융소득은 일정금액을 초과하는 경우에 조건부 종합과세한다. 여기서 일정금액이란 얼마를 말하는가?

① 1,000만원 ② 2,000만원 ③ 3,000만원
④ 4,000만원 ⑤ 5,000만원

18. 소득세법상 채권의 이자와 할인액에 대한 수입시기로서 옳은 것은?

	무기명채권	기명채권
①	지급받은날	약정에 의한 지급일
②	지급받은날	수익분배기간만료일
③	약정상 지급일	지급받은날
④	수익분배기간만료일	약정상 지급일
⑤	지급받은날	지급받은날

19. 다음 중 소득세법상 비과세소득이 있는 소득을 모두 고르면?

> (가) 이자소득　(나) 배당소득　(다) 기타소득　(라)사업소득

① (가), (나)　② (가), (다)　③ (가), (라)　④ (나), (다)　⑤ 모두

20. 다음은 프로야구선수 김한국 씨가 당해연도 중에 받은 기타소득의 총수입금액에 관한 자료이다. 이 자료에 의하여 김한국의 기타소득금액은?

> - 구단으로부터 받은 전속계약금 : 100,000,000원
> - 잡지 원고료 : 10,000,000원

① 2,000,000원　② 4,000,000원　③ 44,000,000원
④ 104,000,000원　⑤ 103,000,000원

21. 소득세법에서 원천징수대상소득에 따른 원천징수세율이 올바르게 연결되지 않은 것은?

① 비영업대금의 이익 - 25%
② 문예창작소득 - 20%
③ 개인종합자산관리계장에서 발생한 소득 중 비과세 초과분 - 9%
④ 봉사료 - 5%
⑤ 일반적인 배당소득 - 15%

22. 다음 소득세의 특징에 속하는 것은?

> (가) 소득원천설을 근간으로 하되, 순자산증가설을 일부 가미하고 있다.
> (나) 법률상 납세자와 담세자가 일치한다.
> (다) 거래에 대하여 과세한다.
> (라) 과세물건의 수량에 대하여 과세한다.

① (가), (다)　② (나), (다)　③ (가), (나)
④ (다), (라)　⑤ (가), (라)

23. **복권, 경품권 및 기타 추첨권에 의하여 받는 당첨금품과 관련 있는 종합소득 세목은?**

① 기타소득 ② 사업소득 ③ 근로소득
④ 이자소득 ⑤ 배당소득

24. **다음 중 소득세법상 필요경비(소득공제 포함)가 전혀 인정되지 않는 소득은?**

① 이자소득 ② 사업소득 ③ 근로소득 ④ 기타소득

25. **소득세법상 비과세대상 소득에 속하지 않는 것은?**

① 공익신탁의 이익
② 1개의 주택을 소유하는 자의 주택임대소득(고가주택이 아님)
③ 전답을 작물생산에 이용하게 함으로 인하여 발생하는 소득
④ 농가부업규모의 축산소득
⑤ 부동산매매업에서 얻은 소득

26. **소득세법상 기타소득이 아닌 것은?**

① 상금, 현상금, 포상금
② 계약의 해약으로 받는 배상금
③ 전속계약금
④ 고용관계 없이 다수인에게 강연하고 받는 강연료
⑤ 아파트의 양도로 인하여 발생하는 소득

27. **다음 소득세법상 과세대상이 되지 않는 소득은?**

가. 연금소득	나. 사업소득
다. 기타소득	라. 소액주주의 상장주식 양도소득

① 가 ② 나 ③ 다
④ 라 ⑤ 가, 다

28. **물품 또는 장소를 일시적으로 대여하고 사용료로서 받는 금품은 소득세법상 무슨 소득에 해당하는가?**

① 근로소득 ② 기타소득 ③ 사업소득
④ 배당소득 ⑤ 이자소득

29. **다음 소득세 누진세율 ( )안에 들어갈 말은 어느 것인가?**

과 세 표 준		산출세액
		초과누진방식
1,400만원 이하		과세표준 × 6%
1,400만원 초과	5,000만원 이하	84만원 + 1,400만원 초과액 × 15%
5,000만원 초과	8,800만원 이하	624만원 + 5,000만원 초과액 × 24%
8,800만원 초과	1억5,000만원 이하	1,536만원 + 8,800만원 초과액 × 35%
1억5,000억 원 초과	3억 원 이하	3,706만원 + 1억5천만원 초과액 × 38%
3억 원 초과	5억 원 이하	9,406만원 + 3억 원 초과액 × 40%
5억 원 초과	10억 원 이하	1억7,406만원 + 5억 원 초과액 × 42%
10억 원 초과		3억8,406만원 +10억 원 초과액 × ( )%

① 40% ② 42% ③ 43% ④ 45% ⑤ 48%

30. **다음중 소득세법에 대한 설명 중 틀린 것은?**

① 국내에 주소를 둔 외국인은 모두 비거주자이다.
② 소득세는 개인단위로 과세하는 것이 원칙이다.
③ 공동사업의 사업소득에 대한 소득세는 원칙적으로 공동사업자별로 납세의무를 진다.
④ 비거주자는 국내원천소득에 대해 소득세를 과세한다.

31. **다음은 소득세법상 소득세의 과세기간에 관한 설명이다. 다음 중 옳지 않은 것은?**

① 과세기간은 원칙적으로 1월1일부터 12월31일 이다.
② 거주자가 사망한 경우 과세기간은 1월1일부터 사망한 날까지이다.
③ 거주자가 출국으로 인하여 비거주자가 되는 경우 과세기간은 1월1일부터 출국한 날까지 이다.
④ 사업을 폐업한 경우 과세기간은 1월1일부터 폐업일까지이다.

32. **다음 중 소득세법상 사업소득에 해당하지 않는 것은?**

① 유아교육법에 따른 유치원에서 발생하는 소득
② 제조업에서 발생하는 소득
③ 사업시설관리업에서 발생하는 소득
④ 예술, 스포츠 및 여가 관련 서비스업에서 발생하는 소득

33. **다음 중 소득세법상 이자 · 배당소득금액의 수입시기로 바르지 않은 것은?**

① 기명주식에 대한 잉여금 처분에 의한 배당 : 그 지급을 받은 날
② 해산 : 잔여재산가액이 확정된 날
③ 무기명의 공채 또는 사채의 이자 : 그 지급을 받은 날
④ 통지예금의 이자 : 인출일

34. **다음 중 소득세법상 단순경비율제도에 대한 설명으로 옳지 않은 것은?**

① 단순경비율제도란 장부가 없는 영세한 사업자에 대하여 추계하여 과세하는 제도를 말한다.
② 모든 신규사업자는 해당 과세기간의 수입금액에 관계없이 단순경비율을 적용하여 신고할 수 있다.
③ 단순경비율의 소득금액은 (수입금액 – 수입금액 × 단순경비율) 이다.
④ 부동산임대업의 경우 직전 과세기간 수입금액이 2,400만원에 미달하는 사업자는 단순경비율로 신고할 수 있다.

35. **다음 자료는 L회사에 근무하는 거주자 A씨의 2025년 소득내역이다. 거주자 A씨의 2025년 연간 소득내역이 다음과 같을 때, 소득세법상 거주자 A씨가 2026년 5월 말까지 합산신고해야 할 종합소득금액에 해당되지 않는 것은?**

① 1년간 급여 50,000,000원
② 외부 강연료 20,000,000원
③ 상가임대료 수익 20,000,000원
④ 국내은행 예금이자 10,000,000원

36. **다음 중 소득세법상 배당소득 중 Gross-up 대상 배당소득이 아닌 것은?** **(단, Gross-up요건은 충족한 것으로 가정한다.)**

① 출자공동사업자 배당
② 의제배당 중 감자 · 해산 · 합병 · 분할로 인한 의제배당
③ 해당 법인으로부터 잉여금 처분에 의한 중간배당을 받은 금액
④ 법인세법에 의하여 배당으로 소득처분된 금액

37. 다음은 소득세법상 이자소득의 수입시기에 대한 것이다. 옳지 않은 것은?

① 통지예금의 이자 : 인출일
② 비영업대금의 이익 : 약정에 따른 이자지급일
③ 직장공제회 초과반환금 : 약정에 따른 공제회반환금의 지급일
④ 기명인 양도가능 채권의 이자와 할인액 : 그 지급을 받은 날

38. 다음 중 소득세법상 기타소득이 아닌 것은?

① 저작자 자신에게 귀속되는 저작권 사용료
② 복권당첨금
③ 역무의 제공 등과 관련하여 법적지급의무 없이 고마운 뜻으로 지급하는 사례금
④ 뇌물

39. 소득세법상 원천징수세율이 잘못 짝지어진 것은?

① 비영업대금의 이익 : 25%
② 원천징수대상 사업소득 : 3%
③ 은행 예금이자 : 14%
④ 기타소득 : 4%

40. 다음은 소득세법상 비과세가 가능한 내용에 대한 설명이다. 괄호에 들어갈 금액으로 알맞은 것은?

> 생산직에 종사하는 근로자(일용근로자를 포함한다)로서 월정액급여가 (가) 이하이고 직전 과세기간의 총급여액이 (나) 이하인 근로자가 야간근로를 하여 받는 급여는 과세하지 아니한다. (연간 240만원 한도)

	(가)	(나)
①	100만원	2,000만원
②	210만원	2,500만원
③	150만원	2,000만원
④	210만원	3,000만원

정답 및 해설

01. ❷

02. ❸ 기타소득금액이 연간 3백만원 이하인 경우 종합소득세신고여부를 납세자가 선택할 수 있다. 김아중의 경우 기타소득금액에서 종합소득공제를 하면 종합소득금액이 0 (zero)이 되어 원천 징수된 세액 전액을 환급받을 수 있으므로 종합소득세신고를 하는 것이 유리하다.

03. ❸ **배당소득의 귀속시기는 잉여금 처분결의일이므로 2025년 2월 15일 결의한 10,000,000원은 2025년 배당소득이다.** 2025년 금융소득이 2천만원 이하이므로 분리과세되고, 배당가산액 (gross-up금액)은 적용되지 않고 납세의무는 종결한다.

04. ❹

① 식대 : 별도의 음식물이 제공되는 경우에는 전액 과세대상 근로소득이다.

② 자가운전보조금 : 본인소유차량에 한하여 회사업무 수행시 월20만원이내에서 비과세된다.

③ 야간근로수당 : 월정급여가 210만원 이하인 생산직근로자에게만 비과세가 적용된다.

05. ❸

06. ❹ 기타소득으로 분류된 경우 필요경비로 60%가 인정되므로 기타소득금액은 200만원으로서 기타소득금액이 300만원 이하의 경우 납세의무자의 선택에 따라 종합합산 할 수 있다. 따라서 반드시 종합 합산하는 것은 아니다.

07. ❶ 1,300,000원 × 3% = 39,000원

08. ❷

근로소득 과세표준 : 150,000원 - 150,000원 = 0원

산출세액 : 0원

원천징수하여야 할 소득세액 : 0원

09. ❹

10. ❶ 소득세법 제14조 제1항, 제2항, 제3항

11. ❷ 소득세법 제129조 ① 25%, ② 3%, ③ 4% (소득금액의 20%), ④ 45%

12. ❶ 사업소득에 해당한다. 공익사업과 관련된 지역권 지상권 설정분 양도 및 대여 소득은 기타소득

13. ❷

14. ❶

15. ❺

16. ❹ 소득세법 제21조 ①, 제17조

정답 및 해설

17. ② 소득세법 제14조 ③ 4
18. ① 소득세법 시행령 제45조 2, 3
19. ⑤
20. ② 프로야구 선수의 전속계약금은 사업소득이다.
21. ⑤ 소득세법 제129조 ①
22. ③
23. ① 소득세법 제21조 ①
24. ①
25. ⑤ 소득세법 제12조
26. ⑤ 아파트의 양도소득은 양도소득이다.
27. ④ 소득세법 제94조 제1항 3호
28. ②
29. ④
30. ① 소득세법 1조의2, 국내에 주소를 둔 개인은 거주자이다.
31. ④ 소득세법5조, 소득세의 과세기간은 사업개시나 폐업에 의해 영향을 받지 않으며, 또한 과세 기간을 임의로 설정하는 것은 허용되지 않는다.
32. ① 소득세법 시행령 35조, 유치교육법에 따라 발생하는 소득은 과세대상이 아니다.
33. ① 소득세법시행령 46조, 기명주식에 대한 잉여금 처분에 의한 배당 : 해당 법인의 잉여금 처분결의일
34. ② 소득령 제143조 4항 신규사업자라도 일정규모이상의 복식부기의무자는 제외
35. ④ 금융소득의 경우 2천만원 이하의 경우 분리과세로 종결된다
36. ① 출자공동사업자 배당은 무조건 종합과세대상
37. ④ 소득세법시행령 45, 기명인 경우 약정에 따른 이자지급 개시일이다.
38. ① 저작권 등의 사용료가 저작자 자신에게 귀속되는 경우에는 사업소득이다.
39. ④
40. ④ 소득세법 시행령 제17조, 월정액급여 210만원 이하로서 직전 과세기간 총급여액이 3,000만원 이하인 경우에 연간 240만원을 한도로 하여 야간근로수당을 과세하지 아니한다.

세무실무기초강의

The practice Taxation of Corporotion

Chapter

02

연말정산

제1절 연말정산의 개념

제2절 종합소득 공제

제3절 연말정산 따라하기

Chapter

02 연말정산

제 1 절 연말정산의 개념

1. 연말정산의 기초개념

(1) 근로소득 연말정산의 개념

연말정산이란 근로소득 원천징수세액에 대하여 다시 정확하게 세금정산을 하는 과정을 말한다. 근로소득을 지급하는 자는 매월 지급시점에 근로소득자의 정확한 근로소득세를 알 수가 없다. 원천징수한 세액은 간이세액조견표에 따라 추정된 근로소득세이다. 연말정산은 근로자 (일용근로자 제외)의 당해 연도 근로소득금액 또는 중도에 퇴직하는 경우에는 퇴직한 달까지의 당해연도 근로소득금액에 대해 그 근로자가 제출한 소득공제신고서 및 증빙자료에 의해 근로자가 부담하여야 할 소득세액을 확정하는 제도이다.

따라서 근로소득을 지급하는 원천징수의무자는 근로자의 당해 연도의 근로소득 금액에서 그 근로자의 소득공제신고 내용에 따라 종합소득공제를 한 후 이를 종합소득과세표준으로 하여 종합소득산출세액을 계산하고 소득세법에 따라 세액공제 및 조세특례제한법상의 세액공제를 한 후 당해연도에 이미 원천징수하여 납부한 소득세를 공제하고 그 차액을 정산한다. 이 경우 근로소득만 있는 거주자가 연말정산에 의해 당해 소득에 대한 소득세를 납부한 경우 근로소득에 대해 종합소득세 과세표준 확정신고를 하지 않아도 된다.

(2) 근로소득 이외의 연말정산

우리는 일반적으로 근로소득에 대해서만 연말정산을 하는 것으로 알고 있다. 근로소득 이외의 간편장부 대상자인 보험모집인 · 방문판매원의 사업소득, 공적연금소득에 대하여도 연말정산을 하여야 한다.

(3) 연말정산 신고

1) 근로소득자 연말정산 간소화

근로소득자의 연말정산은 1월에 증빙서류를 구비하여, 연말정산 소득공제 신청서를 작성하여 원천징수의무자에게 제출한다. 원천징수의무자는 근로소득자의 연말정산내역을 2월 급여지급일이 속하는 다음달 10일 (3월 10일)까지 신고한다. 현재 국세청에서는 연말정산 간소화 서비스를 제공하고 있다. 연말정산 간소화 서비스는 근로소득자가 본인과 부양가족의 소득공제내역을 인터넷을 통하여 확인하고 [근로소득자 소득공제내역]을 출력하여 원천징수의무자에게 제출할 수 있도록 하는 납세자 편의 서비스로서 이를 통해 근로소득자는 증빙서류 발급을 위하여 발급기관에 방문하지 않고 간편히 연말정산 업무를 처리할 수 있다.

연말정산 간소화 서비스는 납세자에게 다음과 같은 편의성을 제공한다.

① 근로 (사업)소득자가 연말정산시 소득공제 증빙서류를 일일이 수집하는 불편을 해소하고 원천징수의무자가 간편하게 증빙자료를 제출할 수 있도록 편리성을 제공하는 장점을 가지고 있다.

② 근로소득자는 인터넷을 통하여 소득공제 대상 지출내역을 조회 또는 출력할 수 있어, 다량의 소득공제 증빙서류 보관에 따른 불편이 해소된다.

▌연말정산간소화 서비스에서 제공하는 소득・세액공제 자료

구 분	공제 항목
보험료	일반 보장성보험료, 장애인전용 보장성보험료
의료비	의료기관에 지출한 의료비
	약국에 지출한 의약품 (한약 포함) 구입 비용
	노인장기요양보험법에 따라 지출한 본인 일부 부담금
	보청기・장애인보장구・의료용구 구입 (임차) 비용
	시력교정용 안경 및 렌즈 구입비용
교육비	초・중・고, 대학 (원) 교육비, 직업능력개발훈련비용
	초등학교 현장체험학습비
	유치원 교육비
	취학전 아동의 보육시설・학원・체육시설 교육비
	장애인특수교육비 납입금액
	중・고등학생 교복구입비용
신용카드 등 사용내역	신용카드, 직불카드, 기명식 선불카드 및 현금영수증 사용금액 (전통시장 사용액, 대중교통, 도서·공연비 이용분 구분 표시)
주택자금	주택임차차입금 원리금상환액, 장기주택저당차입금 이자상환액
주택마련저축	주택청약저축, 근로자주택마련저축, 주택청약종합저축
연금	개인연금저축, 연금저축계좌, 퇴직연금계좌
기타	소기업/소상공인 공제부담금납입금액, 목돈 안드는 전세 이자상환액
	장기집합투자증권저축 납입액, 기부금

2. 연말정산의 흐름

매월 일정한 금액을 지급받는 근로소득자가 있다고 가정한다. 매월 지급받는 급여는 200만원이며, 매달 일정액의 수당 10만원을 받는다. 비과세 근로소득은 없다고 가정한다. 매월 총급여는 210만원이다.

매월 근로소득세 40,000을 원천징수하고, 지급자는 지급일이 속하는 다음달 10일까지 신고·납부하였다. 1년간 지급받은 총급여는 2,520만원이고, 기납부세액은 48만원이다.

▎근로소득공제액

구 분	내 용
500만원 이하	총급여의 × 70%
500만원 초과 1,500만원 이하	350만원 +(총급여액 - 500만원) × 40%
1,500만원 초과 4,500만원 이하	750만원 +(총급여액 - 1,500만원) × 15%
4,500만원 초과 1억원 이하	1,200만원 +(총급여액 - 4,500만원) × 5%
1억원 초과	1,475만원 +(총급여액 - 1억원) × 2%

* 한도 2,000만원(총급여액이 365,500,000 이상인 경우 근로소득공제는 2,000만원이다.)

2,520만원은 1,500만원 초과 4,500만원 이하 구간에 해당되므로, 근로소득공제는 750만원과 1,020만원(1,500만원 초과금액)에 15%를 곱하여 계산된 153만원을 합친 903만원이다. 총급여 2,520만원에서 근로소득공제 903만원을 차감 후 금액 1,617만원이 근로소득금액으로 계산된다.

▎8단계 누진세율

과 세 표 준	산출세액
	초과누진방식
1,400만원 이하	과세표준 × 6%
1,400만원 초과 5,000만원 이하	84만원 + 1,400만원 초과액 × 15%
5,000만원 초과 8,800만원 이하	624만원 + 5,000만원 초과액 × 24%
8,800만원 초과 1억5,000만원 이하	1,536만원 + 8,800만원 초과액 × 35%
1억5,000억 원 초과 3억 원 이하	3,706만원 + 1억5천만원 초과액 × 38%
3억 원 초과 5억 원 이하	9,406만원 + 3억 원 초과액 × 40%
5억 원 초과 10억 원 이하	1억7,406만원 + 5억 원 초과액 × 42%
10억 원 초과	3억8,406만원 +10억 원 초과액 × 45%

종합소득공제[1]를 617만원이라고 가정하고, 근로소득금액 1,617만원에서 종합소득공제 617만원을 차감하면 과세표준 1,000만원이 계산된다. 산출세액은 8단계 누진세율을 적용하여 계산한다. 1,400만원 이하 구간이기 때문에 6% 세율을 과세표준에 적용하면 산출세액은 60만원으로 계산된다.

▍근로소득 세액공제

근로소득세액공제	근로소득세액공제
130만원 이하	산출세액 × 55%
130만원 초과	715,000 +(산출세액 - 1,300,000) × 30% 공제한도 : 20만원 ~ 74만원

▍공제한도

총급여액	공제한도
3,300만원 이하	74만원
3,300만원 초과 7,000만원 이하	Max (㉠, ㉡) ㉠ 74만원 - [(총급여 - 3,300만원)× 0.8%] ㉡ 66만원
7,000만원 초과 1억2,000만원 이하	Max (㉠, ㉡) ㉠ 66만원 - [(총급여 - 7,000만원)× 50%] ㉡ 50만원
1억2,000만원 초과	Max (㉠, ㉡) ㉠ 50만원 - [(총급여 - 1억2,000만원)× 50%] ㉡ 20만원

산출세액에 대하여 근로소득세액공제를 적용한다. 산출세액 60만원에 대하여 55% 근로소득세액공제를 적용하여 33만 원을 계산한다. 여기에 표준세액공제 (항목별 세액공제와 표준세액공제 중 선택가능함) 13만원을 추가로 공제 받는다. 46만원의 세액공제를 차감하면 결정세액은 14만원이 된다. 기납부세액은 매월 원천징수 당한 세액을 확인하면 된다. 매월 납부한 원천징수 소득세 48만원이 기납부세액이다. 그러므로 34만원의 소득세 환급이 발생한다.

1) 종합소득공제는 뒤에서 후술하기로 한다.
2) 근로소득자인 경우 표준세액공제는 최소한 13만원을 적용받을 수 있다.

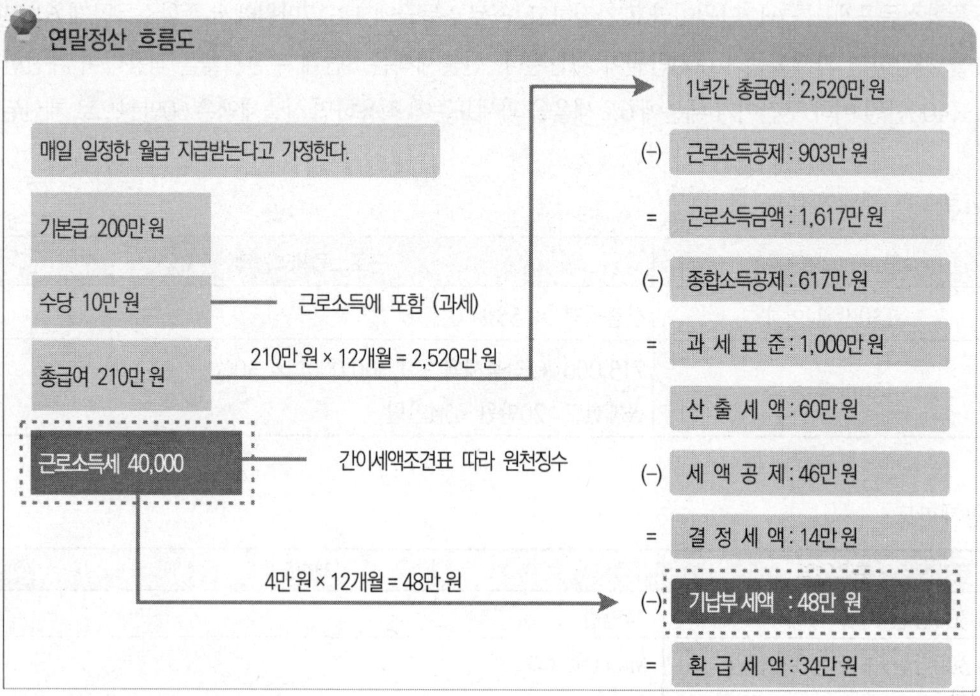

3. 원천세 담당자의 연말정산 신고하기

계속 근무자의 경우에는 다음연도 2월 원천징수 신고시 원천징수이행상황 신고서상에 연말정산금액을 기재하여야 한다. 중도 퇴사자는 퇴직월의 급여지급일 속하는 달에 중간퇴직연말정산을 실시하고, 지급일의 다음달 10일까지 원천징수이행상황신고서에 중간퇴직연말정산금액을 기재하여야 한다.

p.119의 신고서 샘플은 연말정산 관련 원천징수이행상황신고서이다. "중도퇴사"는 2025년 2월 퇴사자의 2025년 2월분에 대한 중간퇴직연말정산내역이고, "연말정산"은 2024년 1월부터 12월 31일까지 근무하고 있는 직원에 대한 연말정산에 대한 신고내역이다. 연말정산 신고에 따른 지급명세서는 2025년 3월 10일까지 제출하여야 한다.

1) 신고서식상의 근로소득

신고서식을 살펴보면 근로소득은 간이세액, 중도퇴사, 일용근로, 연말정산으로 구분되어 있다. 간이세액은 매월 근무하는 상용근로자의 매월분의 급여지급분에 대한 원천징수인원과 원천징수한 소득세금액을 기재하는 것으로, 2025년 2월 1일부터 2025년 2월 28일까지 근무한 상용근로자 인원과 지급한 금액 그리고 원천징수한 소득세액을 기재하면 된다.

중도퇴사는 2025년 2월 1일부터 2025년 2월 28일까지 상용근로자 중에서 2025년 2월 퇴사한 직원이며, 2025년 1월 1일부터 2025년 2월 28일까지 지급받은 근로소득을 합산하여 중간퇴직 연말정산을 실시하여 2025년도에 원천징수한 세액에 대하여 중간퇴직정산내역을 신고하는 것이다. 일용근로는 상용근로자가 아닌 일용근로자에게 원천징수한 소득세와 지급액 그리고 일용근로자 인원을 기재한다. 연말정산은 2024년 12월 31일까지 재직 중인 상용근로자를 대상으로 하여 2024년 1월 1일부터 2024년 12월 31일까지 근로소득과 종합소득공제를 적용하여 근로소득세액을 확정한 금액과 해당인원 기재한다.

2) 신고서식상의 퇴직소득

퇴직소득은 2025년 2월 1일부터 2025년 2월 28일 사이에 퇴직한 상용근로자의 퇴직소득세를 계산하여 지급한 인원과 금액 그리고 퇴직소득세를 기재하면 된다. 퇴직소득은 근로자가 장기간 근무하면서 발생한 소득으로서 일시에 누진세율을 적용하면 퇴직근로자의 세부담이 과중되는 것을 방지하기 위하여 연분연승법을 취하고 있다.

3) 신고서식상의 사업소득과 기타소득

사업소득은 인적용역을 제공하는 특정사업소득자에 대하여 지급한 금액과 인원 그리고 원천징수세액을 기재하면 된다. 원천징수대상 사업소득의 대표적인 것이 프리랜서의 소득이다. 보험모집인과 방문판매원이 원천징수대상 사업소득으로 분류된다.
기타소득은 경품 지급과 포상금 지급 그리고 고용관계가 없는 일시적인 특별강연 강사료의 지급 등이 기타소득에 해당되면 지급한 금액과 인원 그리고 원천징수세액을 기재한다.
"간이세액"을 신고한 내역을 보면 2025년 2월 중 근무한 상용근로자는 1,742명이며, 1,742명에 지급한 총급여액은 6,742,484,709원이고 이들에게 징수한 소득세액은 84,160,530원이다.
"중도퇴사"를 신고한 내역을 보면 2025년 2월 중 퇴사한 직원은 9명이고 2025년 1월 1일부터 2025년 2월 28일까지 퇴직한 9명 직원에게 지급한 총급여액은 27,582,456원이고, 그들에게 환급해줘야 하는 금액은 1,200,200원이다. "일용근로"를 신고한 내역을 보면, 2월 중에 근무한 일용근로자 수는 2,312명이고, 2월 일용근로자에게 지급한 2월 급여의 합계액은 7,965,450,380원이다. 일용근로자는 일용직 계산하는 방식에 따라 신고한다. "연말정산"은 2024년 1월부터 12월 31일까지 현재 근무하고 있는 직원에 대한 연말정산에 대한 신고내역이다. 신고내역을 보면, 연말정산을 보면 1년간 4,441명의 근로소득자에게 87,552,945,858원을 지급하였고, 4,441명에 대하여 연말정산 총환급금액은 1,373,023,354원을 환급해 주어야 한다 (p.119 원천징수이행상황신고서 참고).

4. 연말정산 실무적용

1) 연말정산시 제출서류(국세청 발간 "근로자를 위한 연말정산 신고안내" 참조)

근로자는 해당 연도에 지출한 비용 중 공제대상 금액과 인적공제 사항을 기재한 소득 · 세액공제신고서와 해당 소득 · 세액공제 증명서류 등을 회사에 제출해야 한다.

① 기본서류

- 소득 · 세액공제 신고서

  소득 · 세액공제 신고서 및 해당 소득 · 세액공제 증명서류를 제출하지 아니한 경우 근로자 본인에 대한 인적공제 및 표준세액공제만 적용한다.

  퇴직연금 · 연금저축 세액공제, 주택마련저축 · 장기집합투자증권저축 소득공제를 받는 근로자는 부속서류인 '연금 · 저축 등 소득 · 세액공제 명세서'를 회사에 반드시 제출하여야 한다.

  월세액 및 거주자간 주택임차차입금 원리금 상환액 공제를 받는 근로자는 부속서류인 '월세액 · 거주자간 주택임차차입금 원리금 상환액 소득 · 세액공제 명세서'를 회사에 반드시 제출해야 한다.
- 의료비 세액공제를 받고자 하는 경우 '의료비지급명세서'
- 기부금 세액공제를 받고자 하는 경우 '기부금명세서'
- 신용카드 공제를 받고자 하는 경우 '신용카드 등 소득공제 신청서'

② 소득 · 세액공제 증명서류 등

- 소득 · 세액공제가 가능한 해당 지출 비용에 대한 소득 · 세액공제 증명서류

  국세청 연말정산간소화 서비스에서 제공하는 증명서류 또는 영수증 발급기관에서 발급받는 소득 · 세액공제용 영수증

  * '종이 없는 연말정산'을 실시하는 회사의 근로자는 연말정산간소화에서 제공하는 소득 · 세액공제 증명서류를 전자문서로 저장하여 회사에 제출
  * 「편리한 연말정산」의 간편제출 서비스를 이용하는 회사는 홈택스에서 연말정산간소화자료 또는 전산작성한 공제신고서를 회사에 온라인 제출

- 주민등록표등본

  제출 후 인적공제 등에 대한 변동사항이 없으면 매년 추가로 제출할 필요가 없으나 주택자금공제의 공제항목에 따라 증명서류에 해당하는 경우는 추가 제출하여야 하는 경우가 있음.

  ☞ 주민등록표등본에 의해 가족관계가 확인되지 아니한 경우 가족관계증명서 등을 제출

2) 근로소득 원천징수의무자

근로소득연말정산 신고납부기한은 과세기간이 속하는 다음연도 3월 10일까지이며, 지급명세서 제출도 과세기간이 속하는 다음연도 3월 10일까지이다.

일용직근로자에게 급여를 지급하는 자는 근로소득 지급일이 속하는 분기의 마지막 달의 다음 달 말일 (4분기 지급분은 다음연도 1월 31)까지 제출한다. 다만, 당해연도 귀속 일용근로소득을 12월 31일까지 미지급한 경우에도 지급명세서는 다음연도 1월 31일까지 제출하여야 한다.

신고구분					원천징수이행상황신고서	귀속연월	2025년 2월
매월	반기	수정	연말	소득처분		지급연월	2025년 2월

원천징수의무자	법인명(상호)	주식회사 LK텔레콤	대표자(성명)	홍 성 숙	일괄납부 여부	㈐, 부
	사업자(주민) 등록번호	123-45-12345	사업장 소재지	경기도 성남시 복정동	전화번호	1234-3456

1. 원천징수 명세 및 납부세액 (단위 : 원)

구분		원천징수내역					6.당월조정환급세액	납부 세액	
		소득지급 (과세미달, 비과세포함)		징수세액				7. 소득세등 (가산세포함)	8. 농어촌특별세
		1.인원	2.총지급액	3.소득세등	4.농어촌특별세	5.가산세			
근로소득	간이세액	1,742	6,742,484,709	84,160,530					
	중도퇴사	9	27,582,456	△ 1,200,220					
	일용근로	2,312	7,965,450,380	27,484,180					
	연말정산	4,441	87,552,945,858	△1,373,028,35					
	가감계	8,504	102,288,463,40	△1,262,583,86				△1,262,583,86	
퇴직소득		9	462,364,170	24,071,190				24,071,190	
사업소득	매월징수	1,318	2,354,789,608	70,643,688					
	연말정산								
	가감계	1,318	2,354,789,608	70,643,688				70,643,688	
기타소득		1,780	498,785,640	28,122,970				28,122,970	
연금소득									
이자소득									
배당소득									
저축해지 추징세액									
법인원천		-	-	-				-	
수정신고(세액)									
총합계		11,620	105,604,402,82				-	△1,139,746,01	

2. 환급세액 조정 (단위 : 원)

전월 미환급 세액의 계산			D.당월 발생 환급세액			E. 조정대상 환급세액 (C+D)	F. 당월 조정 환급세액계	G. 차월 이월 환급세액 (E-F)
A.전월미 환급세액	B.기환급 신청세액	C.차감잔액 (A-B)	①일반환급	②신탁재산 (금융기관)	③기타			

소득세법시행령 제185조 제1항의 규정에 의하여 원천징수이행상황신고서를 제출합니다.

2025년 3월 10일

원천징수의무자 ㈜ LK텔레콤 (서명 또는 인)

성 남 세무서장 귀하

신고서(뒤쪽) 작성 여부	
작성하였음	( )
작성대상 아님	(○)
세무대리인	
성명	
사업자 등록번호	
전화번호	

원천징수의무자 전자우편 주소	@

제 2 절 종합소득공제

1. 종합소득공제의 개념

종합소득공제 흐름도

종합소득세는 "소득"을 과세 대상하여 부과하는 조세이다. 응능부담원칙에 따라 조세를 부과하는 것이 바람직하다. 조세는 행정서비스를 받는 이익의 양과는 무관하게 그것을 부담하는 자의 담세력에 따라 부담되어야 한다는 응능부담원칙이다. 여기에서 말하는 담세력은 세금을 내는 능력을 의미하는 것으로, 소득금액이 크기가 클수록 담세력은 크다. 담세력 기준으로 부과하기 위해서는 소득금액과 함께 고려해야 하는 요인들이 있다. 예를 들면 흥부가족은 12명이고, 놀부가족은 2명이이라고 가정할 때, 흥부와 놀부가 동일한 소득을 벌고 있다고 하더라도 흥부와 놀부가 동일한 담세력을 갖고 있다고 말할 수 없다. 부양하는 가족 수가 많은 흥부가 보다 낮은 담세력을 가지고 있다고 볼 수 있다. 종합소득공제는 납세자의 인적상황에 따라 세부담을 경감시켜주는 제도이다. 이러한 종합소득공제는 조세특례제한법상 소득공제와 소득세법상 소득공제가 구분될 수 있다.

2. 인적공제

인적공제는 기본공제와 추가공제로 구성된다.

(1) 기본공제

종합소득이 있는 거주자 (자연인에 한함)에 대하여는 기본공제대상자에 해당하는 인원수에 1인당 연 150만원을 곱한 금액을 종합소득금액에서 공제한다.

기본공제란 소득자가 부양가족 1인당 연 150만원씩 종합소득금액에서 공제한다. 부양이란 의미는 실제로 부양하는지 보다는 세법에서 정하는 기준 충족여부에 따라 결정된다. 우선 소득자(거주자)본인은 당연히 부양가족에 포함된다. 그리고 나머지 가족들은 연령요건과 소득금액요건에 따라 공제여부가 결정된다. 먼저 연령요건을 살펴보면, 직계비속 (아들, 딸)의 경우에는 20세 이하에 해당하는 경우, 부양가족에 해당되며, 직계존속 (어머니, 아버지, 할아버지, 할머니)은 남녀구분 없이 60세 이상 되어야만 세법상 부양가족에 해당하며, 배우자는 연령요건에 제한받지 않는다. 배우자는 평생을 함께 부양하는 실질을 반영한 것으로 볼 수 있다. 소득금액요건을 살펴보면, 직계존속 및 직계비속, 그리고 배우자의 소득금액이 100만원을 이하에 해당되어야 한다. 소득금액이 100만원을 초과 한다면 세법상 부양가족에 해당하지 않아 기본공제를 적용받을 수 없다.

소득금액요건과 연령요건을 충족하는 형제자매의 경우를 살펴보면, 동거하는 형제자매 (주소지가 당해 거주자와 동일) 등에 대하여 부양가족으로 보고 있다.

* 공제대상자 포함여부

① 직계존속에는 배우자의 직계존속 (장인, 장모)을 포함하며, 형제자매에는 배우자의 형제자매 (처남, 처제, 시동생 등)를 포함한다.

② 직계비속 · 형제자매의 배우자 (제수 , 형수, 며느리 등)는 부양가족공제대상이 아니다.
단, 기본공제대상자인 직계비속이 장애인이고 그 배우자도 장애인인 경우 그 배우자를 기본공제대상자에 포함한다.

③ 가정위탁을 받아 양육하는 위탁아동을 기본공제 대상에 포함된다.

④ 직계존속이 재혼한 배우자로 직계존속 사후에 부양하는 경우에도 기본공제 대상에 포함된다.

▎기본공제자 요건

기본공제 대상자	공 제 요 건				비고
	나이요건*	소득요건 (100만원 이하)	동거 요건		
			주민등록동거	일시퇴거 허용	
본인	×	×	×		
배우자	×	○	×		
직계존속	60세 이상	○	△ (주거형편상 별거 허용)		2025년 귀속분은 1965.12.31. 이전 출생자
직계비속, 동거입양자	20세 이하	○	×		2025년 귀속분은 2005.1.1. 이후 출생자
장애인 직계비속의 장애인 배우자	×	○	×		
형제자매	60세 이상 20세 이하	○	○	○	
국민기초생활보장법에 의한 수급자	×	○	○	○	
위탁아동	18세 미만	○			

* 장애인의 경우 나이요건 적용하지 않음.
* 나이요건은 당해 과세기간 중 해당하는 날이 있는 경우 공제대상자로 함.
* 연간소득금액 : 종합소득금액 + 퇴직소득금액 + 양도소득금액 (근로소득만 있는 경우 총급여 500만원 이하)
* 위탁아동 : 가정위탁을 받아 양육하는 아동으로서 해당 과세기간에 6개월 이상 직접 양육한 위탁아동 (직전 과세기간에 소득공제를 받지 못한 경우에는 해당 위탁아동에 대한 직전 과세기간의 위탁기간을 포함하여 계산함.)

예 위탁아동 공제사례 :

① 위탁아동 양육기간 : 2025년 9.1 ~ 2026년 5.31
2025년 양육기간 4개월 기본공제 (×), 2026년 양육기간 5개월 + 직전연도 4개월 = 8개월 기본공제 (○)

② 위탁아동 양육기간 : 2025년 5.1 ~ 2026년 5.31
2025년 양육기간 8개월 기본공제 (○), 2026년 양육기간 5개월 기본공제 (×)

예 동거요건 사례 :

• 원칙 : 주민등록표의 동거가족으로서 거주자의 주소 · 거소에서 현실적으로 생계를 같이하는 자
• 예외 : 다음은 동거여부와 무관하게 항상 생계를 같이하는 자로 봄.

① 배우자 · 직계비속 · 입양자 → 별거한 배우자는 기본공제○, 이혼한 배우자는 기본공제×
② 거주자 또는 동거가족 (①의 자 제외) : 취학 등의 사유로 일시퇴거한 경우
③ 직계존속 : 주거형편에 따라 별거하고 있는 경우.

예 연간소득금액 계산사례

① 배우자 : 총급여액 500만원 → 500만원 - 근로소득공제 500만원×70% = 근로소득금액 150만원이다.
하지만 총급여 500만원이하 ∴ 공제 ○

② 20세 장남 : 은행예금이자 2,000만원 → 분리과세 → 연간소득금액 0 ∴ 공제 ○

③ 60세 부친 : 작물재배업소득 500만원 → 과세제외 → 연간소득금액 0 ∴ 공제 ○

주 기본공제대상 가족관계

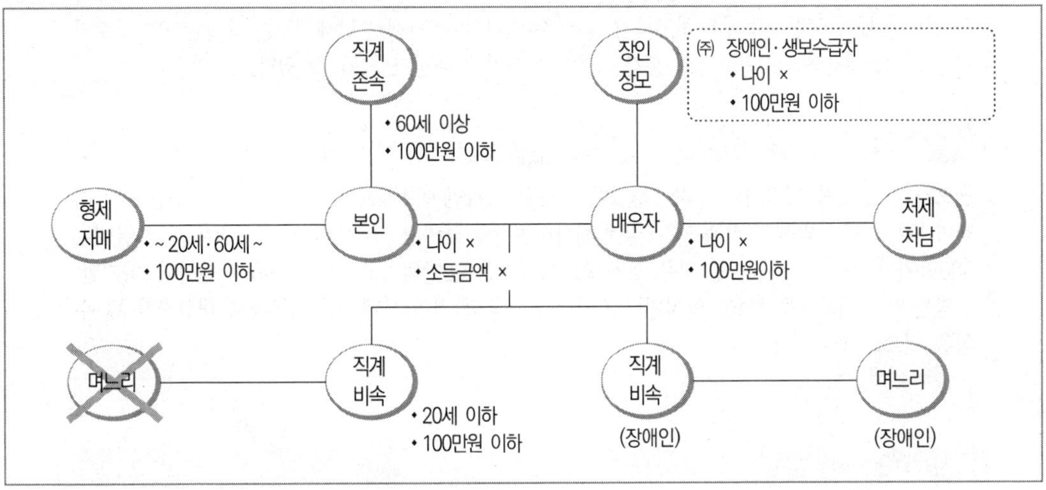

사/례/연/구

연금소득이 있는 부모님의 경우, 매월 연금으로 지급받는 소득금액이 100만 원을 초과하면 기본공제 대상자가 될 수 있는지 의문이 생긴다. 부모님이 공무원으로 재직하다 퇴직 후 공무원연금을 받는 경우, 소득공제가 가능할 수도 있다. 이는 2001년 12월 31일 이전에 납입한 연금은 비과세 대상이며, 2002년 1월 1일 이후에 납입한 연금도 일부만 과세소득으로 간주되기 때문이다. 이러한 과세 기준은 국민연금이나 사학연금에도 동일하게 적용된다.

사/례/연/구

연봉이 1,800만원인 신입사원 홍길녀(여성)씨는 2025년 11월 1일에 입사하였다. 홍길녀 씨의 배우자 동미래(남성)씨는 홍길녀씨를 기본공제 대상자로 포함할 수 있을까?

홍길녀씨의 연봉 1,800만원은 월급여로 환산하면 150만원이다. 2025년에는 2개월치 급여만 지급받았기 때문에 총급여는 300만원이다. 총급여가 500만원을 초과하지 않으므로, 2025년도 연말정산시 동미래씨의 기본공제 대상자로 포함될 수 있다.

사/례/연/구

강수지 씨는 특별강연 강사료로 2025년 강사료 수입이 700만원이다. 강수지 씨는 그의 배우자 홍길동 씨의 기본공제 대상자가 될 수 있을까?
특별강연강사료는 기타소득으로 분류된다. 기타소득으로 60% 필요경비가 인정된다. 60% 필요경비를 차감하면 기타소득금액은 280만원이다. 기타소득금액이 280만원 이하인 경우에는 납세자의 선택에 따라 종합소득세를 신고하지 않을 수 있다. 분리과세로 납세의무를 종결한다면 강수지 씨는 종합소득금액은 0원이므로 홍길동 씨의 기본공제 대상자가 될 수 있다.

사/례/연/구

근로자가 연도 중 퇴직한 배우자 1월말에 퇴사한 김경인(연봉 3,600만원, 퇴직금 : 5,000만원)씨에 대하여 기본공제를 받을 수 있을까? 1월에 퇴사하여 1달 급여만 지급받았다. 지급받은 한달 급여는 300만원이고 근로소득공제를 적용 후 근로소득금액은 90만원이고, 총급여 300만원이다. 하지만, 김경인 씨는 퇴직소득금액을 합치면 100만원을 초과할 것이기 때문에 기본공제 대상자가 될 수 없을 것으로 판단된다.

사/례/연/구

가령, 양도소득금액이 50만원, 근로소득금액이 80만원이 있는 배우자에 대하여 기본공제대상자로 공제 받을 수 있을까?

➡ 공제받을 수 없다. 배우자의 종합소득금액과 양도소득금액을 포함하여 연간소득금액을 계산하기 때문에 130만원으로 기본공제 대상자가 될 수 없다. (근로소득이 있는 경우에는 총급여 500만원 이하)

예제 01 기본공제

근로소득자 송시현(여성)씨의 기본공제 대상자를 구하시오

1. 가족사항
   - 남편 : 이현우(41세), 총급여 500만원
   - 아들 : 이일구(10세), 소득없음
   - 딸 : 이일순(21세), 소득없음
   - 시동생 : 이현경(19세), 소득없음(시동생은 함께 동거하고 있다)

해 답

기본공제 대상자는 4명(본인, 남편, 아들, 시동생)

- 남편 : 총급여 500만원 - 근로소득공제 350만원 = 근로소득금액 150만원
  총급여 500만원의 근로소득금액은 150만원이다. (하지만 총급여 500만원 기준으로 기본공제 대상자가 된다)
- 딸 : 직계비속은 20세 이하인 경우에만 기본공제 대상자가 된다.

(2) 추가공제

기본공제 대상자를 대상으로 하여, 다음 사유가 해당하는 경우에는 사유별로 일정금액을 기본공제에 추가하여 공제한다. 동일인이 두 가지 사유 이상에 해당하는 경우는 중복적용이 가능하다. 2009년 1월 1일부터는 70세 이상인 경우에 1인당 100만원 공제한다.

▎추가공제

구 분	추가공제사유	1인당 공제금액
경로우대자공제	① 70세 이상	100만원
장애인공제	장애인인 경우	200만원
부녀자공제	거주자 본인이 해당 과세기간의 종합소득금액이 3천만원 이하로서 다음 중 하나에 해당하는 경우 ① 배우자가 있는 여성인 경우 ② 배우자가 없는 여성으로서 기본공제대상자인 부양가족이 있는 세대주인 경우 다만, 근로장려금 수급자는 부녀자 추가공제 배제	50만원
한부모가족	해당거주자가 배우자가 없는 사람으로 기본공제대상자인 직계비속 또는 입양자가 있는 경우	100만원

• 추가공제의 중복적용 여부

추가공제는 원칙적으로 중복적용이 가능하지만 위의 부녀자공제와 한부모공제에 모두 해당하는 경우에는 한부모공제를 적용한다.

예 ① 배우자가 없고 부양자녀(만 20세 이하)가 1인인 남성 ⇨ 100만원(한부모공제)(O)
② 배우자가 없고 부양자녀(만 20세 이하)가 1인인 여성 ⇨ 100만원(한부모공제)(O)
⇨ 50만원(부녀자공제)(×)
③ 배우자가 없고 부양 손자녀(20세 이하)가 1인인 남성(70세 미만) ⇨ 100만원(한부모공제)(O)

*장애인의 범위(근로자를 위한 연말정산 안내 참조)

· 장애인복지법에 의한 장애인(⇒ 장애인등록증으로 확인) 및 장애아동 복지지원법에 따른 장애아동
· 국가유공자 등 예우 및 지원에 관한 법률에 의한 상이자(1급~7급)
· 상이자와 유사한 자로서 근로능력이 없는 자
· 중증질환, 희귀난치성 질환 또는 이와 유사한 질병·부상으로 인해 중단 없이 주기적인 치료를 요하는 자로서 의료기관의 장이 취업 · 취학 등 일상적인 생활에 지장이 있다고 인정 하는 자(소득세법에서 정하는 장애인증명서 제출)

※ 소득세법에서 정한 「장애인증명서」는 장애인복지법에 의한 「장애인등록증」과는 구별되며, 장애인복지법에 의한 「장애인등록증」을 발급 받은경우에 별도 「장애인증명서」는 필요하지 않다

※ 국민건강보험공단이 발급하는 중증진료 등록확인증은 세법상 항시 치료를 요하는 중증환자의 장애인공제 증명서류로 적합하지 않음 ⇒ '항시 치료를 요하는 중증환자'에 해당하여 세법상 장애인공제를 받고자 할 때에는 소득

세법 시행규칙에 따른 장애인증명서 (별지 제38호 서식)를 제출해야 한다.

1) 기본공제

<table>
<tr><th colspan="3">구 분</th><th>제출서류</th><th>발급기관</th></tr>
<tr><td colspan="3" rowspan="2">공통서류</td><td>주민등록표등본</td><td rowspan="2">정부민원포털 민원24
(www.minwon.go.kr)
읍, 면, 동사무소</td></tr>
<tr><td>가족관계증명원</td></tr>
<tr><td rowspan="10">추
가
서
류</td><td colspan="2" rowspan="3">일시퇴거자</td><td>일시퇴거자동거가족상황표</td><td>본인 작성</td></tr>
<tr><td>일시퇴거지 주민등록등본</td><td>민원24</td></tr>
<tr><td>재학 · 요양 · 재직증명서</td><td>해당 기관</td></tr>
<tr><td colspan="2" rowspan="2">입양자</td><td>입양관계증명서</td><td>민원24</td></tr>
<tr><td>입양증명서</td><td>해당 입양기관</td></tr>
<tr><td colspan="2">기초수급자</td><td>수급자증명서</td><td>민원24</td></tr>
<tr><td colspan="2">위탁아동</td><td>가정위탁보호확인서</td><td>시 · 군 · 구청 아동복지과</td></tr>
<tr><td rowspan="3">장
애
인</td><td>장애인복지법상
장애인</td><td>장애인등록증
(장애인수첩, 복지카드) 사본</td><td>민원 24</td></tr>
<tr><td>국가유공자등예우등관한
법률에 의한 상이자등</td><td>상이증명서 등</td><td>국가보훈처</td></tr>
<tr><td>항시치료를 요하는
중증환자</td><td>장애인증명서</td><td>해당의료기관</td></tr>
</table>

예제 02 기본공제 및 추가공제

근로소득자 박보영 (여성 51세)씨의 기본공제와 추가공제를 구하시오.

박보영 씨의 종합소득금액은 2,500만원이다.

1. 가족사항
   - 남편 : 김구라 (71세), 총급여 500만원
   - 아들 : 김일구 (6세), 소득없음
   - 딸 : 김일순 (21세), 소득없음 (장애인)
   - 시동생 : 김이구 (19세), 소득없음 (시동생은 함께 동거하고 있다)
   - 손녀 : 김기자 (2세)

해 답

(1) 기본공제는 대상자는 본인, 남편, 아들, 딸과 시동생과 손녀이다. (6인×150만원=900만원)

(2) 추가공제

① 딸 : 장애인 200만원

② 본인 : 부녀자공제 50만원

③ 남편 : 경로우대자 100만원

(3) 인적공제의 적용방법

1) 인적공제의 적용금액과 한도액

인적공제는 과세기간·부양기간이 1년 미만인 경우에도 월할 계산하지 않고 법정금액을 공제한다. 인적공제의 합계액이 종합소득금액을 초과하는 경우, 그 초과하는 공제액은 이를 없는 것으로 한다.

2) 생계를 같이하는 부양가족의 범위

생계를 같이하는 부양가족은 주민등록표상의 동거가족으로서 당해 거주자의 주소 또는 거소에서 현실적으로 생계를 같이하는 자로 한다.

다만, 다음의 경우에는 생계를 같이하는 부양가족으로 본다.

① 배우자 및 직계비속 : 항상 생계를 같이하는 자로 본다.

② 거주자 또는 직계비속이 아닌 동거가족 : 취학·질병의 요양·근무상 또는 사업상의 형편 등으로 본래의 주소 또는 거소를 일시 퇴거한 경우에도 생계를 같이하는 자로 본다.

③ 거주자의 부양가족 중 거주자 (그 배우자를 포함함)의 직계존속 : 주거의 형편에 따라 별거하고 있는 경우에도 생계를 같이하는 자로 본다.

3) 공제대상자의 판정시기

기본공제, 추가공제 및 자녀세액 공제를 적용할 때 공제대상 배우자, 부양가족, 장애인 또는 경로우대자에 해당하는지 여부의 판정은 해당 과세기간의 과세기간 종료일 (12월31일) 현재 상황에 따른다.

① 과세기간 종료일 전에 사망한 자 또는 장애가 치유된 자에 대하여는 사망일 전일 또는 치유일 전일의 상황에 의한다.

② 공제대상자의 적용대상 연령이 정하여진 경우에는 당해 연도의 과세기간 중에 당해 연령에 해당되는 날이 하루라도 있는 경우에는 공제 대상자로 한다 (所法§53 ④, ⑤).

4) 공제대상이 중복되는 경우

신고서에 선택기재한 경우에는 공제대상 가족이 중복되는 경우에는 당해 연도의 과세표준확정 신고서 등에 기재된 바에 따라 그 중 1인의 공제대상 가족으로 한다.

신고서에 중복기재 또는 불분명한 경우에는 2이상의 거주자가 공제대상 가족을 중복기재하여 신고하거나, 어느 거주자의 공제대상가족인지 여부가 불분명한 경우에는 다음과 같이 인적공제를 적용한다.

① 거주자의 공제대상 배우자가 다른 거주자의 공제대상 부양가족에 해당하는 때에는 공제

대상 배우자로 한다.

② 공제대상 부양가족이 중복되는 경우에는 직전 연도에 부양가족으로 공제받은 거주자의 공제대상 부양가족으로 한다.

③ 추가공제 대상자가 중복되는 경우에는 기본공제를 하는 거주자의 추가공제 대상자로 한다.

사/례/연/구

<u>농가소득 있는 부모 공제</u> : 농가소득은 대부분 과세제외 소득이다. 과세제외 및 비과세 유무를 확인하고 본인이 부모에게 생활비를 보태주고 있으면 공제를 받을 수 있다.
<u>건강보험에 등재되지 않은 부모공제</u> : 따로 사는 부모에게 생활비를 보태주고 있으면 건강보험에 등재되어 있지 않아도 공제를 받을 수 있다.
<u>결혼 후 친정식구 공제</u> : 결혼한 딸도 친정 부모를 공제받을 수 있다. 또 친정형제들의 주민등록을 근로자 본인 주소지로 옮기면 형제도 공제 가능하다.
<u>실업급여 수령한 육아휴직자 공제</u> : 육아휴직급여는 실업급여와 마찬가지로 비과세소득이다. 배우자의 당해연도 소득금액이 100만원 이하인 경우 공제 가능하다.
<u>장애인은 질병의 종류에 관계없이 공제</u> : 근로자 본인이나 가족이 장기간 치료를 요하는 중증환자이면 장애인공제를 받을 수 있다. 과거 5년 간 장애인공제를 놓쳤다면 중증환자 의료비전액공제와 함께 이번에 환급신청을 할 수 있다.

사/례/연/구

2025년 12월 26일 이혼한 경우 배우자 공제가 가능한가?
➡ 불가능하다. 2025년 12월 31일 현재 상황에 의하므로 배우자 공제를 받을 수 없다.

사/례/연/구

기본공제대상자인 장인(71세)을 부양하고 있으며, 2025년 12월 1일 장인이 사망한 경우 기본공제와 추가공제는 가능한가?
➡ 당해 연도 중에 사망한 경우 사망일 전일 상황에 의해 공제대상 여부를 판단한다. 배우자의 직계존속도 생계를 같이하는 부양가족에 해당되며 기본공제와 추가공제를 받을 수 있다.

▌연간소득금액의 계산

소득금액 : 급여나 총수입금액에서 필요경비(근로소득의 경우 근로소득공제금액)에 해당하는 금액을 차감한 금액

① 근로소득 소득금액
- 근로소득만 있는 경우 총급여 500만원이하

② 사업소득, 기타소득의 소득금액

• 총수입금액에서 필요경비를 공제한 금액

③ 퇴직소득 소득금액

• 비과세소득을 제외한 퇴직금 전액

④ 양도소득 소득금액

• 양도가액에서 필요경비 및 장기보유특별공제 등을 차감한 금액

⑤ 연금소득 소득금액

• 과세대상 연금수령액(2002년 1월 1일 이후 연금 불입기여금에 기초하여 지급받는 연금)에서 연금소득공제를 차감한 금액.

⑥ ①내지 ⑤ 소득 중 2개 이상의 소득금액이 있는 경우

• 각 소득의 소득금액을 합계한 금액.

3. 연금보험료공제

(1) 연금보험료 공제

종합소득이 있는 거주자가 다음 중 어느 하나의 보험료 등을 납부한 경우에는 당해연도에 납부한 보험료 등을 공제한다. 다만, 연금보험료공제의 합계액이 종합소득금액을 초과하는 경우 그 초과하는 공제액은 이를 없는 것으로 한다.

구 분	내 용	공제액
공적연금	① 「국민연금법」에 의하여 부담하는 연금보험료 (사용자부담금을 제외함) ② 공무원연금법 · 군인연금법 · 사립학교 교직원연금법 또는 별정우체국법에 의하여 근로자가 부담하는 기여금 또는 부담금	납부한 보험료 등 전액

(2) 주택담보 노후연금 이자비용공제

연금소득이 있는 거주자가 주택담보 노후연금을 받는 경우에는 다음의 금액을 해당 과세기간 연금소득 금액에서 공제함 (해당 거주자가 신청한 경우에 적용함). ⇒ 연금소득자만 적용

주택담보 노후연금 이자비용 공제액 = Min (①, ②, ③)
① 받은 연금에 대하여 해당 과세기간에 발생한 이자비용 상당액
② 200만원
③ 연금소득금액

* 주택담보 노후연금(역모기지)이란 금융기관이 고령자 소유의 주택을 담보로 제공받고 고령자에게 매월 연금 방식으로 노후생활 자금을 지급하는 대출을 말한다. 주택 구입시 주택을 담보로 일정액을 대출받고 원리금을 매월 갚아나가는 일반 모기지론과는 반대 개념이다. 소득공제 대상 주택담보노후연금은 구체적으로 다음의 요건을 모두 갖춘 연금을 말한다.

① 한국주택금융공사법에 따른 주택담보 노후연금 보증을 받아 지급받거나 동법에 따른 금융기관의 주택담보 노후연금일 것

② 주택담보 노후연금 가입 당시 담보권의 설정 대상이 되는 주택(연금소득이 있는 거주자의 배우자 명의의 주택을 포함)의 기준시가가 12억원 이하일 것

(3) 유사제도와 비교

① 특별세액공제 중 보장성보험 세액공제 : 연금보험료 공제대상은 의무가입 사항이기 때문에 전액공제 되지만, 특별세액공제 중 보장성보험 세액공제는 1년에 100만원 한도로 12% 세액공제를 적용한다.

② 고용보험료 및 건강보험료 소득공제 : 특별공제의 보험료 공제로서 연금보험료와 함께 의무가입 사항이므로 공제한도가 없다.

③ 연금계좌세액공제 : 연금소득을 구성하지만 의무가입이 아니라 납세자의 가입여부를 선택할 수 있다. 1년에 900만원 한도로 12%(총급여 5,500만원 이하자는 15%) 세액공제를 적용한다.

4. 특별소득공제

(1) 개요

특별소득공제 = 보험료소득공제 + 주택자금소득공제

특별소득공제는 해당 거주자가 대통령령으로 정하는 바에 따라 신청한 경우에 적용하며 공제액이 그 거주자의 해당 과세기간의 합산되는 종합소득금액을 초과하는 경우, 그 초과하는 금액은 없는 것으로 함.

(2) 보험료소득공제

근로소득이 있는 거주자가 지출한 보험료 중 다음의 금액은 이를 당해연도의 근로소득금액에서 공제한다.

보험료 공제액 = ①+②+③ (한도 없음)
① 건강보험료 (근로자 부담분 전액)
② 고용보험료 (근로자 부담분 전액)
③ 노인장기요양보험료 (근로자 부담분 전액)

건강보험, 고용보험, 국민연금 그리고 산업재해보험의 4가지 보험은 국민이 반드시 가입해야 하는 의무보험이다. 산업재해보험은 근로자 본인 부담분이 없고, 국민연금은 한도 없이 연금보험료 공제를 적용받고, 건강보험료 및 고용보험료는 보험료공제에서 한도없이 공제가 가능하다. 근로자 부담분만 공제대상이며, 사용자 부담분은 비과세 근로소득에 해당하며 보험료 공제대상이 아니다.

예제 03 보험료공제

근로소득자 김준희 씨의 2025년 특별소득공제 중 보험료 소득공제를 구하라. (총급여 8,000만원) 아래와 같이 보험료를 납부하였다.

① 자동차 보험료 불입액 : 80만원
② 생명보험료 불입액 : 35만원
③ 건강보험료 불입액 : 30만원 (국민건강보험법에 따른 김준희 씨의 건강보험료는 30만원이며, 회사부담분 30만원이다. 60만원 모두 회사가 부담하였다.)
④ 고용보험료 불입액 : 15만원 (본인부담분)
⑤ 국민연금보험료 불입액 : 50만원
⑥ 연금저축 불입액 : 400만원

예제 03 보험료공제

해 답

<u>고용보험 및 건강보험 : 45만원 보험료 소득공제</u>
건강보험료 본인 부담금을 회사가 부담한 경우 추가 급여를 준 것으로 본다.
특별세액공제 중 보험료 : 100만원×12% = 12만원 보험료 세액공제 대상이다.
(한도 100만원, 자동차보험과 생명보험료의 합)
국민연금보험료는 연금보험료 공제대상이다.
연금저축 불입액은 400만원×12% = 48만원 연금계좌 세액공제 대상이다. (총급여 5,500만원 이하시 15%)

(3) 주택자금공제

1) 개요

무주택 세대의 세대주로서 근로소득이 있는 거주자[2] (일용근로자는 제외함)가 주택을 마련하기 위하여 주택마련저축에 납입한 금액, 주택임차를 위하여 차입한 전세보증금 차입금의 원리금 상환액, 주택구입시 차입한 장기주택저당차입금의 이자상환액에 대하여 다음과 같이 소득공제를 적용한다.

2) 소득공제액

다음의 금액을 해당 과세연도의 근로소득금액에서 공제한다.

공 제 액	한 도	
① 주택청약종합 저축납입액 : 저축납입액 ×40%	1. 기본공제 Min[1),2)]	①~③ 합하여
② 주택임차차입금원리금상환액 : 원리금 상환액 ×40%	1) ①+② 2) 연 400만원	연 600만원 · 800만원 · 1,800만원 · 2,000만원*
③ 장기주택저당차입금 이자상환액 : 이자상환액		

*

구 분	한 도
(ㄱ) 차입금의 상환기간이 15년 이상인 장기주택저당차입금	800만원
(ㄴ) 차입금의 상환기간이 15년 이상인 장기주택저당차입금의 이자를 고정금리로 지급하고, 그 차입금을 비거치식 분할상환으로 상환하는 경우	2,000만원
(ㄷ) 차입금의 상환기간이 15년 이상인 장기주택저당차입금의 이자를 고정금리로 지급하거나, 그 차입금을 비거치식 분할상환으로 상환하는 경우	1,800만원
(ㄹ) 차입금의 상환기간이 10년 이상인 장기주택저당차입금의 이자를 고정금리로 지급하거나, 그 차입금이 비거치식 분할상환으로 상환하는 경우	600만원

3) 공제대상 주택자금

구 분	공제대상자	
주택청약 종합저축 납입액 소득공제 (조특법 87조②)	과세연도 중 무주택 세대의 세대주 및 배우자 (총급여 7천만원 이하)	2025.12.31.까지 해당 과세연도에 청약저축 또는 주택청약종합저축에 납입한 금액(연 납입액이 300만원을 초과하는 경우 그 초과 금액은 없는 것으로 함). 다만

2) 거주자인 외국인 근로자에 대해 21.1.1. 이후 주택임차자금 원리금 상환액·장기주택 저당차입금 이자액·월세액을 지급하는 분부터 적용한다.

		과세연도 중에 주택 당첨 외의 사유로 중도 해지한 경우에는 해당 과세연도에 납입한 금액은 공제하지 않음
주택임차 차입금 원리금상환액 소득공제	과세기간 종료일 현재 무주택 세대의 세대주(세대주가 주택 자금소득공제를 받지 않는 경우에는 세대의 구성원을 말한다)	국민주택규모의 주택(주거에 사용하는 오피스텔과 주택 및 오피스텔에 딸린 토지를 포함함)을 임차하기 위하여 지급하는 주택임차자금 차입금의 원리금 상환액
장기주택저당차입금 이자상환액 소득공제	취득당시 무주택 세대 또는 1주택을 보유한 세대의 세대주(세대주가 주택자금공제를 받지 않는 경우에는 세대 구성원 중 근로소득이 있는자를 말함)로서, 세대구성원이 보유한 주택을 포함하여 과세기간 종료일 현재 1주택을 보유한 경우	취득 당시 주택의 기준시가가 6억원이하인 주택을 취득하기 위하여 그 주택에 저당권을 설정하고 차입한 장기주택저당차입금의 이자를 지급하였을 때 해당 과세기간에 지급한 이자상환액

4) 차입금과 주택명의에 따른 공제 여부

상 황	공제 여부
근로자 명의 주택 + 근로자 명의 차입금	공제 대상에 해당됨
근로자 명의 주택 + 배우자 명의 차입금	공제 대상에 해당하지 않음
배우자 명의 주택 + 근로자 명의 차입금	
공동명의 주택 + 근로자 명의 차입금	근로자가 전액 공제 가능
근로자 명의 주택 + 공동명의 차입금	근로자 채무부담부분에 해당하는 이자상환액 공제(별도 약정이 없는 경우 공동차입자간 채무분담비율이 균등한 것으로 봄)
공동명의 주택 + 공동명의 차입금	

〈출처〉국세청 2015 근로자를 위한 연말정산 안내

5. 조세특례제한법상 소득공제

(1) 신용카드 등 사용금액에 대한 소득공제(적용기간 : 2025.12,31)

1) 공제대상자

근로소득이 있는 거주자(일용근로자는 제외함)가 법인 또는 개인사업자로부터 재화나 용역을 제공받고 신용카드 등을 사용한 경우 아래의 공제액을 근로소득금액에서 공제함.

2) 소득공제액

[1단계] 신용카드 등 사용금액의 구분

카드종류에 따른 구분 / 용도에 따른 구분	직불카드 등*을 사용하여 대가를 지급하는 금액	현금영수증에 기재된 금액	신용카드를 사용하여 대가로 지급하는 금액
전통시장과 전통시장 구역안의 법인 및 사업자로부터 재화·용역을 제공받은 대가	① 전통시장 사용분		
대중교통수당을 이용한 대가 (버스·지하철·철도 등)	② 대중교통 이용분		
도서·공연·박물관·미술관·영화관람료 등 지출에 이용한 대가 수영장·체력단련장 시설이용료 (총급여액 7,000만원 이하인 자만 대상)	③ 공연비 등 사용분		
위 외의 재화·용역을 제공받은 대가	④ 직불카드 사용분		⑤ 신용카드 사용분

* 기명식 선불카드·직불전자지급수단·기명식선불전자지급수단·기명식전자화폐 포함

[2단계] 소득공제 가능금액 계산

구 분	사용금액	(-) 최저사용금액	= 공제대상사용액 ×	공제율 =	공제액
전통시장사용분	위 ①의 금액			40%	A
대중교통이용분	위 ②의 금액			40%	B
공연비등이용분	위 ③의 금액			30%	C
직불카드[3)]사용분	위 ④의 금액			30%	D
신용카드사용분	위 ⑤의 금액			15%	E
합 계		총급여액×25%*			F

* 최저사용금액은 "신용카드사용분, 직불카드사용분, 공연비 등 이용분, 대중교통이용분,전통시장사용분"순으로 사용한 것으로 간주하며, 공연비 등 이용분 지출분에 대한 소득공제는 총급여 7,000만원 이하인 자에 한해 적용된다.

[3단계] 소득공제액 계산

* 신용카드 등 사용금액에 대한 소득공제액 = 1) + 2)
1) 기본공제액 = Min (①,②)
① 신용카드 등 공제액의 합계액
② 한도 : 아래 표에 의한 금액

3) 현금영수증 포함

구분	해당 과세기간의 총급여액이 7천만원 이하인 경우	해당 과세기간의 총급여액이 7천만원 초과인 경우
한도	**연간 300만원**	**연간 250만원**

2) 추가공제액 = Min (①,②)
① 기본공제의 한도초과금액 : 1)의 ① - ②
② 한도 : 다음의 구분에 따른 금액

구분	해당 과세기간의 총급여액이 7천만원 이하인 경우	해당 과세기간의 총급여액이 7천만원 초과인 경우
한도	Min (Ⓐ,Ⓑ) Ⓐ 전통시장 사용분의 40% + 대중교통 이용분의 40% +공연비등 이용분의 30% Ⓑ 300만원	Min (Ⓐ,Ⓑ) Ⓐ 전통시장 사용분의 40% + 대중교통 이용분의 40% Ⓑ 200만원

[참고] 신용카드 등 사용금액에 대한 소득공제액 사례풀이*

거주자 홍길동의 연간 신용카드 등 사용액
- 직불카드 사용액 : 10,000,000 (대중교통사용분 2,000,000원 포함)
- 신용카드 사용액 : 15,000,000 (전통시장사용분 3,000,000원 포함, 공연비등사용분 1,000,000원 포함)

총급여 40,000,000원 (총급여 70,000,000원 이하자)

구 분	사용금액	(-) 최저사용금액	= 공제대상사용액 ×	공제율 =	공제액
전통시장 사용분	3,000,000		3,000,000	40%	1,200,000
대중교통 이용분	2,000,000		2,000,000	40%	800,000
공연비 등 이용분	1,000,000		1,000,000	30%	300,000
직불카드 사용분	8,000,000		8,000,000	30%	2,400,000
신용카드 사용분	11,000,000	10,000,000	1,000,000	15%	150,000
합 계	25,000,000	총급여액×25%*	15,000,000		4,850,000

* 신용카드 등 사용금액에 대한 소득공제액 = 1) + 2)
1) 기본공제액 = Min (①,②) = 3,000,000
① 4,850,000
② 한도 : Min (연간 300만원)

2) 추가공제 = Min (①,②) = 1,850,000
① 1,850,000 (4,850,000 - 3,000,000)
② 1,200,000 + 800,000 + 300,000 (한도 3,000,000)

3) 공제대상 신용카드 등 사용금액

본인뿐만 아니라 기본공제의 대상이 되는 배우자 또는 생계를 같이하는 직계존비속(배우자의 직계존속과 동거입양자 포함)으로서 연간소득금액의 합계액이 100만원 이하(근로소득만 있는 경우 총급여 500만원이하)인 자의 신용카드 등 사용금액도 포함한다. ⇨ 연령제한은 없으며 기본공제대상자인 형제자매의 신용카드 사용액은 공제받지 못함

가족상황	인적공제 기본공제	신용카드 등 사용금액 소득공제
자녀1(25세, 소득없음)	×(나이요건 미충족)	○
자녀2(20세, 소득없음)	○	○
자녀3(18세, 소득금액 1억원)	×(소득요건 미충족)	×

4) 공제배제액

신용카드 사용금액에 포함되지 않는 항목은 다음과 같다.
다만, ⑥의 경우 중고자동차를 신용카드로 구입한 경우에는 중고자동차 구입금액의 10%를 신용카드 사용금액에 포함한다.

① 사업소득과 관련된 비용 또는 법인의 비용에 해당하는 경우
② 신용카드 등의 비정상적인 사용행위에 해당하는 경우:
 ㉠ 물품 또는 용역의 거래 없이 이를 가장하거나 실제 매출금액을 초과하여 신용카드 등을 이용하는 행위
 ㉡ 신용카드 등을 사용하여 대가를 지급하는 자가 다른 신용카드 가맹점 명의로 거래가 이루어지는 것을 알고도 거래를 하는 경우. 이때, 상호가 실제와 다르게 기재된 매출전표 등을 교부받은 경우에는 그 사실을 알고 거래한 것으로 본다.
③ 국민건강보험료, 고용보험료, 국민연금보험료, 생명보험·손해보험·우체국보험 등의 보험료 또는 공제료
④ 유아교육법에 따른 유치원, 초·중등교육법 및 고등교육법, 특별법에 따른 학교(대학원 포함), 영유아보육법에 따른 보육시설에 납부하는 수업료, 입학금, 보육비용 및 기타 공납금
 ㉠ 사설학원 수강료는 공제 대상이며,
 ㉡ 초등학교 취학 전 아동의 학원 수강료 및 체육시설 교습비는 교육비 세액공제와 신용카드 소득공제가 중복 적용된다.
⑤ 상품권 등 유가증권 구입비
⑥ 자동차를 신용카드 등으로 구입하는 경우
⑦ 지방세법에 따른 취득세 및 등록면허세가 부과된 재산(중고자동차 제외)의 구입비용
⑧ 리스료(자동차 대여료 포함)
⑨ 정부 또는 지방자치단체에 납부하는 국세, 지방세, 전기료, 수도료, 가스료, 전화료(정보사용료·인터넷 이용료 포함), 아파트 관리비, 텔레비전 시청료(종합유선방송 이용료 포함) 및 고속도로 통행료
⑩ 국외에서 신용카드를 사용한 금액, 현금서비스를 받은 신용카드 사용금액 및 사용 취소된 금액

⑪ 주택자금 세액공제를 적용받은 월세액
⑫ 세액공제를 받은 정치자금
⑬ 면세점(시내·출국장·기내 면세점)에서 신용카드를 사용한 금액
⑭ 세액공제를 적용받은 고향사랑기부금
⑮ 가상자산사업자에게 지급하는 가상자산의 매도·매수·교환 등에 따른 수수료

한편, 의료비는 위 공제 제외 항목에 포함되지 않으므로 의료비 세액공제와 신용카드 사용금액 소득공제가 중복 적용된다

[참고] 신용카드 등 사용금액 소득공제와 특별 세액공제의 중복 적용 여부

신용카드 사용금액		특별세액공제		공제대상 신용카드
자동차보험료	150만원	보험료세액공제	100만원×12%	0
자녀대학등록금	1,000만원	교육비세액공제	900만원×15%	0
취학전아동학원비	500만원	교육비세액공제	300만원×15%	500만원
자녀유치원수업료	500만원	교육비세액공제	300만원×15%	
자녀대학원등록금	600만원	교육비세액공제	0	0
병원치료비 (총급여액 1억원)	1,000만원	의료비세액공제	(1,000만원-1 억×3%)×15%	1,000만원

예제 04 신용카드 소득공제

근로소득자 강진욱 (39)씨의 2025년 신용카드등 사용금엑에 대한 소득공제를 계산하시오. 단, 전통시장 및 문화비 사용분 공제율 한시적 인상 및 2025년 신용카드 사용금액 증가분 추가공제는 모두 무시하고 계산하시오.

(1) 총급여는 5,000만원
(2) 본인 명의 신용카드 사용금액
- 신규 자동차구입 1,000만원 (1,000cc 미만 경차)
- 마트에서 부가가치세 면세농산물 200만원 (전통시장사용분)
- 홍콩 현지에서 사용한 금액 500만원 (면세점 사용분)
- 고속도로 통행료 100만원 (하이패스 충전대금)
- 현금서비스 받은 금액 100만원

(3) 배우자 명의 신용카드 사용금액
- 배우자는 51세이며, 총급여는 500만원이다
- 이마트에서 전자제품구입 2,300만원

(4) 본인 명의 직불카드 사용금액
- 대중교통 이용분 200만원
- 유아교육법에 의한 유치원 결제금액 500만원 (교육비 공제를 받음)
- 상품권 구입비용 300만원
- 롯데마트 부가가치세 면세대상 쌀과 배추 1,000만원

해 답

(1) 구분

- 신규 자동차구입 1,000만원(1,000cc 미만 경차) : 공제배제
- 마트에서 부가가치세 면세농산물 200만원(전통시장사용분) : 전통시장분
- 홍콩 현지에서 사용한 금액 500만원 : 공제배제
- 고속도로 통행료 100만원(하이패스 충전대금) : 공제배제
- 현금서비스 받은 금액 100만원 : 공제배제
- 이마트에서 전자제품구입 2,300만원 : 공제대상(배우자 총급여 500만원 이하)
- 대중교통 이용분 200만원 : 대중교통
- 유아교육법에 의한 유치원 결제금액 500만원 : 공제배제(이중혜택방지)
- 상품권 구입비용 300만원 : 공제배제
- 롯데마트 부가가치세 면세대상 쌀과 배추 1,000만원 : 공제대상

예제 04 신용카드 소득공제

해 답 이어서

(2) 계산

단위 만원

구 분	사용금액	최저	공제대상	공제율	공제액
전통시장분	200		200	40%	80
대중교통분	200		200	40%	80
공연비 등 이용분	0	0	0	0	0
직불카드 사용분	1,000		1,000	30%	300
신용카드 사용분	2,300	1,250	1,050	15%	157.5
		5,000×25%			617.5

1) 기본한도

617.5만원(한도 300만원 : 총급여 7,000만원 이하)

공제 300만원

2) 추가한도

min(①, ②) = 160만원

① 기본한도 초과분 : 317.5만원(617.5만원 - 300만원)

② 추가한도분

전통시장분 80만원 + 대중교통분 80만원(한도 300만원)

3) 공제

기본한도 300만원 + 추가한도 160만원 = 460만원 공제

6. 그 밖의 조세특례제한법상 소득공제

(1) 중소기업창업투자조합 출자 등 소득공제(조특법 16조)

다음 중 어느 하나에 해당하는 2025년 12월 31일까지 출자 및 투자를 하는 경우 소득공제를 적용한다.

Min (①,②)
① 출자 · 투자금액 × 10% (㉢, ㉣에 해당하는 경우는 3,000만원이하분 100%, 3,000만원 초과 5천만원 이하분은 70%, 5천만원 초과분은 30%)
② 한도 : 종합소득금액 × 50%

㉠ 중소기업창업투자조합, 한국벤처투자조합, 신기술사업투자조합 또는 부품 · 소재 전문투자조합에 출자하는 경우
㉡ 벤처기업투자신탁의 수익증권에 투자하는 경우
㉢ 개인투자조합에 거주자로부터 출자받은 금액을 출자일이 속하는 과세연도의 다음 과세연도 종료일까지 벤처기업 또는 창업 후 3년 이내 중소기업으로서 기술성이 우수한 것으로 평가받은 기업에 투자하는 경우
㉣ 온라인소액투자중개의 방식으로 모집하는 창업 후 7년 이내의 중소기업으로서 대통령령으로 정하는 기업의 지분증권에 투자하는 경우

(2) 소기업 · 소상공인 공제부금 소득공제 (조특법 86조 3)

거주자가 소기업 · 소상공인 공제로서 "소기업 · 소상공인 공제"에 가입하여 납부하는 공제부금에 대해서는 해당 연도의 공제부금 납부액과 아래 금액 중 적은 금액을 해당 과세연도의 사업소득금액 (법인의 대표자로서 해당 과세기간의 총급여액이 7천만원 이하인 거주자의 경우에는 근로소득금액으로 한다. 이하 이 항에서 같다)에서 공제한다.

Min (①,②)
① 공제부금 납부액
② 공제한도

사업소득금액*	한 도
4천만원 이하	500만원
4천만원 ~ 1억원	300만원
1억원 초과	200만원

* 부동산 임대업은 소득공제 배제한다.

(3) 우리사주조합 출자에 대한 소득공제 (조특법 88조 4)

조합원이 자사주를 취득하기 위하여 조합에 출자하는 경우

Min (①,②)
① 공제부금 납부액
② 한도 연 400만원 (벤처기업 등의 경우 1,500만원)

(4) 고용유지중소기업 소속 근로자 소득공제 (조특법 30조 3)

고용유지중소기업에 근로를 제공하는 상시근로자 (2026.12.31.까지)

> Min (①,②)
> ① (전기 해당 근로자 연간임금총액 – 당기 해당 근로자 연간 임금총액) × 50%
> ② 한도 연 1,000만원

7. 소득세 소득공제의 종합한도

거주자의 종합소득에 대한 소득세를 계산할 때 종합한도 적용대상 공제금액의 합계액이 2,500만원을 초과하는 경우에는 그 초과하는 금액은 없는 것으로 한다.

구 분			종합한도 적용여부
인적공제	기본공제		×
	추가공제		×
연금보험료공제			×
주택담보노후연금 이자비용공제			×
특별소득공제	보험료소득공제		×
	주택자금소득공제		○
조세특례제한법상 소득공제	신용카드 등 사용금액에 대한 소득공제		○
	주택청약종합저축 납입액 소득공제		○
	벤처투자 조합출자 소득공제	벤처투자조합 등에 출자	○
		벤처기업투자신탁의 수익증권에 투자	○
		개인투자조합 출자금을 벤처기업 등에 투자	×
		벤처기업 등에 투자	×
	소기업·소상공인 공제부금 소득공제		○
	우리사주조합 출자에 대한 소득공제		○
	고용유지중소기업 소득공제		×
	청년형 장기집합투자증권저축 소득공제		×

8. 자녀세액공제와 연금계좌세액공제

(1) 자녀세액공제

종합소득이 있는 거주자의 기본공제대상자에 해당하는 만 8세 이상의 자녀 및 손자녀(입양자 및 위탁아동을 포함하며, 손자·손녀도 포함)가 있는 경우 자녀세액공제를 적용한다. 아동수당 지급대상과 중복 혜택을 방지하고자 만 8세 이상의 자녀와 손자녀가 대상이다.

1) 자녀 수 공제

기본공제대상자녀로서 8세 이상의 자녀수(손자녀 포함)에 따라 공제를 적용한다.

자녀 수 공제	상세금액
1명	연 25만원
2명	연 30만원
3명 이상	연 55만원 + 2명을 초과하는 1명당 연 40만원

2) 출산·입양공제

해당 과세기간에 출산하거나 입양신고한 공제대상의 자녀가 있는 경우

출산 · 입양 공제	
해당 과세기간에 출생하거나 입양신고한 자녀가 첫째인 경우	1명당 연 30만원
해당 과세기간에 출생하거나 입양신고한 자녀가 둘째인 경우	1명당 연 50만원
해당 과세기간에 출생하거나 입양신고한 자녀가 셋째 이상인 경우	1명당 연 70만원

(2) 연금계좌세액공제

종합소득이 있는 거주자가 연금계좌에 납입한 금액 중 다음에 해당하는 금액을 제외한 금액 (이를 "연금계좌 납입액"이라 함)이 있는 경우

① 연금계좌로 지급되거나 입금되어 소득세가 원천징수되지 않은 퇴직소득 등 과세가 이연된 소득

② 연금계좌에서 다른 연금계좌로 계약을 이전함으로서 납입되는 금액

세액공제액 = Min (①, ②) × 12% (총급여 5,500만원 이하 혹은 종합소득금액 4,500만원 이하는 15%)
① Min [연금저축계좌 납입액, 연 600만원] + 퇴직연금계좌 납입액
② 한도액 : 연 900만원

* 연금계좌세액공제의 합계액이 종합소득산출세액을 초과하는 경우 그 초과하는 공제액은 없는 것으로 한다.

■ 상황 1 (총급여 5,000만원 44세 홍길동)
세율적용 : 총급여 5,500만원 이하자 15% 적용
연금저축한도 : 600만원 적용

상 황	연금저축	퇴직연금	세액공제
1	500만원	200만원	105만원 (500만원 + 200만원) × 15%
2	200만원	500만원	105만원 (200만원 + 500만원) × 15%
3	700만원	0	90만원 (600만원 + 0) × 15%
4	0	700만원	105만원 (0 + 700만원) × 15%

■ 상황 2 (총급여 1억원 44세 박길동)
세율적용 : 총급여 5,500만원 초과자 이므로 12% 적용
연금저축한도 : 600만원 적용

상 황	연금저축	퇴직연금	세액공제
1	500만원	200만원	84만원 (500만원 + 200만원) × 12%
2	200만원	500만원	84만원 (200만원 + 500만원) × 12%
3	700만원	0	72만원 (600만원 + 0) × 12%
4	0	700만원	84만원 (0 + 700만원) × 12%

■ 상황 3 (총급여 2억원 44세 김길동)
세율적용 : 총급여 5,500만원 초과자 이므로 12% 적용
연금저축한도 : 600만원 적용

상 황	연금저축	퇴직연금	세액공제
1	500만원	200만원	84만원 (500만원 + 200만원) × 12%
2	200만원	500만원	84만원 (200만원 + 500만원) × 12%
3	700만원	0	72만원 (600만원 + 0) × 12%
4	0	700만원	84만원 (0 + 700만원) × 12%

종합소득금액 (총급여액)	50세 이상 세액공제 대상 납입한도 (퇴직연금 포함)	공제율
4천5백만원 이하 (총급여 5.5천만원)	600만원 (900만원)	15%
4천5백만원 초과 (총급여 5.5천만원)		12%

예제 05 연금저축상품 가입시 절세금액

근로소득자 이석영 (남성, 44세) 씨의 2025년 소득금액 자료이다.
1월 1일 현재 연금저축상품을 가입하려고 한다.
연금저축 400만원과 생명보험을 100만원 불입했을 경우, 추가적인 세금혜택을 계산하시오.

(1) 급여자료는 다음과 같다.

① 연간 근로소득금액 : 10,150만원 (총급여 : 116,581,632)

(2) 소득공제자료

1) 인적공제

① 공제대상 부양가족은 본인을 포함하여 5명이고, 추가공제 및 자녀세액공제는 해당되지 않는다.

2) 연금보험료.

② 국민연금 근로자 부담 연간불입액은 100만원이다.

3) 특별공제

③ 고용보험 근로자 부담 연간불입액은 50만원이다.
④ 건강보험료 근로자 부담 연간불입액은 50만원이다.

해 답

(1) 근로소득금액 : 10,150만원
(2) 종합소득공제
1) 인적공제 : 750만원 2) 연금보험료 : 100만원
3) 보험료공제 : 100만원 4) 과세표준 : 9,200만원
5) 산출세액 : 1,676만원
① 추가 연금저축 가입시 : 400만원 × 12% 세액공제 (총급여 5,500만원 초과)
② 추가 생명보험 가입시 : 100만원 × 12% 세액공제
(13만원 표준세액공제에 미달하여, 13만원 표준세액공제 적용, 절세효과 없음)
③ 연금계좌 세액공제 48만원
④ 보험료 세액공제가 표준세액공제보다 미달하여 표준세액공제가 적용된다. 보험료는 가입 효과는 없고, 연금계좌 세액공제 효과만 존재한다. 48만원 소득세 절감 효과가 발생한다.

9. 특별세액공제

(1) 특별세액공제의 적용

구 분			특별세액공제의 적용
근로소득이 있는 거주자	① 항목별 특별세액공제의 적용을 신청한 경우		항목별 특별세액공제 = 보험료세액공제 + 의료비세액공제 + 교육비세액공제 + 기부금세액공제 + 월세세액공제
	② 항목별 특별세액공제 및 특별소득공제의 신청을 하지 않은 경우		표준세액공제 (연 13만원)
근로소득이 없는 거주자	① 소득세법상 성실신고 사업자		표준세액공제 (연 12만원) + 기부금세액공제
	② 조세특례제한법상 성실사업자	의료비등 미신청자	표준세액공제 (연 12만원) + 기부금세액공제
		의료비등 신청자	+ 기부금세액공제 + 의료비세액공제 + 교육비세액공제 + 월세세액공제
	③ 위 외의 자		표준세액공제 (연 7만원) + 기부금세액공제

(2) 보험료세액공제

근로소득이 있는 거주자 (일용근로자는 제외)가 해당 과세기간에 보장성보험 (만기에 환급되는 금액이 납입보험료를 초과하지 않는 보험)의 보험계약에 따라 공제대상보험료를 지급하는 경우 보험료 세액공제를 적용한다.

세액공제액 = ①×15% + ②×12%
① 장애인전용보장성보험료 (연 100만원 한도)
② 일반보장성보험료 (연 100만원 한도)

구 분	내 용
일반 보장성 보험료	기본공제대상자(연령 및 소득금액의 제한을 받음)를 피보험자로 하는 보험 중 만기에 환급되는 금액이 납입보험료를 초과하지 아니한 보험계약에 의하여 보험자에게 지급하는 보험료 ⇨ 보험기간 경과 여부에 관계없이 지출시점으로 공제함
장애인전용 보장성보험*	기본공제대상자 중 장애인을 피보험자(수익자)로 하는 장애인전용 보장성보험 중 만기환급금이 납입보험료를 초과하지 아니한 보험계약에 의하여 보험자에게 지급하는 보험료

* 중복적용의 배제 : 장애인전용보장성보험의 계약자에 대하여 일반보장성보험료공제와 장애인전용보장성보험료공제가 동시에 해당되는 경우에는 그 중 하나만 선택하여 적용한다.
* 임차보증금이 3억원 이하인 경우 주택임차보증금 반환 보증보험료도 대상보험료에 포함된다.

(3) 의료비세액공제

1) 공제금액

근로소득이 있는 거주자(일용근로자는 제외)가 기본공제대상자(나이 및 소득의 제한을 받지 않음)를 위하여 해당 과세기간에 공제대상 의료비를 지급한 경우 의료비세액공제를 적용한다.

의료비 세액공제액 = (①, ②) × 15% + ③ × 20% + ④ × 30%
① 일반의료비 : MIN (ⓐ, ⓑ)
ⓐ 기본공제대상자를 위하여 지급한 의료비 (② 부터 ④ 제외) − 총급여 × 3%
ⓑ 연 700만원
② 해당 거주자 · 과세기간 종료일 현재 65세 이상인 사람 · 장애인을 위하여 지급한 의료비 · 건강보험 산정특례자의 의료비 · 과세기간 종료일 현재 6세 이하인 자
③ 미숙아 및 선천성이상아를 위하여 지급한 의료비
④ 난임시술비(난임시술과 관련된 의약품 구입비용도 포함한다)

위의 ①의 금액이 음수(-)인 경우 0원으로 하지 않고 위의 ②부터 ④까지의 금액에서 차감함.
의료비세액공제를 받을 수 있는 성실사업자의 경우 "총급여액"을 대신 "사업소득금액"으로 한다.

예 의료비 세액공제(총급여 1억 가정)

상황	본인 등 의료비	기타가족 의료비	의료비세액공제액
1	500만원	1,100만원	(①+②)×15% =180만원 ① 500만원 ② Min(1,100만원-1억 원×3%=800만원, 700만원)=700만원
2	500만원	700만원	(①+②)×15% =135만원 ① 500만원 ② Min700만원-1억 원×3%=400만원, 700만원)=400만원
3	500만원	100만원	(①+②)×15% =45만원 ① 500만원 ② Min(100만원-1억 원×3%=△200만 원, 700만원)=△200만원

2) 공제대상 의료비

해당 근로자가 직접 부담하는 공제대상 의료비가 공제대상이며, 보험회사 등으로부터 지급받은 실손의료보험금은 제외한다.

공제대상 의료비	공제불능 의료비
① 장애인보장구 및 의사 등의 처방에 따라 의료기기를 직접 구입·임차하기 위하여 지출한 비용 ② 시력보정용 안경 또는 콘택트렌즈 구입비용(기본공제대상자 1인당 연 50만원 한도)* 1 ③ 보청기 구입 비용, 정밀 건강진단 비용 등 ④ 진찰·진료·질병예방을 위하여 「의료법」에 의한 의료기관에 지급하는 비용(보철·의치비용·스케일링비용 포함)* 2 ⑤ 치료·요양을 위한 의약품(한약 포함) 구입비용 ⑥ 산후조리원 비용(200만원 한도. 총급여 7,000만원 이하자, 소득금액 6,000만원 이하 성실신고사업자)	① 미용·성형수술비용 ② 건강증진을 위한 의약품구입비용 ③ 간병인에게 지급하는 비용 ④ 교통사고 장애인의 스포츠센타 재활비용 ⑤ 다른거주자의 부양가족으로 기본공제 받은 자의 의료비(서면1팀-1726)

* 1 Lasik(레이저각막절삭술) 수술비용은 한도 없이 공제대상 의료비에 해당된다.

* 2 국외소재 의료기관은 「의료법」에 규정하는 의료기관에 해당되지 아니하므로 국외소재 의료기관에 지급한 의료비는 공제받을 수 없다.

예제 06 기본문제 의료비 세액공제

근로소득자 인치원 씨의 2025년 의료비 세액공제를 구하시오.

(1) 급여액 : 24,200,000

(1년간 근무하였으며, 매월 식대 25만원 지급하였다. 식대는 위 금액에 포함되어 있다.)

해당연도 의료비 지출내역은 다음과 같다.

- 본인(44세) : 미용 성형수술비용 700,000
- 배우자(34세, 장애인) : 정밀건강진단비용 1,000,000
- 장남(24세) : 콘텍트렌즈 구입비용 1,000,000
- 차녀(21세, 장애인) : 국외 치료비 2,000,000

해 답

(1) 총급여 : 24,200,000 - 200,000×12(식대비과세) = 21,800,000

(2) 의료비

① 본인·경로우대자·장애인 : 1,000,000

② 기타의 자녀 : 500,000 (국외 치료비는 의료비 공제대상이 아니다.) 콘택트렌즈 구입비용 1인당 50만원 = 500,000 - 21,800,000 × 3% = △15만 4,000원

의료비 세액공제액 : (100만원 - 15만 4,000원) × 15 % = 12만 6,900원

(4) 교육비세액공제

1) 교육비 세액공제

근로소득이 있는 거주자 (일용근로자는 제외)가 그 거주자와 기본공제 대상자 (나이의 제한을 받지 않되, 장애인의 기능향상과 행동발달을 위한 발달재활 서비스를 제공하는 기관에 대해서는 과세기간 종료일 현재 18세 미만인 사람만 해당함)를 위하여 해당 과세기간에 공제대상 교육비를 지급한 경우 교육비세액 공제를 적용할 수 있다.

교육비 세액공제액 = Min (①, ②)× 15%
① 교육비지출액 – 소득세 · 증여세가 비과세되는 학자금 · 장학금 수령액*
② 한도 { ㉠ 본인 : 한도 없음
㉡ 가족 : 대학생 연 900만원
초 · 중 · 고등학생, 유치원아 · 영유아 및 취학전 아동 연 300만원
장애인특수교육비 한도 없음 }

* 당해연도에 받은 다음의 장학금 등을 말한다.
① 사내근로복지기금법에 의한 사내근로복지기금으로부터 받은 장학금 등
② 재학중인 학교로부터 받은 장학금 등
③ 근로자인 학생이 직장으로부터 받은 장학금 등
④ 국외근무공무원에게 지급되는 자녀 등에 대한 장학금 등
⑤ 그밖에 각종 단체로부터 받은 장학금 등

2) 공제대상 교육비

다음의 교육기관에 지급한 입학금 · 수업료 · 보육비용 · 수강료 기타 공납금을 공제대상 교육비로 한다. 다만, 가족을 위한 대학원 교육비는 제외한다. 방과 후 학교수업료, 학교급식료, 교과서 구입비 및 교복 구입 비용 (중 · 고등학생의 경우에 한하며 학생 1인당 연 50만원 한도)도 교육비 세액공제 적용할 수 있다.

▎공제대상 교육비

학 생	공제대상 교육비	대상자	
		본인	가족*1
초등학교 취학 전 아동	유치원 교육비	○	○
	영유아보육시설 교육비 학원 · 체육시설 교육비 (주1회 이상 실시과정)	×	○
초 · 중 · 고 · 대학생	초등학교 · 중학교 · 고등학교 · 대학교 교육비*2	○	○
유학생	국외교육기관 (유치원·초·중·고·대학교) 교육비	○	○
대학원생	대학원 교육비	○	×

학 생	공제대상 교육비	대상자	
		본인	가족*1
직업능력개발 훈련시설 수강생*2	근로자 직업능력개발 훈련시설 수강료-수강지원금	○	×

*1 기본공제 대상자(나이요건×소득요건○)인 배우자·직계비속·형제자매·입양자·위탁아동 → 직계존속×

*2 초·중·고 교육비에는 학교급식비, 학교에서 구입한 교과서대, 학교에서 실시하는 방과후학교 수업료(도서구입비 포함), 교복 구입비용(중·고등학생의 경우에 한하며, 학생 1인당 연 50만원 한도), 초·중등 교육법에 따른 학교에서 교육과정으로 실시하는 현장체험학습에 지출한 비용(1인당 연 30만원 한도), 대학입학전형료, 수능응시료 포함 → 참고서대·학원수강료 미포함

구 분		취학전아동	초등학교	중학생	고등학생
급식비(학교지급)		○	○	○	○
교과서대(학교구입)		×	○	○	○
방과후과정 방과후학교	수업료·특별활동비	○	○	○	○
	교재구입비(학교구입)	○	○	○	○
	도서구입비(학교외구입)	×	○	○	○
교복구입비		×	×	○	○
현장체험학습비		×	○	○	○

▌교육비 공제대상

구 분	내 용
학생	① 유아교육법에 의한 유치원, 초·중등교육법과 고등교육법 및 특별법에 의한 학교, 원격대학, 학위취득과정 ② 국외교육기관(우리나라의 초·중등교육법 또는 고등교육법에 의한 학교에 해당하는 것)
영유아	「영유아보육법」에 의한 보육시설
초등학교 취학전아동	초등학교 취학전의 아동이 학습 또는 교습 등을 받는 다음의 학원 및 체육시설에서 월단위로 실시하는 교습과정(1주 1회 이상 실시하는 과정에 한함) ① 「학원의 설립·운영 및 과외교습에 관한 법률」에 따른 학원(음악·미술·웅변·컴퓨터·바둑학원 등) ② 다음 중 어느 하나에 해당하는 체육시설 ㉠ 「체육시설의 설치·이용에 관한 법률」에 따른 체육시설업자가 운영하는 체육시설(태권도장·골프장·수영장·스키장 등) ㉡ 국가, 지방자치단체 또는 청소년 수련시설로 허가·등록된 시설을 운영하는 자가 운영하는 유아 체능단 및 이와 유사한 시설
학자금대출 원리금 상환액	(학자금대출의 원리금 상환에 지출한 교육비) - (대출상환 연체로 추가로 지급하는 금액)

3) 장애인 특수교육비공제

근로소득이 있는 거주자가 기본공제대상자인 장애인(소득금액의 제한을 받지 아니함)을 위하여 지급하는 특수교육비는 이를 당해연도의 교육비세액 공제를 적용할 수 있다.

장애인 특수교육비공제대상액 = 특수교육비* 전액

* 다음의 자에게 지급하는 장애인의 재활교육비용을 말한다.

① 「사회복지사업법」에 의한 사회복지시설 및 「민법」에 의하여 설립된 비영리법인으로서 보건복지부장관이 장애인재활교육을 실시하는 기관으로 인정한 법인

② ①과 유사한 것으로서 외국에 있는 시설 또는 법인

4) 교육비공제 증빙서류

① 학생 : 교육비납입증명서 또는 공납금납입영수증

② 보육시설을 이용하는 영유아 : 보육료 납부 영수증

③ 취학전 아동에 대한 교육비 : 학원 및 체육시설 교육비 납입증명서

④ 직업훈련비 : 훈련비 납입 증명서

학교, 직업능력개발훈련 관련 교육비 영수증은 연말정산 간소화 서비스에서 제공한다.

예제 07

근로소득자 김용진 씨의 2025년 교육비 세액공제를 구하시오.

2025년 김용진 씨가 지출한 교육비는 다음과 같다.

동거하는 가족사항은 아래와 같다.

- 본인 (54세) : 경영전문대학원 등록금 700만원
- 배우자 (49세, 소득없음) : 경영전문대학원 등록금 400만원
- 장남 (27세, 소득없음) : 국외대학 등록금 1,500만원
- 장녀 (17세, 근로소득금액 1,000만원) : 고등학교 학비 400만원
- 차녀 (5세, 소득없음) : 태권도장 200만원
- 동생 (52세, 소득없음) : 대학교 등록금 400만원

해 답

본인 : 전액 한도없이 전액 공제대상 700만원 (700만원×15% = 105만원)

부인 : 대학원은 공제대상이 아님.

장남 : 국외교육비도 공제대상이 된다. 900만원 (900만원×15% = 135만원)

장녀 : 소득금액이 있는 경우에는 공제대상이 되지 않는다.

차녀 : 미취학자녀의 태권도장 교육비도 공제대상이다. 200만원 (200만원×15% = 30만원)

동생 : 동거하는 동생의 학비도 공제대상이다. 400만원 (400만원×15% = 60만원)

(5) 기부금 세액공제

1) 기부금 세액공제

거주자 (사업소득만 있는 자는 제외함)가 해당 과세기간에 지급한 기부금[기본공제대상자인 배우자 및 생계를 같이 하는 부양가족 (다른 거주자의 기본공제를 적용받은 사람은 제외함)이 지급한 기부금을 포함함]이 있는 경우 기부금세액공제를 적용한다. 기부금 세액공제는 근로소득이 없는 자도 공제가능하지만, 사업소득만 있는 자의 기부금은 세액공제를 받을 수 없고 필요경비에만 산입해야 한다.

2) 세액공제

다음의 기부금 세액공제액을 해당 과세기간의 합산과세되는 종합소득산출세액 (사업소득 또는 원천징수세율을 적용받는 금융소득에 대한 산출세액은 제외함)에서 공제한다. 이 경우 특례기부금과 일반기부금이 함께 있으면 특례기부금을 먼저 공제한다.

▎기부금 세액공제

구 분	내 용
공제대상	거주자가 해당 과세기간에 지급한 기부금이 있는 경우
세액공제	① 세액공제대상 기부금 = (㉠+㉡+㉢)-㉣ ㉠ 특례기부금 ㉡ 우리사주조합기부금 (한도내 금액) ㉢ 일반기부금 (한도내 금액) ㉣ 사업소득금액을 계산할 때 필요경비로 산입한 기부금 ② 기부금 세액공제액 = Min (㉠, ㉡) ㉠ ①의 세액공제 대상 기부금 × 공제율 *공제율 : 세액공제 대상 기부금 1천만원 까지 : 15% 세액공제 대상 기부금 1천만원 초과 : 30% ㉡ 한도 : $종합소득산출세액 - 종합소득산출세액 \times \frac{사업소득금액}{종합소득금액}$

3) 기부금 한도액

구 분	내 용
우리사주 조합기부금	[기준소득금액-정치자금기부금 (10만원초과액) · 특례기부금] × 30%
일반 기부금	① 종교단체 기부금이 없는 경우 [기준소득금액-정치자금기부금 (10만원초과액) · 특례기부금 · 우리사주조합기부금] × 30% ② 종교단체 기부금이 있는 경우

구 분	내 용
	[기준소득금액-정치자금기부금 (10만원초과액) · 특례기부금 · 우리사주조합기부금] × 10% + Min {[기준소득금액-장치자금기부금 (10만원초과액) · 법정기부금 · 우리사주조합기부금] × 20%, 종교단체 외에 지급한 일반기부금}

기준소득금액 = 종합소득금액 + 사업소득금액을 계산할 때 필요경비로 산입한 기부금 - 원천징수세율을 적용받는 금융소득

4) 근로소득만 있는 경우의 기부금 세액공제

거주자 및 기본공제를 적용받는 부양가족(나이의 제한을 받지 않음)이 해당 과세기간에 지급한 공제한도 내의 기부금의 15%(1천만원 초과분 30%, 3천만원 초과분 40%)은 해당 과세기간의 합산과세되는 종합소득산출세액에서 공제한다. 단, 정치자금기부금의 경우 10만원 이하분은 해당 과세기간에 지급한 기부금의 100/110에 해당하는 금액을, 10만원 초과분은 15%, 3천만원 초과분은 25%를 해당 과세기간의 합산과세되는 종합소득산출세액에서 공제하고, 고향사랑기부금의 경우 10만원 이하분은 해당 과세기간에 지급한 기부금의 100/110에 해당하는 금액을, 10만원 초과분은 15/100에 해당하는 금액을 공제한다.

▌기부금 세액공제 (근로소득만 있는 경우)

기부금 종류	소득공제 및 세액공제 대상금액 한도	세액공제율
① 정치자금기부금(조특법 76조)	근로소득금액 × 100%	10만원 이하:100/110 10만원 초과:15% (3천만원 초과분25%)
② 고향사랑기부금(조특법 58조)	(근로소득금액 - ①) × 100% 연간 500만원 한도	10만원 이하:100/110 10만원 초과:15%
③ 특례기부금	(근로소득금액 - ① - ②) × 100%	특례기부금 + 일반기부금+ 우리사주조합기부금 : 15% (1천만원초과분 30%, 3천만원 초과분 40%)
④ 우리사주조합기부금	(근로소득금액 - ① - ② - ③) × 30%	
⑤ 일반기부금 (종교단체에 기부한 금액이 있는 경우)	(근로소득금액 - ① - ② - ③ - ④) × 10% + [(근로소득금액 - ① - ②-③ - ④)의 20%와 종교단체 외에 지급한 금액* 중 적은 금액] * 당해연도 종교단체 외 지정기부금	
⑥ 일반기부금 (종교단체에 기부한 금액이 없는 경우)	(근로소득금액 - ① - ② - ③ - ④) × 30%	

근로자는 기부처에서 발행한 기부금영수증과 기부내용을 기재한 기부금명세서를 작성하여 원천징수의무자에게 제출한다. 다만, 정치자금기부금영수증은 「정치자금법」 등 관련 법령에서 영수증을 별도로 정하고 있는 경우 해당 법령에서 정하는 바에 의하며, 원천징수의무자가 기부금을 일괄 징수하는 경우 기부금영수증을 원천징수의무자에게 제출하지 아니할 수 있다.

5) 기부금의 유형

(가) 특례기부금

- 국가 또는 지방자치단체에 무상으로 기증하는 금품의 가액
- 국방헌금과 위문금품
- 천재 · 지변, 재난으로 생긴 이재민을 위한 구호금품
- 재난 및 안전관리기본법에 따른 특별재난지역의 복구를 위하여 자원봉사한 경우 그 자원봉사용역의 가액

자원봉사 용역의 가액 = (① + ②)
① 자원봉사 용역의 가액 = 봉사일수 × 5만원
(봉사일수 = 총 봉사시간 ÷ 8시간, 소수점 이하 부분은 1일로 보아 계산)
② 당해 자원봉사 용역에 부수되어 발생하는 유류비 · 재료비 등 직접비용
(제공할 당시의 시가 또는 장부가액)

- 사회복지사업법에 의한 사회복지시설 중 무료 또는 실비로 이용할 수 있는 아동복지시설 · 노인복지시설 등에 기부한 금품의 가액
- 불우이웃돕기결연기관을 통하여 불우이웃에게 기부하는 금품의 가액
- 학교 등에 시설비 · 교육비 · 장학금 또는 연구비로 지출하는 기부금
- 사회복지공동모금회법에 의한 사회복지공동모금회에 지출하는 기부금
- 대한적십자사조직법에 따른 대한적십자사에 지출하는 기부금
- 문화예술진흥법에 의한 문화예술진흥기금으로 출연하는 금액 (조특법)
- 정치자금법에 따라 정당에 기부하는 정치자금 중 10만원을 초과하는 금액 (조특법)

(나) 일반기부금

- 사회복지사업법에 의한 사회복지법인에 기부하는 기부금
- 유아교육법에 따른 유치원 · 초중등교육법 및 고등교육법에 의한 학교에 기부하는 기부금
- 종교의 보급 및 기타 교화를 목적으로 설립하여 주무관청에 등록된 단체에 기부하는 기부금
- 의료법에 의한 의료법인에 기부하는 기부금

기획재정부 장관이 지정하는 법인에 기부하는 경우 지정기부금 소득공제를 받을 수 있다.
기획재정부 홈페이지 www.mosf.go.kr 에서 기부금을 검색하면 해당 단체 조회가 가능하다.

(6) 표준세액공제

근로소득이 있는 거주자로서 항목별 특별세액공제 및 특별소득공제의 신청을 하지 않는 사람은 연 13만원의 표준세액공제를 적용 받을 수 있다. 소득세법상 성실사업자 및 조세특례제한법상 성실사업자인 경우에도 연 12만원의 표준세액공제를 적용받을 수 있다. 다만 근로소득이 없는 거주자로서 종합소득이 있는 사람은 연 7만원의 표준세액공제를 적용받을 수 있다.

10. 조세특례제한법상 세액공제

1) 정치자금세액공제 (조특법 76조)

거주자가 정당에 기부한 정치자금은 이를 지출한 해당 과세연도의 종합소득 산출세액에서 다음과 같이 공제한다.

정치자금 세액공제액 = (① + ②)
① 정치자금 중 10만원까지 : 기부금액 × 100/110
② 정치자금 중 10만원을 초과한 금액 : 해당 금액의 15% (해당 금액이 3천만원을 초과하는 경우 그 초과분에 대해서는 25%)

다만, 사업자인 거주자가 정치자금을 기부한 경우 10만원을 초과한 금액에 대해서는 이월결손금을 뺀 후 소득금액의 범위에서 필요경비에 산입한다.

2) 전자신고세액공제 (조특법 104조 8)

납세자가 직접 전자신고 방법에 의하여 종합소득세 과세표준 신고를 하는 경우 2만원을 세액공제한다.

3) 월세 세액공제 (조특법 95조 2) (2026. 12. 31.까지)

과세기간 종료일 현재 무주택 세대의 세대주 (세대주가 주택자금공제를 받지 않는 경우에는 세대의 구성원을 말함)로서, 해당 과세기간의 총급여액이 8천만원 이하인 사람 (해당 과세기간에 종합소득과세표준을 계산할 때 합산하는 종합소득금액이 7천만원 이하자)이 국민주택규모 (85㎡)이하 주택 임차시 혹은 국민주택규모 (85㎡)를 초과하는 기준시가 4억원이하 주택 임차시에 월세의 15% 세액공제 적용한다.

월세 세액공제 계산	Min (월세액, 1,000만원) × 15% [총급여액 5천 500만원 이하인 근로자 (종합소득금액 4천 500만원 초과자 제외) 는 17%]

4) 혼인에 대한 세액공제 (조특법 92) (2026. 12. 31.까지)

거주자가 2025.1.1. 이후 과세표준을 신고하거나 연말정산하는 분부터 혼인에 대한 세액공제를 적용받을 수 있다. 2024년부터 2026년 12월 31일 이전에 혼인신고를 한 경우에는 1회에 한정하여 혼인신고를 한 날이 속하는 과세기간의 종합소득산출세액에서 50만원을 공제한다.

11. 편리한 연말정산 (국세청 '원천세' 신고안내 참조)

근로자가 홈택스에서 연말정산간소화 자료를 활용하여 소득·세액공제신고서를 전산작성하고 온라인으로 제출하면 쉽게 연말정산을 완료할 수 있다.

(1) 제공 서비스

편리한 연말정산 서비스에서는 다음을 제공하고 있다.

1) 연말정산 미리보기

근로자가 합리적인 지출수단을 선택할 수 있도록 국세청에서 사전에 연말정산 정보를 제공하고 과거 연말정산 추이도 함께 제공하고 있다.

2) 예상세액 자동계산

회사가 연말정산 결과를 근로자에게 알려주기 전에 근로자 스스로 예상세액을 미리 간편하게 계산할 수 있도록 지원하고 있다.

3) 맞벌이 근로자 절세 안내

부부가 세부담을 최소화할 수 있는 부양가족 공제 방법을 안내하고 있다.

4) 공제신고서 자동작성

연말정산간소화 자료를 기반으로 근로자가 요건에 맞는 공제항목을 확인·선택하면 그 소득·세액공제액을 공제신고서와 부속명세서에 자동 반영하고 있다.

5) 간편 제출

근로자는 홈택스에서 공제신고서와 연말정산간소화 자료를 회사에 온라인으로 제출하고, 회사는 공제신고서 등을 이용하여 간편하게 연말정산 가능하다.

(2) 공제신고서 작성하기

(1단계) 연말정산간소화에서 근로자 본인과 부양가족의 공제대상 자료를 선택 후 '편리한 연말정산'의 「공제신고서 작성하기」 클릭 함. 만약, 부양가족의 자료가 조회되지 않는다면 연말정산간소화에서 자료제공 동의가 필요하다. 부양가족이 본인의 간소화서비스 자료를 지정한 근로자에게 제공 동의하는 것을 말하며 연말정산간소화에서 부양가족이 신청가능하다.

(2단계) 근무처와 세대주 여부, 총급여 등을 입력함. 원천징수 의무자가 미리 근로자의 기초자료를 등록한 경우 근무처의 사업자등록번호 등 기본사항을 제공하며, 그 외에는 전년도 지급명세서의 근무처 등 기본사항을 제공함.

(3단계) 기본공제 대상 부양가족을 입력하고 인적공제 및 추가공제 여부를 선택하고 연말정산간소화 서비스에서 부양가족을 선택한 경우 해당 내용을 미리 채워주고, 전년도에 연말정산 신고를 한 경우에는 전년도 부양가족 명단도 함께 제공한다.

(4단계) 근로자가 연말정산간소화 서비스에서 공제대상으로 선택한 자료를 소득・세액공제신고서에 자동으로 반영. 다만, 연말정산간소화 자료 외에 근로자가 추가로 수집한 자료는 추가로 입력하여야 함.

(5단계) 홈택스에서 작성한 소득・세액공제신고서의 내용을 확인 후 출력 (내려 받기)하여 회사에 제출하거나 간편 제출 서비스를 이용하는 원천징수의무자의 근로자는 소득・세액공제신고서 등을 온라인으로 회사에 전송 할 수 있다.

(8쪽 중 제8쪽)

[ ] 월세액 · [ ] 거주자 간 주택임차차입금 원리금 상환액 소득 · 세액공제 명세서

1. 인적 사항	① 상 호	② 사업자등록번호
	③ 성 명	④ 주민등록번호
	⑤ 주 소 (전화번호:)	
	⑥ 사업장 소재지 (전화번호:)	

2. 월세액 세액공제 명세

⑦ 임대인 성 명 (상 호)	⑧ 주민등록번호 (사업자번호)	⑨ 주택 유형	⑩ 주택 계약 면적 (m^2)	⑪ 임대차계약서 상 주소지	⑫ 계약서 상 임대차 계약기간		⑬ 연간 월세액 (원)	⑭ 세액공제금액 (원)
					개시일	종료일		

※ ⑨ 주택유형 **구분코드** - 단독주택: 1, 다가구: 2, 다세대주택: 3, 연립주택: 4, 아파트: 5, 오피스텔: 6, 기타: 7
※ ⑫ 계약서상 임대차계약기간 - 개시일과 종료일은 예시와 같이 기재 **(예시)** 2013.01.01.

3. 거주자 간 주택임차차입금 원리금 상환액 소득공제 명세

1) 금전소비대차 계약내용

⑮ 대주 (貸主)	⑯ 주민등록번호	⑰ 금전소비대차 계약기간	⑱ 차입금 이자율	원리금 상환액			㉒ 공제금액
				⑲ 계	⑳ 원금	㉑ 이자	

2) 임대차 계약내용

㉓ 임대인 성 명 (상 호)	㉔ 주민등록번호 (사업자번호)	㉕ 주택 유형	㉖ 주택 계약 면적 (m^2)	㉗ 임대차계약서상 주소지	㉘ 계약서상 임대차 계약기간		㉙ 전세보증금 (원)
					개시일	종료일	

※ ㉕ 주택유형 **구분코드** - 단독주택: 1, 다가구: 2, 다세대주택: 3, 연립주택: 4, 아파트: 5, 오피스텔: 6, 기타: 7
※ ㉖ 계약서상 임대차계약기간 - 개시일과 종료일은 예시와 같이 기재 **(예시)** 2013.01.01.

작 성 방 법

1. 월세액 세액공제나 거주자 간 주택임차자금 차입금 원리금 상환액 공제를 받는 근로소득자에 대해서는 해당 소득 · 세액공제에 대한 명세를 작성해야 합니다.
2. 해당 임대차 계약별로 연간 합계한 월세액 · 원리금상환액과 소득 · 세액공제금액을 적으며, 공제금액이 "영 (0)"인 경우에는 적지 않습니다.
3. ⑨, ㉕ 주택유형은 단독주택, 다가구주택, 다세대주택, 연립주택, 아파트, 오피스텔, 기타 중에서 해당되는 **주택유형의 구분코드**를 적습니다.
4. ㉙ 전세보증금은 과세기간 종료일 (12.31.) 현재의 전세보증금을 적습니다.

제 3 절 연말정산 따라하기

1. 근로소득 연말정산 사례

(1) 거주자의 인적사항

주식회사(용가리)에 1년간 근무하는 홍성숙 씨는 자신의 근로소득세 연말정산을 작성하려고 한다.

① 연령 : 36세 (여성)
- 주소지 : 송파구 문정동 한국아파트 100동 100호

② 동거가족 :
- 남편 (김영식 연령 41세, 사업소득 금액 200만원)
- 아들 (김용수 연령 만 8세)

③ 근무회사 :
- LK텔레콤 (사업자번호 123 - 45 - 78900) 법인번호 110100 - 100000
- 근무지 : 강남구 역삼동 한국빌딩 10층
- 한국대학 (사업자번호 234 - 56 - 89000) 법인번호 110100 - 200000)
- 근무지 : 송파구 가락동 100번지

④ 근무기간 : 2025년 1월 1일부터 2025년 12월 31일

징수자	① 법 인 명 (상호)	LK텔레콤	② 대 표 자 (성명)	홍길동
	③ 사업자 등록번호	123 - 45 - 778900	④ 주민 (법인)등록번호	123 - 45 - 67900
	⑤ 소 재 지 (주소)	강남구 역삼동 한국빌딩 10층		
소득자	⑥ 성 명	홍성숙	⑦ 주민등록번호	XX0405 - 2111111
	⑧ 주 소	송파구 문정동 한국 아파트 100동 100호		

(2) 총급여액 구하기

1) LK텔레콤에서 지급받은 급여

① 매월 정액 급여 200만원 (12회)

② 연말성과급 급여 500만원 (1회)

③ 월정액급여 이외 매월 식대 25만원을 지급받았다 (12회).

④ 명절에 지급받은 시가 10만원 상당액의 굴비세트 (1회)

2) 한국대학에서 '여성학개론'의 과목을 한학기 강의하고 지급받은 강사료

① 4개월 동안 매월 40만원(총 160만원)

- LK텔레콤 급여 : 200만원 × 12月 + 5만원 × 12月 + 10만원 = 2,470만원
- LK텔레콤 상여 : 500만원
- 한국대학 급여 : 160만원

⑨ 귀속연도	2025년 1월 1일 ~ 2025년 12월 31일		⑩ 감면기간	부터	까지
구 분	주(현)	종(전)	종(전)	⑯-1납세조합	합 계
⑪ 근 무 처 명	LK텔레콤	한국대학교			
⑫ 사업자등록번호	123 - 45 - 67000	234 - 56 - 89000			
⑬ 급 여	27,100,000	1,600,000			
⑭ 상 여	5,000,000				
⑮ 인 정 상 여					
⑯ 계	32,100,000	1,600,000			33,700,000
비과세 소 득	⑰ 국외근로	⑱ 야간수당	⑱-1	⑲ 식대 비과세	⑳계[⑰+⑱+(⑱-1)+⑲]
				2,400,000	2,400,000

(3) 종합소득공제

1) 인적공제(350만원)

① 총급여는 비과세를 차감한 급여이므로 33,700,000원에서 2,400,000원을 차감한 31,300,000원이다.

② 근로소득공제는 공제표에 따라 계산하면, 9,945,000원이다

③ 근로소득금액 1) - 2) = 21,355,000

④ 기본공제를 보면, 본인 및 아들이 공제대상이다. 추가공제를 살펴보면, 근로소득금액이 3,000만원이기 때문에 부녀자공제가 가능하다(기본공제 300만원 + 추가공제 50만원).

2) 연금보험료공제(41만원)

1년간 국민연금의 불입액이 82만원이고, 이 중 근로자 부담분은 41만원이다.

① 연금보험료 공제금액은 41만원

3) 특별소득공제와 세액공제

연말정산 간소화에서 본인의 주민번호와 본인의 공인인증서를 입력하여 출력된 금액은 다음과 같다.

① 보장성 보험료 : 120만원 (세액공제 : 100만원×12%=12만원)

② 교육비금액 (본인) : 300만원 (세액공제 : 300만원×15%=45만원)

③ 의료지출액 : 70만원 {(70만원 - 3,130만원 × 3%) 〈 0, 세액공제 없음}

④ 신용카드 사용내역 (재래시장 및 교통카드 그리고 공연비등 사용없음)
: 1,974만 5천 원 (소득공제)

⑤ 연금저축 불입액 : 240만원 (세액공제 : 240만원×15%=36만원) (총급여액 5,500만원 이하는 15%)

연말정산간소화 이외의 소득공제 자료는 다음과 같다.

① 고용보험료 본인 부담은 12만원 (연간)

② 건강보험료 본인 부담은 24만원 (연간)

보험료공제는 36만원 (고용 및 건강 36만원), 교육비세액공제는 45만원 (대학등록금),
의료비공제 없음 {(70만원 - 3,130만원 × 3%) 〈 0}, 보험료세액공제는 12만원
신용카드 등 공제 : (1,974만 5천 원 - 3,130만원 × 25%) × 15% = 178만 8,000원

4) 과세표준 계산

- 근로소득금액 : 21,355,000
- 종합소득공제 : 6,058,000
  (350만원 인적공제, 41만원 연금보험료, 보험료공제 36만원, 178.8만원 신용카드 소득공제)
- 과세표준 : 15,297,000

5) 산출세액 및 세액공제

- 산출세액 : 1,400만원×6%+129.7만원×15% = 103만 4,550원
- 근로소득세액공제 : 56만 9,000원 (10미만 절사)
- 보험료세액공제 : 12만원
- 교육비세액공제 : 45만원
- 연금계좌세액공제 : 36만원
- 자녀 세액공제 : 25만원
  ➡ 결정세액은 0원 (△714,450원)이다.

제 4 절 사업소득 연말정산

1. 사업소득 연말정산 (국세청 발행 '알기쉬운 연말정산' 참조)

1) 연말정산 대상 사업소득

사업소득에 대한 수입금액을 지급하는 원천징수의무자는 소득세법 제 160조 제3항의 간편장부대상자 (당해연도 개업자 및 직전연도 수입금액 7,500만원 미만)로서 다음에 해당하는 사업자에게 지급하는 당해 연도의 사업소득금액에 대하여 연말정산하여 소득세를 징수한다. 다만 ②의 경우 당해 원천징수의무자가 사업장관할 세무서장에게 연말정산을 신청을 하여야 한다.

① 독립된 자격으로 보험가입자의 모집 및 이에 부수되는 용역을 제공하고 그 실적에 따라 모집수당 등을 받는 사업자 (보험모집인)
② 방문판매원등에 관할 법률에 의하여 방문판매업자를 대신하여 방문판매업을 수행하고 그 실적에 따라 판매수당 등을 받는 사업자 (방문판매원)

2) 연말정산 시기

당해 연도의 다음연도 2월분 사업소득을 지급할 때
2월분 사업소득을 2월말까지 지급하지 아니하거나 2월분 사업소득이 없는 경우에는 2월분 사업소득을 지급할 때를 2월말로 한다.
사업소득에 대한 수입금액을 지급하는 원천징수의무자는 지급명세서를 당해연도의 다음연도 3월 10일까지 제출하여야 한다.

3) 연말정산 사업소득금액 계산

연말정산 사업소득금액은 당해연도에 지급한 사업소득 수입금액에 연말정산사업소득의 소득률을 곱하여 계산한다.

사업소득금액 = 당해 연도 연간수입금액 × 연말정산사업소득의 소득률

구 분	4,000만원 이하분	4,000만원 초과분
보험모집인	214 / 1,000	300 / 1,000
방문판매업	240 / 1,000	336 / 1,000

개업 또는 폐업 등으로 당해 연도의 사업기간이 1년 미만인 사업자의 소득금액계산은 다음과 같이 연으로 환산한 수입금액을 기준으로 연말정산 사업소득의 소득률을 적용하여 계산한

다. 이 경우 월수 계산시 사업개시일이 속하는 월이 1월 미만인 경우는 1월로 하고 사업종료일이 속하는 월이 1월 미만인 경우는 이를 산입하지 아니한다.

연환산수입금액 = 당해연도 수입금액 × 12 / (당해 연도 사업기간 월수)
소득금액 = 연환산수입금액 × 소득률 × (당해 연도 사업기간 월수) / 12

4) 소득공제 및 과세표준

사업소득세 연말정산시 당해 사업소득자가 종합소득공제 등을 받고자 할 때에는 연말정산시까지 소득공제신고서에 주민등록표등본 및 제출할 증빙서류를 첨부하여 원천징수의무자에게 제출하여야 한다.

과세표준 = 사업소득금액 – 종합소득공제* – 그 밖의 공제

* 종합소득공제 : 기본공제, 추가공제, 연금보험료공제

5) 납부할 세액 계산

① 산출세액 : 과세표준에 기본세율을 적용하여 계산
② 결정세액 : 산출세액 - 소득세법 및 조세특례제한법상의 세액공제
③ 납부세액 : 결정세액 - 당해 연도에 이미 원천징수하여 납부한 소득세

예제 01 사업소득 연말정산

4인 가족[본인, 배우자(소득 없음, 장애인), 기본공제대상 자녀 2인(모두 8세 이상)을 부양하는 거주가가 2025. 7. 10 방문판매회사와 방문판매원 계약을 체결하여 용역을 제공하고 방문판매수당으로 5,000만원을 수령한 경우 당해연도 사업소득에 대한 연말정산시 납부할 소득세를 계산하시오.

(1) 참고자료
① 국민연금보험료 납입금액 218만원
② 원천징수한 소득세(5,000만원 × 3%) 150만원

해 답

(1) 연간 환산 수입금액 : 1억원 = 5,000만원 × (12월 / 6월)
(2) 연간소득금액 : 1억원 × 소득률 × (6월 / 12월) = 1,488만원
소득률 : 4,000만원 이하분 × 24% + 4,000만원 초과분 × 33.6%
(4,000만원 × 24% + 6,000만원 × 33.6% = 2,976만원)
(3) 종합소득공제 : ① 인적공제 : 800만원(기본공제 600만원(4명), 장애인공제 200만원)
② 연금보험료 : 218만원
(4) 과세표준 : 1,488만원 - 1,018만원 = 470만원
(5) 산출세액 : 470만원 × 6% = 28만 2,000원
(6) 자녀세액공제 : 55만원(자녀2명)
(7) 표준세액공제 : 7만원
(8) 결정세액 : 28만2000원 - 62만원=△33만8,000원(0원)
(9) 환급세액 : 0-150만원(기납부세액)=150만원

연/습/문/제

제2장 연말정산

01. 다음 중 소득세법상 종합소득공제에 관한 설명으로 옳은 것은?

① 근로소득자의 거주자의 자녀(나이 19, 총급여 800만원)는 장애인 추가공제가 가능하다.
② 부녀자공제는 당해 거주자가 종합소득금액이 3천만원 이하인 배우자가 있는 여성인 경우에 적용된다.
③ 종합소득공제 합계액이 종합소득금액을 초과할 경우에 그 초과액은 다음 과세연도에 이월되어 공제받을 수 있다.
④ 근로소득유무에 관계없이 당해 거주자는 주택자금지출액에 대하여 특별공제를 적용받을 수 있다.

02. 다음 중 종합소득산출세액에서 공제되는 의료비세액공제에 대상에 포함되지 않는 의료비는? (CPA, 2005)

① 조산원에 진료용으로 지급하는 비용
② 정밀건간진단비로 지출하는 비용
③ 뇌졸중 환자의 휠체어를 구입하기 위한 비용
④ 암치료를 위하여 외국대학병원에 지급하는 비용

03. 다음 중 옳지 않은 것은?

① 총급여가 500만원인 배우자는 기본공제 대상자가 된다.
② 소득이 없는 59세 직계존속은 기본공제 대상자가 된다.
③ 소득이 없고 생계를 같이하는 20세 이하의 형제자매는 기본공제 대상자가 된다.
④ 20세의 위탁아동은 기본공제대상자가 될 수 없다.

04. 다음 자료에 의하여 근로소득세액공제액을 계산하면 얼마인가?

〈근로소득세액 공제액 계산〉

(산출세액)	(공제액)
130만원이하	55%
130만원초과	715,000 + 초과금액× 30%

- 사업소득금액 : 7,000,000원
- 근로소득금액 : 22,750,000원
- 종합소득금액 : 35,000,000원
- 종합소득산출세액 : 980,000원

① 297,300원 ② 350,350원 ③ 539,000원 ④ 500,000원

05. 다음 중 소득세법상 근로소득이 없는 종합소득자 (성실신고사업자 아님)인 경우에도 적용받을 수 있는 종합소득공제 혹은 세액공제는 무엇인가?

① 부녀자공제 ② 신용카드 등 사용금액소득공제
③ 의료비세액공제 ④ 주택자금공제

06. 다음 중 근로소득금액이 3,000만원인 김갑동 씨의 2025년 소득공제와 세액공제 대상이 아닌 것은?

① 10세인 소득이 없는 자녀에 대한 30만원의 초등학교 교육비
② 기본공제대상자인 아들이 교회에 기부한 지정기부금 100,000원
③ 소득이 있는 배우자를 피보험자로 가입하고 김갑동 씨가 납부한 생명보험료 500,000원
④ 본인이 납부한 연금보험료 3,000,000원

07. 소득세법상 근로소득에 관한 내용 중 잘못된 것은?

① 근로소득의 수입시기 중 일반급여의 경우는 근로를 제공한 날이다.
② 근로소득공제는 월할 계산하지 않는다.
③ 종합과세되는 근로소득금액은 총급여액에서 비과세 급여를 제외하고 근로소득공제금액을 차감하여 산출한다.
④ 총급여액이 500만원 이하인 경우에는 전액 근로소득공제가 되므로 근로소득금액은 없다
⑤ 식사를 제공받지 않은 근로자가 받은 식대는 월 20만원까지 비과세한다.

08. 소득세법상 종합소득공제 중 항목별 특별공제와 특별세액공제로 볼 수 없는 것은?

① 교육비 세액공제　② 연금보험료공제　③ 기부금 세액공제
④ 의료비 세액공제　⑤ 주택자금공제

09. 기본공제대상자인 부양가족을 위하여 지출한 교육비 중에서 소득세법상 교육비 세액공제 대상이 아닌 것은?

① 유치원생을 위하여 지출한 태권도학원 학원비
② 급식을 실시하는 초·중·고등학교의 급식비
③ 초·중·고등학생이 학교에서 구입한 교과서대
④ 대학원의 등록금

10. 다음 자료에 의하여 근로소득이 있는 거주자(남자)에 대한 인적공제를 계산하면?

부양가족현황
가. 배우자 (총급여액이 5,000,000원 있음)
나. 부　(연령은 63세, 소득 없음)

① 2,000,000원　② 2,600,000원　③ 3,000,000원
④ 4,500,000원　⑤ 5,500,000원

11. 다음 내용 중 □안에 공통적으로 들어갈 말은?

소득금액 - 소득공제 = □□□□
□□□□ × 세율 = 산출세액

① 과세표준　② 과세소득　③ 과세금액
④ 소득금액　⑤ 표준세액

12. 다음의 소득세법상 보험료, 소득공제를 계산하시오.

• 건강보험료　: 500,000원
• 고용보험료　: 700,000원
• 장애인전용보장성보험료 : 1,200,000원

① 500,000원　② 700,000원　③ 1,000,000원
④ 1,200,000원　⑤ 2,200,000원

13. 다음은 소득세법상 종합소득공제와 세액공제에 대한 설명이다. 옳지 않은 것은?

① 생계를 같이 하지 아니한 배우자도 기본공제를 적용 받을 수 있다.
② 분리과세 이자소득만 있는 자는 종합소득공제를 하지 아니한다.
③ 종합소득공제는 종합소득에서만 공제되며, 양도소득에서는 공제되지 않는다.
④ 장애인 특수교육비 공제는 1인당 연 150만원을 한도로 세액공제 받을 수 있다.
⑤ 당해 소득금액이 80만원인 직계비속이 당해 연도 중 20세가 된 경우에도 당해 연도에 기본공제를 적용 받을 수 있다.

14. 종합소득 과세표준계산시 소득공제 항목으로 볼 수 없는 것은?

① 경로우대공제 ② 장애인 공제
③ 부녀자 공제 ④ 한부모가족공제
⑤ 교육비 공제

15. 다음 같은 경우, 소득세법상 종합소득 기본공제(150만원) 대상자가 아닌 것은?

단, 거주자와 생계를 같이하는 자로 연간 소득금액이 100만원이하인 자에 해당한다.

① 당해 거주자 ② 거주자의 배우자
③ 60세 이상인 직계존속 ④ 20세 초과인 직계비속
⑤ 20세 이하인 동거하는 형제자매

16. 다음 ( )에 들어갈 말은 어느 것인가?

종합소득과세표준 = 종합소득금액 - ( )

① 종합소득 세액공제 ② 인적공제
③ 기본공제 ④ 종합소득공제
⑤ 다자녀 공제

17. 소득세법상 종합소득공제 중 한부모가족 공제는 1인당 얼마인가?

① 50만원 ② 100만원 ③ 150만원 ④ 200만원

18. **다음은 근로소득자 김세무의 7월 급여내역이다. 과세되는 근로소득은?**

㉠ 기본급	1,200,000원
㉡ 식　대 (회사에서 중식을 별도로 제공받고 있음)	100,000원
㉢ 휴가비	300,000원
㉣ 경조금 (부 사망으로 인한 조위금)	50,000원

① 1,200,000원　② 1,300,000원　③ 1,500,000원
④ 1,600,000원　⑤ 1,650,000원

19. **근로소득이 있는 거주자로서 근로소득에 대한 종합소득 산출세액이** 1,500,000**원인 경우, 근로소득세액 공제액은? (총급여액 7,000만원)**

① 500,000원　② 660,000원　③ 825,000원
④ 750,000원　⑤ 805,000원

20. **종합소득이 있는 거주자가 과세기간 종료일 현재, 기본공제대상자인 만 3세의 자녀 1명이 있는 경우, 종합소득세법상 자녀세액공제는?**

① 250,000원　② 300,000원　③ 500,000원
④ 400,000원　⑤ 0원

21. **다음 중 소득세법상 생계를 같이하는 부양가족에 대한 설명으로 옳지 않은 것은?**

① 생계를 같이 하는 부양가족은 주민등록표의 동거가족으로서 해당 거주자의 주소 또는 거소에서 현실적으로 생계를 같이 하는 사람으로 한다.
② 직계비속 · 입양자의 경우에는 동거를 하지 않더라도 생계를 같이하는 부양가족으로 본다.
③ 거주자의 직계존속이 주거 형편에 따라 별거하고 있는 경우에는 생계를 같이하는 부양가족으로 보지 않는다.
④ 배우자가 근무상의 형편으로 본래의 주소 또는 거소에서 일시 퇴거한 경우에도 생계를 같이 하는 사람으로 본다.

22. 다음 중 소득세법상 추가공제 금액으로 틀린 것은?

① 경로우대자공제 : 연 200만원
② 장애인공제 : 연 200만원
③ 부녀자공제 : 연 50만원
④ 한부모공제 : 연 100만원

23. 다음 중 소득세법상 종합소득세 신고시 공제대상자녀수에 따른 산출세액에서 공제하는 금액 중 틀린 것은? (해당 과세기간에 자녀들은 모두 8세 이상이며 입양자는 없다)

① 1명 : 연 25만원
② 2명 : 연 55만원
③ 3명 : 연 65만원
④ 4명 : 연 135만원

정답 및 해설

01. ❷

02. ❹ 국외의료비는 공제대상이 아니다.

03. ❷

04. ❷ 근로소득에 대한 종합소득산출세액 = 980,000원 × (22,750,000 / 35,000,000) = 637,000원
근로소득세액공제 = 637,000 × 55% = 350,350원

05. ❶ 부녀자공제는 종합소득자는 모두 받을 수 있는 공제이다.

06. ❸

07. ❹

08. ❷

09. ❹

10. ❹ ⑪ 기본공제 3명 = 4,500,000원

11. ❶

12. ❹ 500,000원 + 700,000원 = 1,200,000원

13. ❹ 장애인특수교육비는 한도가 없다.

14. ❺

15. ❹ 소득세법 제50조 제1항

16. ❹

17. ❷

18. ❹ 1,200,000원 + 100,000원 + 300,000원 = 1,600,000원

19. ❷ ① 715,000 + (3,000,000) × 30% = 805,000원
② 한도 66만원

20. ❺ 만 8세 이상 자녀와 손자녀가 공제 대상이다.

21. ❸ 직계존속이 주거 형편에 따라 별거하고 있는 경우에도 생계를 같이하는 부양가족으로 본다.

22. ❶ 경로우대자공제는 연 100만원이다.

23. ❸ 소득세법 제59조의 2 (95만원임)

세무실무기초강의

The practice Taxation of Corporotion

Chapter

03

사업소득과 분류과세

제1절 사업소득

제2절 사업소득부동산임대업 (사업소득)

03 사업소득과 분류과세

제 1 절 사업소득

1. 사업소득

(1) 사업소득의 범위

사업소득은 영리를 목적으로 독립된 지위에서 계속적・반복적으로 영위하는 사업에서 발생하는 소득을 말한다. 사업의 범위에 관하여는 특별한 규정이 있는 것을 제외하고는 한국표준산업분류를 기준으로 한다.

실무사례 1 : 부동산 양도로 인한 소득의 경우 부동산매매가 지속적·반복적으로 이루어진 것을 사업소득으로 과세하지만, 개인적으로 보유하고 있던 부동산을 매각하는 비반복적 양도의 경우에는 양도소득으로 과세된다.

(2) 비과세 사업소득

1) 농업소득

작물재배업에서 발생하는 소득으로서 해당 과세기간의 수입금액 합계액이 10억원 이하인 것

① 곡물 기타 식량작물재배업 (벼, 보리 등) : 과세제외

② 그 외의 작물재배업 (화훼 등) : 수입금액 10억원 이하는 비과세, 10억원 초과분만 과세

예 수입금액 15억원, 필요경비 12억원

과세대상 : 사업소득금액 3억원 × (15억 - 10억)/15억 = 1억원

2) 주택임대 소득

① 1개의 주택을 소유하는 자의 주택 (부수토지 포함) 임대소득 (고가주택 · 국외소재 주택임대소득은 제외)

▌주택임대소득에 대한 과세

구 분		주택임대소득 2천만원 초과	주택임대소득 2천만원 이하인자
1주택소유자	일반주택	비과세	비과세
	고가주택	과세 (임대료)	분리과세, 종합과세 선택
2주택 소유자		과세 (임대료)	
3주택이상 소유자		과세 (임대료 및 간주임대료)	

* 주택수의 계산

㉠ 공동소유주택 : 지분이 가장 큰 자의 소유로 계산하되, 지분이 가장 큰자가 2인 이상인 경우에는 각각의 소유로 계산한다. 다만 지분이 가장 큰자가 2인 이상인 경우로서 그들이 합의하여 그들 중 1인을 해당 주택의 임대수입의 귀속자로 정한 경우에는 그의 소유로 계산한다

㉡ 본인과 배우자가 각각 주택을 소유하는 경우 : 합산하여 주택수를 계산하며, 종합소득합산과세는 아니다

㉢ 다가구주택 : 1개의 주택으로 보되, 구분 등기된 경우에는 각각을 1개의 주택으로 계산한다.

㉣ 임차 또는 전세받은 주택을 전대 및 전전세하는 경우 : 임차인 및 전세받은 자의 주택으로 계산한다.

3) 농가부업 소득 (축산 · 고공품제조 · 민박 · 음식물판매 · 특산물제조 · 전통차 제조)

- 농가부업규모 축산 (소 50마리, 돼지 700마리 등) 소득 : 전액 비과세
- 농가부업규모 초과 규모의 축산 소득 및 기타부업 소득
  : 소득금액의 합계액이 연 3,000만원 이하인 경우 비과세

4) 전통주 제조소득

- 수도권 밖 읍 · 면 지역의 전통주 제조소득 : 소득금액 합계액이 연 1,200만원 이하인 것은 비과세

5) 임목의 벌채 · 양도소득

- 자연림 : 사업소득 (전액과세)
- 조림한 임목 : 조림기간 5년미만 경우에는 사업소득(전액과세)
  조림기간 5년이상 경우에는 사업소득(연 600만원 이하의 소득금액은 비과세)
- 조림기간 : 다음의 기간으로 한다.

구 분	내 용
① 자기가 조림한 임목	그 식림을 완료한 날부터 이를 벌채 · 양도한 날까지의 기간
② 도급에 의해 식림한 임목	그 임목을 인도받은 날부터 이를 벌채 · 양도한 날까지의 기간
③ 타인조림임목을 매입시	그 매입한 날부터 이를 벌채 · 양도한 날까지의 기간
④ 증여받은 임목	증여를 받은 날부터 이를 벌채 · 양도한 날까지의 기간
⑤ 상속받은 임목	피상속인의 조림개시일부터 상속인이 벌채 · 양도한 날까지의 기간

6) 어로어업소득에 대한 비과세

내수면 어업 및 연근해 어업 소득으로서 소득금액 5천만원 이하 어로소득은 비과세한다.

7) 기타서비스업

① **사업서비스업**

사업서비스업은 연구 및 개발업에서 발생하는 소득. 다만, 계약 등에 의하여 그 대가를 받고 연구 및 개발용역을 제공하는 사업에서 발생하는 소득은 과세대상소득에 해당한다.

② **교육서비스업**

교육서비스업은 유아교육법에 의한 유치원, 초・중등교육법 및 고등교육법에 의한 학교와 근로자의 직업능력개발훈련시설 및 노인학교 등 교육사업에서 발생하는 소득

③ **보건 및 사회복지사업**

사회복지사업법에 의한 사회복지사업에서 발생하는 소득

(3) 소득구분에 주의하여야 할 사업

1) 연예인 · 직업 운동선수 등이 사업활동과 관련하여 받은 전속계약금

• 소득구분 : 사업소득 • 수입시기 원칙 : 다음 중 빠른 날로 한다. (용역대가를 지급받기로 한 날, 용역제공 완료일) 특례 : 계약기간 1년 초과 일신전속계약대가를 일시에 받는 경우 계약기간에 따라 균등 안분한 금액을 각 과세기간 종료일에 수입한 것으로 함 (초월산입 · 말월불산입)

예 연예인 홀길동씨는 2025. 5.10 JY사와 5년 전속계약을 체결하고 5년간의 전속계약금 6억원을 2025. 5.10 일시에 수령.

2025년 사업소득 총수입금액은 : 6억 × 8월/60월 = 80,000,000원

2) 부동산임대업

1. 부동산 (토지 · 건축물 등) 또는 부동산상의 권리 · 등기여부 불문 (미등기부동산의 임대도 과세) 2. 공장재단 또는 광업재단 · 공장재단 등을 하나의 부동산으로 취급하므로 공장재단 등의 대여사업은 부동산임대업으로 본다. · 공장재단과 분리하여 별도로 임대한 기계 등 시설의 임대소득 : 부동산 임대업 외의 사업소득. 3. 채굴에 관한 권리 · 광업권자 등이 자본적 · 수익적지출 제공 조건으로 대여하고 받은 분철료 : 부동산임대업 외의 사업소득.

3) 지역권 지상권 설정 대여 및 양도로 인한 소득

<table>
<tr><th>구 분</th><th>설정 · 대여로 인한 소득</th><th>양도로 인한 소득</th></tr>
<tr><td>지상권</td><td rowspan="2">• 공익사업과 관련없는 일반적인 지역권 · 지상권의 설정 · 대여소득
: 사업소득 (부동산임대업)
• 공익사업과 관련된 지역권 · 지상권의 설정 · 대여소득 : 기타소득</td><td>양도소득</td></tr>
<tr><td>지역권</td><td>과세제외</td></tr>
</table>

(4) 성실신고 확인제도

수입금액이 업종별로 일정 규모 이상의 개인사업자가 종합소득세 신고할 때, 장부기장의 내용의 정확성 여부를 세무사 등에 확인 받은 후 신고하게 함으로써 개인사업자의 성실신고를 유도하게 도입되었다.

수입금액이 업종별로 일정 규모 이상의 사업자는 해당 과세기간의 수입금액의 합계액이 다음 아래 금액 이상인 사업자 (이하 "성실신고확인대상사업자"라 한다)를 말한다.

업 종	기준금액
농업 · 임업 및 어업, 광업, 도매 및 소매, 부동산매매업	15억원
제조업, 숙박 및 음식점업, 전기 · 가스 · 증기, 운수업, 출판 · 영상 · 방송통신 및 정보서비스업, 금융 및 보험업, 상품중개업	7.5억원
부동산 임대업, 부동산관련 서비스업, 임대업, 기타 개인 서비스업	5억원

성실신고확인대상자는 종합소득과세표준 확정신고를 할때 성실신고확인서를 관할 세무서장에게 제출하여야 하며, 이 경우 종합소득세 과세표준 확정신고를 해당 과세기간 다음연도 6월 30일까지 할 수 있다.

(5) 복식부기의무자와 간편장부대상자의 개념

복식부기의무자는 소득금액을 계산할 수 있도록 증빙서류 등을 갖춰 놓고 그 사업에 관한 모든 거래 사실이 객관적으로 파악될 수 있도록 복식부기 (분개를 통하여 손익계산서와 재무상태표 등을 작성함)에 따라 장부를 기록 · 관리한다. 그러나 업종별 일정 규모 미만의 사업자는 간편장부 (가계부 수준)를 갖춰 놓고 그 사업에 관한 거래를 기재할 수 있다.

① 해당 과세기간에 신규로 사업을 개시한 사업자 혹은 ②직전연도 수입금액이 아래의 업종별 일정 규모 미만의 사업자는 **간편장부대상자**라 한다.

업 종	기준금액
농업 · 임업 및 어업, 광업, 도매 및 소매, 부동산매매업	3억원
제조업, 숙박 및 음식점업, 전기 · 가스 · 증기, 운수업, 출판 · 영상 · 방송통신 및 정보서비스업, 금융 및 보험업, 상품중개업	1억5천만원
부동산 임대업, 부동산관련 서비스업, 임대업, 기타 개인 서비스업	7,500만원

2. 부동산임대업

(1) 부동산임대업 범위

부동산임대업의 사업소득은 당해 연도에 발생한 다음의 소득으로 한다.

1) 부동산 또는 부동산상의 권리의 대여로 인하여 발생하는 소득*

부동산에는 미등기 부동산을 포함하며, 부동산상의 권리에는 지역권·지상권(지하 또는 공중에 설정된 권리 포함)을 포함하지 아니한다. ⇨ 지역권·지상권의 대여로 인한 소득은 기타소득으로 구분함

2) 공장재단 또는 광업재단의 대여로 인하여 발생하는 소득

공장의 토지 또는 건물에 설치된 기계·기구 등의 시설이 공장재단에서 분리되어 공장재단과 기계 등의 시설을 별도로 임대한 경우에는 공장재단은 부동산임대업(사업소득)이며, 기계 등의 시설 임대는 부동산임대업의 사업소득으로 본다.

3) 광업권자·조광권자 또는 덕대가 채굴에 관한 권리를 대여함으로 인하여 발생하는 소득

광업권자 등이 자본적지출이나 수익적지출의 일부 또는 전부를 제공하는 것을 조건으로 광업권·조광권 또는 채굴에 관한 권리를 대여하고 덕대 또는 분덕대로부터 받는 분철료는 사업소득으로 본다.

* 부동산임대업으로 보는 사례
다음은 모두 부동산의 대여로 인한 소득이므로 부동산임대소득으로 본다.
(所基通 18-2, 18-3, 18-4)
① 자기소유의 부동산을 타인의 담보물로 사용하게 하고 받는 대가
② 부동산매매업 또는 건설업자가 판매를 목적으로 취득한 토지 등의 부동산을 일시적으로 대여하고 얻는 소득. 이 경우에 부동산임대소득금액 계산상 필요경비에 산입된 감가상각비 등은 부동산매매업자의 필요경비 계산 시 취득가액에서 공제한다.
③ 광고용으로 토지·가옥의 옥상 또는 측면 등을 사용하게 하고 받는 대가

(2) 부동산임대업 비과세

1) 전·답 대여소득

전답을 작물생산에 이용하게 함으로 인하여 발생하는 소득 ⇨ 전답을 다른 용도(주차장 등)로 이용하는 경우에는 과세함.

2) 주택임대소득

1개의 주택을 소유하는 자의 주택임대소득(고가주택[1])의 임대소득을 제외함)

▌주택수의 계산

구 분	내 용
다가구주택	1개의 주택으로 보되, 구분등기된 경우에는 각각을 1개의 주택으로 계산한다.
공동소유의 주택	지분이 가장 큰 자의 소유로 계산하되, 지분이 가장 큰 자가 2인 이상인 경우에는 각각의 소유로 계산함. 다만, 지분이 가장 큰 자가 2인 이상인 경우로서 그들이 합의하여 그들 중 1인을 당해 주택의 임대수입의 귀속자로 정한 경우에는 그의 소유로 계산한다.
임차 또는 전세받은 주택을 전대하거나 전전세하는 경우	당해 임차 또는 전세받은 주택을 임차인 또는 전세받은 자의 주택으로 계산한다.
본인과 배우자가 각각 주택을 소유하는 경우	이를 합산하여 계산한다.

(3) 부동산임대업 소득금액 계산

1) 계산구조

구 분	내 용
직접법	부동산임대업 사업소득 = 총수입금액 (비과세 제외) - 필요경비

2) 총수입금액

① 임대료

부동산임대소득의 총수입금액의 계산은 당해연도에 수입하였거나 수입할 금액의 합계액에 의한다.

선세금에 대하여는 그 선세금을 계약기간의 월수로 나눈 금액의 각 연도의 합계액을 그 총수입금액으로 한다. 이 경우 월수의 계산에 있어 당해 계약기간의 개시일이 속하는 달이 1월 미만인 경우는 1월로 하고 당해 계약기간의 종료일이 속하는 달이 1월 미만인 경우에는 이를 산입하지 아니한다. ⇨ 초월산입 · 말월불산입

② 간주임대료

거주자가 부동산 또는 그 부동산상의 권리 등을 대여하고 보증금 · 전세금 또는 이와 유사한 성질의 금액을 받은 경우

---

1) 고가주택 : 과세기간종료일 또는 당해 주택의 양도일 현재 기준시가 12억원을 초과하는 주택을 말한다. (所法§12 ii, 所令§8의2)

• 일반적인 경우

$$\left(\text{보증금 등 적수} - \text{건설비 적수}\right) \times \text{정기예금 이자율} \times \frac{1}{365} - \text{보증금 등에서 발생한 금융수익*}$$

* 금융수익의 범위 : ① 수입이자와 할인료, ② 수입배당금 ⇨ 법인세와는 달리 신주인수권처분익과 유가증권처분손익은 금융수익의 범위에 해당하지 않음

③ 관리비

사업자가 부동산을 임대하고 임대료 외에 유지비나 관리비 등의 명목으로 지급받는 금액이 있는 경우에는 청소비 · 난방비 등은 부동산임대소득의 총수입금액에 산입한다.
⇨ 영업 부수수익에 해당함

㉠ 전기료 · 수도료 등의 공공요금은 부동산임대소득의 총수입금액에 산입하지 아니한다.

㉡ 다만, 전기료 · 수도료 등의 공공요금의 명목으로 지급받은 금액이 공공요금의 납부액을 초과할 때 그 초과하는 금액은 부동산임대소득의 총수입금액에 산입한다. ⇨ 잡수익에 해당함.

3) 필요경비

당해 연도의 총수입금액에 대응하는 비용으로서 일반적으로 용인되는 통상적인 것의 합계액으로 한다.

4) 수입시기

구 분	수입시기
① 계약 또는 관습에 의하여 지급일이 정하여진 것	그 정하여진 날
② 계약 또는 관습에 의하여 지급일이 정하여지지 아니한 것	그 지급을 받은 날

5) 과세방법

구 분	과세방법
소득의 지급자	부동산임대소득을 지급하는 경우에는 원천징수를 하지 않는다.
소득의 귀속자	주거용 건물 임대업에서 발생한 수입금액 중 2천만원 이하는 분리과세

예제 01 부동산임대업 사업소득의 총수입금액

다음 자료에 의하여 부동산임대업 사업소득의 총수입금액을 계산하라. 단 1년은 365일로 가정한다. 임대기간은 2025년 1월 1일부터 2025년 12월 31일까지 이다.

(1) 인치원 씨의 역삼동 상가건물

1) 월임대료 : 200만원　　2) 월관리비 : 100만원 (전기세 및 수도세 월 50만원 포함)

3) 보증금 : 2억원　　4) 보증금에서 발생한 이자수입 : 100만원

5) 정기예금이자 : 4%

(2) 인치원 씨의 포천 전답

1) 전답을 스케이트장으로 임대해 주고받은 100만원

2) 전답을 작물생산에 이용하게 하고 받은 100만원

3) 전답을 주차장에 이용하게 하고 받은 100만원

해 답

(1) 월임대료 : 200만원 × 12 = 2,400만원

(2) 관 리 비 : 50만원 × 12 = 600만원

(3) 간주임대료 : 2억 × 365 / 365 × 4% - 100만원 = 700만원

(4) 스케이트장 및 주차장 임대소득 : 200만원

■ 합계 : 3,900만원

(4) 주택임대소득

1) 주택에 대한 간주임대료

주택을 대여한 경우에는 월세는 2주택 이상인 경우에만 종전에는 과세하였지만, 보증금 등에 대한 간주임대료는 과세하지 않았다. 이에 따라 임대물건 및 임대형식에 따라 과세불형평이 발생하는 문제가 있어서 2011년부터 전세보증금을 과세 전환하여 3주택 이상의 보유자 중 전세보증금 합계가 3억원을 초과하는 경우, 초과분에 대하여 아래와 같이 과세한다.

2026.12.31.까지 소형주택2)은 주택 수 및 간주임대료 과세대상에서 제외하며, 2026.1.1.부터 기준시가 12억원을 초과하는 고가주택 2주택자의 전세보증금 합계액이 12억원을 초과하는 경우에도 간주임대료를 계산하여야 한다.

① 전세보증금의 간주임대료 계산방법

3억원 초과분의 60%에 상당하는 이자상당액 만큼 과세

- 기장신고 : (임대보증금 - 3억원) × 60% × 국세청장고시 정기예금이자율 - 임대사업부분 발생이자 · 배당 (1년 기준)
- 추계신고 : (임대보증금 - 3억원) × 60% × 국세청장고시 정기예금이자율 (1년 기준)

② 과세최저한 3억원 적용방법

본인과 배우자가 각각 주택을 소유하는 경우에는 이를 합산하여 계산한다.

2) 소형주택은 전용면적 40제곱미터 이하이면서 기준시가 2억원 이하인 주택을 말한다.

③ 과세이유

주택임대소득에 대한 과세정상화, 주택 월세임대 및 상가임대와의 과세형평성 제고, 주택투기억제 등을 감안하여 전세금에 대해서는 간주임대료를 과세할 필요가 있다.

④ 주택임대소득 계산방법

총수입금액 (월세합계 + 전세보증금의 간주임대료) – 필요경비 (감가상각비, 유지보수비, 대출이자, 재산세, 보험료) – 이월결손금

⑤ 주택수 판단

ⓐ 다가구주택은 1개의 주택으로 보되, 구분 등기된 경우에는 각각을 1개의 주택으로 계산

ⓑ 공동소유의 주택은 지분이 가장 큰 자의 소유로 계산하되, 지분이 가장 큰 자가 2인 이상인 경우에는 각각의 소유로 계산. 다만, 지분이 가장 큰 자가 2인 이상인 경우로서 그들이 합의하여 그들 중 1인을 당해 주택의 임대수입의 귀속자로 정한 경우에는 그의 소유로 계산한다.

2) 주택임대소득에 대한 세액계산 특례

해당 과세기간에 주거용 건물 임대업에서 발생한 수입금액의 합계액이 2천만원 이하인자의 주택임대소득 (분리과세 주택임대소득)은 분리과세를 선택 할 수 있다.

종합소득 결정세액 = ①과 ② 중 선택

① 주택임대소득을 종합과세할 경우의 종합소득 결정세액

② 주택임대소득을 분리과세할 경우의 종합소득 결정세액

분리과세 주택임대소득에 대한 사업소득금액 = [총 수입금액 – 총 수입금액 × 필요경비율 – 공제금액 (주택임대외의 다른 종합소득금액이 2천만원 이하인 경우에만 공제 적용)]

구 분	분리과세 주택임대소득에 대한 사업소득금액
미등록임대주택	총수입금액 - 필요경비(총수입금액 × 50%) -200만원*
등록임대주택	총수입금액 - 필요경비(총수입금액 × 60%) -400만원

"분리과세시 미등록임대주액의 경우 필요경비 50%를 적용하고, 공제금액 -200만원을 적용하되, 임대주택 등록시 필요경비 60%, 공제금액 400만원 적용한다."

예제 02

1세대 3주택자의 부동산임대업 관련 임대소득을 계산하라. 국세청장이 정한 고시이자율은 4.3%로 가정한다. 주택 보유현황은 아래와 같다.

홍길동 씨가 소유하고 있는 반포 삼송아파트 시가 10억이며, 전세보증금은 4억이며, 월세수익은 없다. 배우자 장미연 씨는 송파 엘케이아파트를 보유하고 있으며 시가는 8억이며, 전세보증금으로 받은 금액은 5억이며, 월세수익은 없다. 현재는 부부가 잠실아파트에 거주하고 있으며 시가는 10억이다. 전세보증금에서 발생한 남편의 금융소득은 500만원이며, 배우자의 전세보증금에서 발생한 금융소득은 500만원이다. 남편은 근로소득자이다. (주택은 모두 기준시가 2억을 초과하고, 1세대당 전용면적은 40제곱미터를 초과한다.)

- 질문 1 : 각각의 임대소득을 계산하라.
- 질문 2 : 모든 주택이 홍길동씨 소유라면 임대소득을 다시 계산하라.

해 답

- 질문1 (부부합산 : 3주택이며, 남편 주택 보증금 4억이며, 부인 주택보증금 5억이다.)

(1) 남편 임대소득

: (4억 - 3억) × 60% × 4.3% - 500만원 = (2,580,000) - (5,000,000) < 0

(2) 배우자의 임대소득

: (5억 - 3억) × 60% × 4.3% - 1,000만원 = (5,160,000) - (10,000,000) < 0

- 질문2 (부부합산 : 3주택이며, 남편 주택 보증금 9억이다)

(1) 남편 임대소득

: (9억 - 3억) × 60% × 4.3% - 500만원 = (15,480,000) - (10,000,000) = 5,480,000

예제 03

거주자 이현경은 국내에 주택을 2채를 보유하고 있으며, 주택임대사업자를 등록하지 않았다. 다음 자료를 이용하여 세부담 최소화를 가정하여 2025년 종합소득세 결정세액을 계산하시오.

(1) 주택임대소득 관련 자료 (임대기간 : 2025.1.1.~2025.12.31.)

① 주택의 2025년의 연간 임대료수입은 12,000,000원 (월 1,000,000×12)이다.

② 간편장부로 장부를 기장하였으며, 필요경비는 3,000,000원이다.

(2) 이현경은 2025년에 발생한 주택임대외 사업소득금액 49,000,000원이 있으며, 종합소득공제액은 3,000,000원이다. 주어진 자료 외의 다른 사항은 고려하지 않으며, 종합과세 계산시 세액감면, 세액공제도 '0'으로 가정한다.

- 질문 1 : 분리과세여부를 결정하시오.
- 질문 2 : 종합소득세 결정세액을 계산하시오.

예제 03

해 답

(1) 합산과세

주택임대외 사업소득금액 : 49,000,000
주택임대사업소득금액 : 12,000,000 - 3,000,000 = 9,000,000
종합소득금액 : 58,000,000
종합소득과세표준 : 55,000,000 = 58,000,000 - 3,000,000 (종합소득공제)
종합소득세 산출세액 : 7,440,000
종합소득세 결정세액 : 7,440,000

(2) 분리과세시

1) 주택임대소득에 대한 분리과세시 세액

[12,000,000 × (1 - 50%)) - 0원*)] × 14% = 840,000

미등록임대주택의 경우에는 50%를 적용하며, 등록임대주택의 경우에는 60%를 적용한다.

* 분리과세 주택임대소득을 제외한 해당 과세기간의 종합소득금액이 2천만원 이하인 경우에 200만원(등록임대주택자는 400만원)을 공제한다.

2) 주택이외 종합소득

주택임대외 사업소득금액 : 49,000,000
종합소득금액 : 49,000,000
종합소득과세표준 : 46,000,000 = 49,000,000 - 3,000,000 (종합소득공제)
종합소득세 산출세액 : 5,640,000
종합소득세 결정세액 : 5,640,000

주택임대소득을 분리과세하는 것이 더 유리하다

최종결정세액 5,640,000 + 840,000 = 6,480,000

3. 사업소득의 과세방법

구 분	과세방법
소득의 지급자	원칙적으로 대부분의 사업소득에 대하여는 원천징수를 하지 않는다.*
소득의 귀속자	사업소득은 모두 종합과세한다.

* 다만, 다음의 사업소득의 경우에는 원천징수 또는 납세조합징수의 대상이 된다.
① 의료보건용역・인적용역의 공급에서 발생하는 소득 : 소득의 지급자가 수입금액의 3%를 원천징수한다.
② 보험모집인・방문판매원의 모집・판매수당 : 소득의 지급자가 수입금액의 3%를 원천징수하고 연말정산을 행한다.
③ 봉사료 수입금액 : 봉사료가 공급가액(간이과세자의 경우에는 공급대가)의 20%를 초과하는 경우에 사업자가 봉사료 수입금 액의 5%를 원천징수한다.
④ 농・축・수산물 판매업자 등 일정한 사업자 : 납세조합이 기본세율로 징수한다.

(1) 사업소득금액의 수입시기

총수입 금액과 필요경비가 확정된 날이 속하는 연도로 한다 (권리의무확정주의). 구체적인 내용은 법인세법과 유사하다.

1) 일반적인 판매 · 양도의 손익귀속시기

구 분	법인세법	기업회계기준
상품 등 (부동산 제외)의 판매	인도일	왼쪽과 동일
상품 등 외의 자산 (부동산 포함)의 양도	다음 중 빠른 날 ① 대금청산일 ② 소유권이전등기 (등록)일 ③ 인도일 ④ 사용수익일	법적 소유권 이전시점과 위험과 효익이 이전되고 판매자의 중요한 추가의무 완료시점 중 빠른 날 (왼쪽과 동일)
상품 등의 시용판매	상대방이 구입의사를 표시한 날	왼쪽과 동일
자산 위탁판매	수탁자가 위탁자산을 판매한 날	왼쪽과 동일
매출할인	상대방과의 약정에 의한 지급기일 (약정에 의한 지급기일이 없는 경우 지급한 날)이 속하는 연도의 매출액에서 차감	왼쪽과 동일

2) 할부조건부 판매 · 양도의 손익귀속시기

단기할부판매에 해당하는 경우에는 명목가치에 의한 인도기준에 따라 손익귀속시기로 인식한다. 장기할부조건판매에 해당하는 경우에는 명목가치에 의한 인도기준을 원칙으로 할 수 있고 손익귀속시기의 특례에 따라 결산서에 계상한 경우에는 회수기일도래기준을 선택할 수 있다.

예제 04 사업소득 총수입금액과 필요경비

사업소득자 이창렬 씨의 사업소득 수입금액과 필요경비를 구하시오

(1) 2025년 수입금액 항목

매출 1억 1,000만원, 매출할인 1,000만원, 지급받은 장려금 1,000만원, 사업관련 보험차익 1,000만원, 작년소득세 환급금 1,000만원, 부가가치세 매출세액 1,000만원

(2) 2025년 필요경비 항목

재고자산 평가차손 1,000만원, 매출원가 5,000만원 (평가차손 반영전), 요트구입 비용 5,000만원, 사업용 자산의 보험료 1,000만원, 중과실에 따른 손해배상금 1,000만원

소득세 1,000만원

해 답

(1) 사업소득 : 매출 1억 1,000만원 - 매출할인 1,000만원 + 장려금 1,000만원 + 보험차익 1,000만원 = 1억 2,000만원

(2) 필요경비 : 매출원가 5,000만원 + 재고자산평가차손 1,000만원 + 보험료 1,000만원 = 7,000만원

4. 법인의 각사업연도소득과 개인의 사업소득 등의 비교

(1) 과세요건 비교

법인의 각 사업연도 소득과 개인의 사업소득은 차이를 가지고 있다. 소득세의 과세기간은 1월 1일부터 12월 31일까지이다. 반면, 법인세는 정관상의 사업연도(1년을 초과하지 못함)을 과세기간으로 한다. 과세기간등 기타의 차이를 정리해보면 아래와 같다.

▌소득세와 법인세 비교

<table>
<tr><th colspan="3">구 분</th><th>소득세</th><th>법인세</th></tr>
<tr><td colspan="3">과세기간</td><td>법정 과세연도(1.1.~12.31.)</td><td>정관상 사업연도(1년을 초과못함)</td></tr>
<tr><td colspan="3">납세의무성립일</td><td>12월 31일</td><td>사업연도 종료일</td></tr>
<tr><td rowspan="7">과
세
요
건</td><td colspan="2">납세의무자</td><td>개인(거주자)</td><td>법 인</td></tr>
<tr><td rowspan="3">과
세
범
위</td><td>과세대상</td><td>과세연도 동안 발생한 소득</td><td>좌 동</td></tr>
<tr><td>과세소득개념</td><td>소득원천설(열거주의, 예외적으로 유형별 포괄주의)</td><td>순자산증가설(포괄주의)</td></tr>
<tr><td>과세방법</td><td>각 소득별 분류과세(종합소득 · 퇴직소득 · 양도소득) — 불완전한 종합과세</td><td>종합과세</td></tr>
<tr><td colspan="2">과세표준</td><td>총수입금액(비과세소득 제외)
- 필요경비(이월결손금 포함)
각 소득별 소득금액(분류과세)
- 소득공제
각 소득별 과세표준</td><td>익 금
- 손 금
각 사업연도 소득금액
- 이월결손금*
- 비과세소득
- 소득공제
과세표준</td></tr>
<tr><td colspan="2">세 율</td><td>8단계 초과누진세율(6%~45%)</td><td>4단계 초과누진세율(9%~24%)</td></tr>
<tr><td colspan="2">부동산양도차익의 과세</td><td>별도의 양도소득세율로 양도소득세를 납부</td><td>법인세로 납부. 다만, 부동산양도소득분의 법인세를 추가 납부함</td></tr>
<tr><td colspan="3">납세지</td><td>주소지</td><td>본점 소재지</td></tr>
</table>

* 이월결손금의 공제기간이 짧아 기업이 결손금이 발행하더라도 공제받지 못할 소지가 있어 이월결손금 공제기한을 10년에서 15년으로 연장하였다.

5. 근로소득과 사업소득 비교

(1) 근로소득세 사례

홍길동 씨는 1월 1일부터 12월 31일까지 동양전자에 근무하고, 매월 정액으로 210만원의 급여를 지급받기로 하였다. 홍길동 씨 통장에 입금되는 금액은 210만원보다 적은 금액이 입금 될 것이다. 왜냐하면 4대 보험료와 소득세 및 지방소득세가 차감되어 입금되기 때문이다.

4대 보험료와 지방소득세가 없다고 가정하면, 소득세만 차감되고 근로소득자 홍길동 씨 통장에 일정한 금액이 입금될 것이다. 매년 동일 금액을 지급 받았다고 한다면, 1년간 근무하여 지급받은 총급여는 2,520만원이다. 근로소득에서 근로소득공제를 차감하여 근로소득금액이 계산되지만, 사업소득금액에서는 사업소득에서 입증된 필요경비를 차감하여 사업소득금액이 계산된다.

근로소득세 원천징수

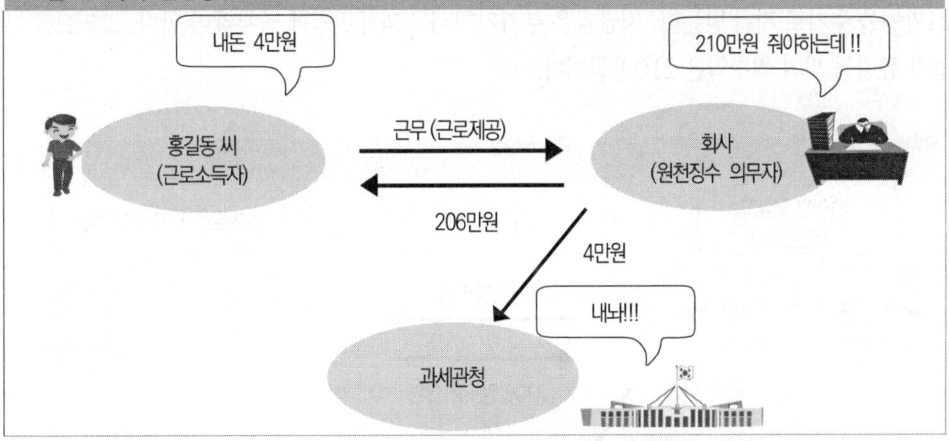

근로소득세원천징수와 연말정산신고

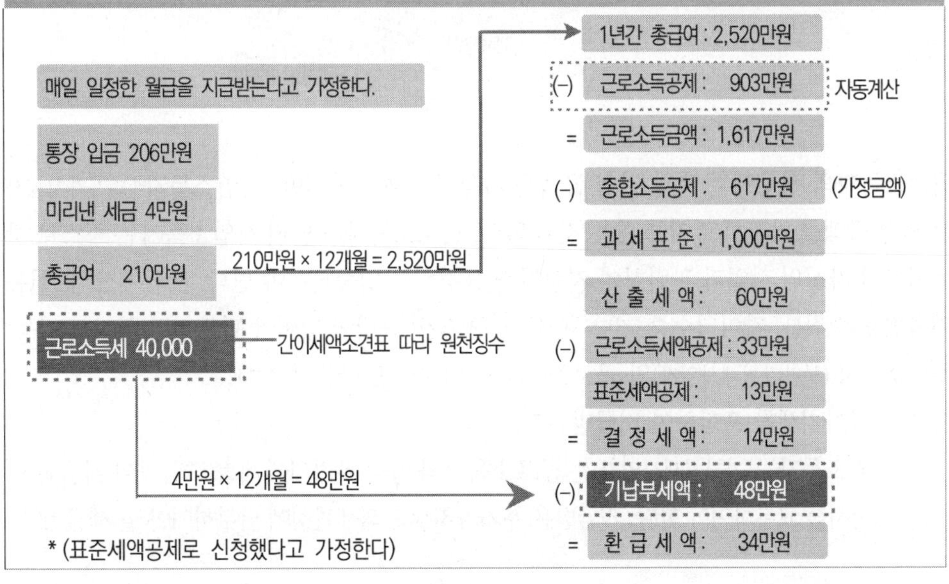

홍길동의 총급여는 2,520만원이고 근로소득공제를 적용하면 903만원이 계산된다. 근로소득금액은 1,617만원이 계산된다. 종합소득공제를 617만원으로 가정하면 과세표준은 1,000만원이다. 현행 세법에서는 과세표준이 1,400만원 이하 구간에 대하여 6%세율이 적용되고 이에 따라 산출세액은 60만원이다. 근로소득세액공제와 표준세액 공제를 차감하면 결정세액은 14만원이 도출된다. 원천징수한 금액은 48만원이고 최종 결정세액은 14만원 이므로 34만원을 환급받게 된다.

(2) 사업소득 사례

매월 사업과 관련하여 거래처로부터 지급받는 수수료가 210만원인 사업주 홍길동 씨가 있다고 가정하자. 부가가치세법상 과세사업을 영위하는 사업자라면, 매월 지급받는 금액은 부가가치세까지 포함하여 지급받아야 한다. 사업적으로 매월 수수료로 지급받아야 하는 금액이 210만원이면 부가가치세 21만원을 추가로 지급 받는다. 지급받은 부가가치세는 과세관청에 납부해야 한다. 그러므로 개인사업자 홍길동 씨의 월수입은 210만원이다.

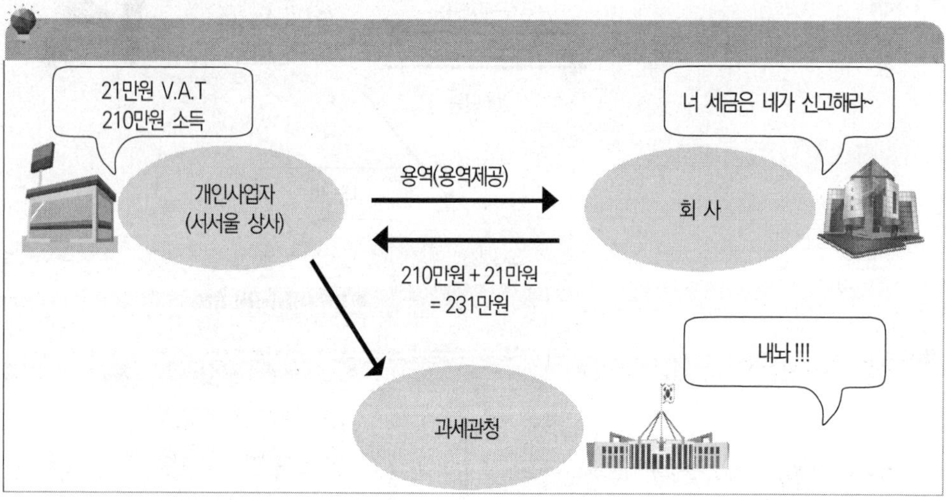

근로소득자의 경우에는 매월 일정 금액을 차감하고 지급받지만, 사업소득자 (부가가치세사업자)는 일정 금액을 차감하고 지급 받는 것이 없다. 근로소득자와 달리 사업소득자는 스스로 장부를 비치하여 자신의 사업과 관련하여 지출한 필요경비를 입증하여야 한다. 세금계산서, 신용카드 매출전표 수취분, 간이영수증 (건당 3만원 이하) 등의 증빙이 있어야 필요경비 처리가 가능하다.

사업소득자 (부가가치세사업자)와 근로소득자를 비교하면 다음과 같다.

첫째, 부가가치세를 포함하여 지급받는다.

사업소득자 (부가가치세사업자)는 근로소득자와 달리 부가가치세를 포함하여 지급받고 세금계산서를 교부하여야 한다. 지급받은 부가가치세는 과세관청에 납부하여야 할 세금이다.

둘째, 1년간의 필요경비는 장부와 증빙을 통해 입증하여야 한다.

셋째, 근로소득자는 원천징수를 적용하여 기납부세액이 있지만, 사업소득자 (부가가치세사업자)는 원천징수당하는 세액이 없기 때문에 기납부세액이 없다.

넷째, 근로소득자 중 항목별 특별세액공제를 신청하지 않은 사람은 연 13만원의 표준세액공제를 적용받을 수 있지만, 사업소득자는 연 7만원 (성실신고사업자 12만원)의 표준세액공제를 적용받을 수 있다.

근로소득자와 사업소득자 비교

근로소득자			사업소득자		
	통장 입금 206만원			통장 입금 231만원	
	미리낸 세금 4만원			부가가치세 21만원 제외	
	월 급여 210만원			월 수입 210만원	
	1년간 총급여 : 2,520만원			1년간 총 수입 : 2,520만원	
(−)	근로소득공제 : 903만원	(자동계산)	(−)	1 년간 필요경비 : 2,000만원	(입증가정)
=	근로소득금액 : 1,617만원		=	사업소득금액 : 520만원	
(−)	종합소득공제 : 617만원	(가정)	(−)	종합소득공제 : 120만원	(가정)
=	과 세 표 준 : 1,000만원		=	과 세 표 준 : 400만원	
	산 출 세 액 : 60만원			산 출 세 액 : 24만원	
(−)	근로소득세액공제 : 33만원				
(−)	표준세액공제 : 13만원		(−)	표준세액공제 : 7만원	
=	결 정 세 액 : 24만원		=	결 정 세 액 : 17만원	
(−)	기납부세액 : 48만원		(−)	기납부세액 : 0	
=	환 급 세 액 : 34만원		=	납 부 세 액 : 17만원	

6. 사업소득금액의 계산

(1) 계산구조

구 분	내 용
직접법	사업소득금액 = 총수입금액 (비과세 제외) - 필요경비

사업소득금액은 사업과 관련하여 지급받은 총수입금액에서 사업과 관련하여 지출한 필요경비를 차감하여 사업소득금액을 계산한다. 사업과 관련된 수입을 총수입금액이라고 하며, 사업과 관련된 지출을 필요경비라 한다. 총수입금액과 필요경비에 대한 내용은 뒤에 후술하기로 한다. 이렇게 계산한 사업소득금액은 다른 종합소득금액과 합산하여 종합소득금액을 구성한다. 다른 소득이 없다면 사업소득금액이 종합소득금액이다.

종합소득금액계산구조

소득				공제		소득금액	
배당소득	(-)	비과세, 분리	(-)	(+) Gross up	=	배당소득금액	종합소득금액
이자소득	(-)	비과세, 분리	(-)		=	이자소득금액	
사업소득	(-)	비과세, 분리 (주택임대사업자)	(-)	필요경비 (입증)	=	사업소득금액	
근로소득	(-)	비과세, 분리	(-)	근로소득공제	=	근로소득금액	
연금소득	(-)	비과세, 분리	(-)	연금소득공제	=	연금소득금액	
기타소득	(-)	비과세, 분리	(-)	필요경비 (60%)	=	기타소득금액	

사업소득 이외에 다른 소득이 없다고 가정한다면 과세표준은 다음과 같이 계산할 수 있다.

과세표준 = 사업소득금액 - 종합소득공제

과세표준이 계산되면 종합소득 과세표준에 세율을 곱하여 산출세액을 계산한다.
현행 소득세법은 8단계 누진세율 제도를 채택하고 있다. 6% ~ 45%까지 세율을 적용하여 산출세액을 계산한다. 8단계 누진세율은 아래의 표에 의하여 계산하면 된다.

▌8단계 누진세율

과 세 표 준	산출세액
	초과누진방식
1,400만원 이하	과세표준 × 6%
1,400만원 초과 5,000만원 이하	84만원 + 1,400만원 초과액 × 15%
5,000만원 초과 8,800만원 이하	624만원 + 5,000만원 초과액 × 24%
8,800만원 초과 1억5,000만원 이하	1,536만원 + 8,800만원 초과액 × 35%
1억5,000억 원 초과 3억 원 이하	3,706만원 + 1억5천만원 초과액 × 38%
3억 원 초과 5억 원 이하	9,406만원 + 3억 원 초과액 × 40%
5억 원 초과 10억 원 이하	1억7,406만원 + 5억 원 초과액 × 42%
10억 원 초과	3억8,406만원 +10억 원 초과액 × 45%

과세표준의 세율을 적용하여 산출세액을 계산한다. 산출된 세액의 감면 혹은 공제해 주는 제도가 있다. 이를 세액공제 및 감면제도라 한다. 기장세액공제와 투자세액공제 등 일정요건을 충족하는 경우 산출된 세액의 일부를 차감하여 준다. 세법상의 일정한 의무를 준수하지 않는 경우에는 가산세를 부과한다. 대표적인 가산세가 무신고 가산세와 무기장 가산세 등이 있다. 산출세액에서 세액공제를 차감하면 결정세액이 된다. 결정세액에 가산세를 더하면 총결정세액 이라고 한다. 총결정세액에서 미리 납부한 세액 (원천징수세액, 중간납부세액, 수시부과세액, 예정고지세액)을 차감후 세액이 납세의무자가 최종적으로 납부하여야 할 차가감납부세액이다.

결정세액 = 산출세액 - 세액공제 · 감면
총결정세액 = 결정세액 + 가산세
차가감납부세액 = 총결정세액 - 기납부세액

(2) 총수입금액

총수입금액의 계산은 당해연도에 수입하였거나 수입할 금액의 합계액에 의하며, 총수입금액의 계산은 다음에 의한다.

총수입금액	총수입금액불산입
① 사업수입금액 (매출환입 · 매출에누리 · 매출할인 차감) ② 상대방으로부터 받는 장려금 ③ 필요경비로 지출된 세액의 환입액 ④ 당해 사업과 관련된 자산수증이익과 채무면제이익 ⑤ 퇴직일시금신탁의 이익 또는 분배금과 퇴직보험계약의 보험차익	① 소득세 등 환급액. 거주자가 소득세 또는 지방소득세를 환급받았거나 환급받을 금액 중 다른 세액에 충당한 금액은 당해연도의 소득금액의 계산에 있어서 이를 총수입금액에 산입하지 아니한다. ② 자산수증이익 · 채무면제이익 중 이월결손금 보전에 충당된 금액 : 이월결손금은 세무상 결손금으로서 발생연도의 제한이 없는 것을 말한다.

⑥ 사업과 관련된 보험차익 ⑦ 재고자산 등의 가사용 소비 등. 거주자가 재고자산 또는 임목을 가사용으로 소비하거나 이를 종업원 또는 타인에게 지급한 경우에도 이를 소비 또는 지급한 때의 가액에 상당하는 금액은 이를 총수입금액에 산입하고, 그 원가를 필요경비에 산입한다. ⑧ 기타 사업과 관련된 수입금액으로서 당해 사업자에게 귀속되었거나 귀속될 금액	③ 이월된 소득금액 ④ 자기가 생산하는 다른 제품의 원재료 등으로 사용된 재고자산 ⑤ 특별소비세, 주세, 교통·에너지·환경세 ⑥ 부가가치세의 매출세액 ⑦ 국세 또는 지방세 등의 과오납금의 환급금에 대한 이자

총수입금액에 불산입 항목을 보면 위와 같이 열거되어 있다. 부가가치세 매출세액은 대표적인 총수입금액 불산입 항목으로 지급받은 부가가치세액은 과세관청에 납부할 금액이기 때문에 당해 사업자의 수입금액에 포함해서는 안 된다.

(3) 필요경비

필요경비에 산입할 금액은 당해연도의 총수입금액에 대응하는 비용으로서 일반적으로 용인되는 통상적인 것의 합계액으로 한다.

① 판매한 상품·제품의 원료의 매입가액(매입에누리·매입할인 차감)과 그 부대비용(특수관계 있는 자가 아닌 자에게 지급되는 판매장려금·판매수당·할인액 등 판매에 따른 부대비용 포함)
② 부동산 양도당시의 장부가액(주택신축판매업과 부동산매매업의 경우에 한함)
③ 산림취득비, 양잠업의 경비
④ 종업원의 급여. 사업주의 급여는 필요경비에 산입하지 아니하며, 사업주 가족의 급여는 그 가족이 오로지 그 사업에 직접 종사하고 있는 경우에 한하여 필요경비에 산입한다.
⑤ 사업용자산에 대한 수선비·관리유지비·임차료
⑥ 종업원을 위하여 직장체육비·직장연예비, 가족계획사업지원비 등으로 지출한 금액
⑦ 「국민건강보험법」 및 「고용보험법」에 의하여 사용자로서 부담하는 보험료 또는 부담금
⑧ 사업용자산에 대한 손해보험료
⑨ 단체순수보장성보험 및 단체환급부보장성보험의 보험료
⑩ 지급이자
⑪ 재고자산의 평가차손
⑫ 사업과 관련 있는 제세공과금
⑬ 사업용고정자산의 감가상각비
⑭ 대손금

⑮ 거래수량 또는 거래금액에 따라 상대방에게 지급하는 장려금 기타 유사한 금액
⑯ 퇴직보험 또는 퇴직일시금신탁 보험료 등
⑰ 근로자에게 공통 적용되는 지급기준에 따라 지급하는 출산 및 양육 지원금
⑱ 사용자 본인의 직장·지역 건강보험료와 고용·산재보험료

(4) 필요경비 불산입

필요경비에 산입되지 않는 비용이다.

① 소득세와 소득할 지방소득세
② 벌금・과료・과태료, 가산금・체납처분비, 징수불이행으로 납부한 세액 (가산세 포함)
③ 가사 경비와 이에 관련되는 경비
예 사업자가 가사와 관련하여 지출하였음이 확인되는 경비
④ 각 연도에 계상한 감가상각비 중 상각범위액을 초과하는 금액
⑤ 재고자산 및 화폐성 외화자산 외의 자산의 평가차손
⑥ 채권자불분명사채이자
⑦ 업무무관비용[사업자가 공여한 「형법」에 따른 뇌물 (외국공무원에 대한 뇌물 포함)에 해당하는 금전과 금전이외의 자산 및 경제적 이익의 합계액을 포함함]
⑧ 부가가치세의 매입세액 (면세사업자가 부담하는 매입세액과 간이과세자가 납부한 부가가치세액은 제외)
⑨ 법령에 의하여 의무적으로 납부하는 것이 아니거나 법령에 의한 의무의 불이행 또는 금지・제한 등의 위반에 대한 제재로서 부과되는 공과금
⑩ 고의・중과실로 인한 손해배상금
⑪ 접대비 한도초과액
⑫ 기부금 한도초과액
⑬ 선급비용
⑭ 건설자금에 충당한 차입금의 이자
⑮ 반출하였으나 판매하지 않은 제품에 대한 개별소비세, 주세, 교통・에너지・환경세의 미납액 다만, 제품가액에 그 세액상당액을 가산한 경우에는 필요경비로 인정한다.

(5) 간접법에 의한 계산

사업소득 귀속자는 다음과 같이 사업소득금액을 계산한다.

사업소득금액 = 총수입금액 (비과세 소득 제외) − 필요경비

[간접법에 의한 사업소득금액의 계산]

결산서상의 흐름을 다시 정리하면 다음과 같다. 결산서상 이익과 세무상 이익은 같지 않기 때문에 4가지 차이를 조정하면서 아래와 같이 세무상 이익을 도출한다.

결산서(BOOK) 상의 이익		1.000원
필요경비불산입(회계상 비용이나, 세무상 경비가 아님) 비용에서 차감 하여 결산서 상의 이익을 증가시킴	가산	(+) A
총수입금액불산입(회계상 수익이나, 세무상 수입이 아님) 수익에서 차감 하여 결산서 상의 이익을 감소시킴	차감	(-) B
필요경비산입(회계상 비용이 아니나, 세무상 경비에 해당함) 비용에서 가산하여 결산서 상의 이익을 감소시킴	차감	(-) C
총수입금액산입(회계상 수익이 아니나, 세무상 수입에 해당함) 수익에서 가산하여 결산서 상의 이익을 증가시킴	가산	(+) D
사업소득금액(TAX) 상의 이익		= 1,000원 + A - B - C + D

7. 주요경비의 처리

(1) 인건비 등 비용

인건비는 필요경비에 산입된다. 다만, 다음의 대표자 인건비는 필요경비 불산입한다.
개인사업자의 경우에는 대표자의 인건비는 필요경비 불산입되지만, 법인사업자의 경우에는 대표자 인건비는 손금으로 인정한다.

구 분	소득세	법인세
인건비	다음의 인건비는 필요경비 불산입함 ① 사업자(공동사업자 포함)의 인건비 ② 사업에 직접 종사하지 않는 사업자 가족의 인건비	대표자의 인건비도 손금으로 인정함
사업자 본인의 건강보험료	필요경비 인정	복리후생비로 손금인정

(2) 지급이자와 가지급금

소득세법에서는 지급이자에 대하여 다음에 해당하는 경우 지급이자의 필요경비를 인정하지 않는다.

① 채권자가 불분명한 사채이자

사업과 관련하여 지급한 이자는 채무자의 사업소득금액을 감소시킨다. 반면, 이자소득을 지급받은 채권자의 이자소득금액은 증가한다. 지급받은 채권자가 불분명한 경우에는 과세관청은 채권자에게 이자소득세를 과세할 수 없다. 그래서 지급받은 채권자가 분명하지 않은 이자비용에 대하여는 사업소득을 계산하는데 있어서 필요경비를 인정하지 않는다.

② 건설자금이자

건설자금이자는 영원히 필요경비로 인정하지 않는 것이 아니라, 당해 과세기간의 필요경비에 산입되지 않는 것이지, 당해 자산가액을 구성하여 당해 자산가액의 감가상각비용에 포함하여 필요경비에 산입된다.

③ 초과 인출금에 대한 지급이자

초과 인출금이란 부채의 합계액이 사업용자산의 합계액을 초과하는 금액으로 일반적으로 개인사업자가 장부상 출자한 금액보다 더 많은 금액을 가져간 경우가 초과 인출금에 해당한다.
일반 사업자 대출의 경우에는 일반 가계대출에 비하여 낮은 이자를 부담한다. 개인사업자가 당해 초과 인출금이 발생한 경우에는 초과인출 기간동안의 해당 이자에 대하여 필요경비에 산입하지 않는 세제상 불이익을 제공한다.
초과인출금이란 부채의 합계액 중 사업용 자산의 합계액을 초과하는 금액을 말하며 해당 초과인출금에 상당하는 지급이자는 다음에 따라 계산한 금액으로 하며 가사관련경비로 필요경비 불산입한다.

- 초과인출금 = 부채의 합계액 - 사업용 자산의 합계액
- 초과인출금에 대한 지급이자 = 지급이자 × $\frac{\text{해당 과세기간 중 초과인출금의 적수}}{\text{해당 과세기간 중 차입금의 적수}}$

적수의 계산은 매월말 현재의 초과인출금 또는 차입금의 잔액에 경과일수를 곱하여 계산할 수 있으며, 초과인출금의 적수가 차입금의 적수를 초과하는 경우 그 초과하는 부분은 없는 것으로 본다.
위 계산시 부채는 필요경비에 산입한 충당금 및 준비금을 제외한다.
가사 관련 비용을 계산함에 있어 거주자가 동일업종의 여러 개의 사업장을 가지고 있는 경우에는 해당 사업장별로 구분하여 초과인출금을 계산한다.

④ 업무무관자산에 대한 지급이자

업무무관자산이란 업무와 관련 없는 자산으로서 기업이 현재 영위하는 사업과 직접적인 관련이 없는 자산을 말한다. 세법은 업무무관자산을 취득 · 관리함으로서 생기는 비용 · 유지비 · 수선비와 이에 관련되는 손비는 업무무관경비로서 손금으로 인정하지 않는다. 또한 당해 법인의 지급이자 중 업무무관자산이 총차입금에서 차지하는 비율에 상당하는 지급이자를 손금불산입한다.

(3) 접대비 (기업업무추진비)

1) 개요

접대비라 함은 접대비 · 교제비 · 기밀비 · 사례금 기타 명목 여하에 불구하고 이에 유사한 성질의 비용으로서 업무와 관련하여 지출한 금액을 말한다. 업무와 관련하여 지출한 금액이라 함은 구매 · 생산 · 판매 등 법인의 사업과 직접 관련하여 지출한 비용을 말하므로 반대급부(反對給付)를 기대하지 아니하고 업무와 직접 관련 없이 지출하는 기부금과는 구분되며 사용인에게 지출하는 복리후생비 및 광고선전을 목적으로 불특정 다수인에게 지출하는 광고선전비(廣告宣傳費)와도 구분된다. 이러한 접대비는 세법상 일정한도를 초과하는 경우 손금으로 인정되지 아니한다. 현행 세법은 기업의 재무구조를 개선하고 유흥 · 향락과 관련된 소비를 근절하기 위하여 접대비의 사용에 대한 엄격한 제한 및 필요경비산입의 한도를 두고 있다.

접대비에 해당하는지의 여부는 계정과목의 명칭에 관계없이 그 실질내용에 따라 판단하여야 한다. 주요 판단 내용은 다음과 같다.

① 거래처 등과의 약정에 의한 채권포기액은 접대비로 본다.

② 특수관계자 외의 자에게 지급되는 판매장려금 · 판매수당 또는 할인액 등으로서 정상적인 거래라고 인정될 수 없는 범위의 금액을 접대비로 본다.

③ 통상회의비를 초과하는 금액과 유흥을 위하여 지출한 금액은 접대비로 본다.

④ 광고선전용 기증품(광고선전 목적으로 견본품 · 달력 · 수첩 · 부채 · 컵 등)으로 업무와 관련하여 특정인에게 기증하기 위하여 지출한 비용(연간 3만원 초과인 경우에 한함)은 접대비로 본다.

⑤ 기타

- 금융기관 등이 적금 · 보험 등의 계약이나 수금에 필요하여 지출하는 경비는 접대비로 본다.
- 사업상 증여의 경우에 사업자가 부담한 부가가치세 매출세액 상당액은 사업상증여의 성질에 따라 접대비 또는 기부금 등으로 처리한다.
- 접대비 관련 부가가치세 매입세액 불공제액 : 접대비로 본다.

2) 접대비 필요경비 불산입

첫째, **증빙불비 접대비의 필요경비 불산입**

사업자가 접대비로 계상한 금액 중 증빙이 없는 접대비는 필요경비 불산입한다.

(다만, 지출사실이 객관적으로 명백한 경우로서 접대비 증거자료 구비가 어려운 국외지경에서의 지출 또는 농어민 등의 지출은 그러하지 아니한다.)

둘째, 건당 3만원 초과 법적증빙 미수취 접대비

법인세법과 달리 종업원 개인명의 신용카드를 사용하여 접대하고 매출전표를 수취한 경우 업무와 관련하여 지출한 것이 확인되는 경우 적격증명서류로 인정한다.

셋째, 접대비 한도초과액 세무조정

사업자가 지출한 접대비 중 증빙불비 등으로 직접부인된 접대비를 제외한 접대비로서 다음의 접대비 필요경비산입한도액을 초과하는 금액은 필요경비 불산입한다.

▎접대비한도

접대비 손금산입한도액 = ①+②+③+④

① 기본한도 : 12,000,000원 (중소기업은 36,000,000원) × $\frac{\text{사업연도월수}}{12}$

② 수입금액 한도 : (일반수입금액 × 적용률) + (특정수입금액 × 적용률 × 10%)

③ 문화접대비 한도 Min { ㉠ 문화접대비, ㉡ (①+②) × 20% }

④ 전통시장 접대비 { ㉠ 전통시장접대비, ㉡ (①+②) × 10% }

▎접대비 적용비율

구 분	내 용
적용률	① 수입금액 100억원 이하 ······ 30/10,000 ② 수입금액 100억원 초과 500억원 이하 ······ 20/10,000 ③ 수입금액 500억원 초과 ······ 3/10,000
적용례	일반수입금액과 특정수입금액이 함께 있는 경우 일반수입금액부터 높은 적용률을 적용한다. (특수관계인과의 거래에서 발생한 수입금액은 적용률을 곱하여 산출한 금액의 100분의 10%에 해당하는 금액으로 한다.)

(4) 업무용 승용차 관련 비용

1) 적용대상 차량

개별소비세 부과대상인 승용차가 대상이며 운수업, 자동차판매업, 자동차임대업, 운전학원업 등에서 영업용으로 사용하는 승용차는 적용대상에서 제외된다. 개인사업자의 업무전용자동차보험 가입의무대상자는 성실신고확인대상자로 수입금액 기준 업종별 일정 규모 이상 사업자이지만, 24.1.1. 이후 발생하는 소득부터 전체 복식부기의무자로 의무가입대상이 확대되었다.

2) 관련 비용

감가상각비, 임차료, 유류비, 보험료, 수리비, 자동차세 등 승용차 취득 · 유지비용

3) 비용으로 인정되는 업무용 사용금액 계산방법

① 임직원 전용보험 가입

개인사업자의 경우 성실신고확인사업자와 전문직 업종사업자는 임직원 전용 자동차 보험 가입의무가 있다. 24.1.1. 이후 발생하는 소득분부터 복식부기 의무자는 업무전용 자동차보험에 가입해야 한다.

② 업무관련 사용 입증

임직원 전용 자동차보험에 가입하고 운행기록을 작성한 경우 업무용 승용차 관련비용업무사용비율만큼 인정한다. 임직원 전용 자동차보험에 가입하였으나 운행기록을 작성하지 않은 경우 아래 산식에 따른 비용을 인정한다. Min (업무용승용차 관련비용, 1,500만원)

③ 감가상각비

감가상각비와 임차료 중 감가상각비상당액으로서 업무사용 금액은 연간 800만원 한도로 비용으로 인정, 한도초과분은 이월한다.

㈀ 감가상각비 (상당액)업무사용금액 계산방법

감가상각비 (상당액)운행기록상 업무사용비율

㈁ 운행기록을 작성하지 않은 경우 업무사용비율 계산방법

업무용 승용차 관련비용이 1,500만원 이하인 경우 : 100%

업무용 승용차 관련비용이 1,500만원 초과인 경우 : 1천만원업무용승용차 관련비용

㈂ 업무용 승용차 감가상각 의무화

상각방법은 정액법이며 내용연수는 5년이다.

④ 업무용자동차 전용보험 가입의무

성실신고확인사업자, 전문직 업종사업 (변호사업, 회계사업, 변리사업, 세무사업, 약국) 등 업무용 자동차 전용보험 가입의무가 있고, 미가입한 경우 업무용승용차 수에 따른 다음의 금액

(a) 1대보유: 업무사용금액 = 업무용승용차관련비용 × 업무사용비율

(b) 1대초과분[3] : 업무사용금액 = 업무용승용차관련비용 × 업무사용비율 × 0%

---

3) 성실신고 및 전문직 사업자 제외한 복식부기의무자의 2024.1.1.부터 2025.12.31까지 발생한 업무용승용차 관련비용에 대한 업무사용금액은 업무용승용차관련비용×업무사용비율×50%를 적용한다.

⑤ 업무용 승용차 관련 비용 명세서 미제출 가산세

업무용 승용차 관련 비용을 손금산입하여 신고한 사업자가 해당 명세서를 미제출·불성실 제출

Ⓐ 미제출 : 업무용 승용차 관련 비용 손금산입액(신고액) 전체의 1%

Ⓑ 불성실 제출 : 업무용 승용차 관련 비용 손금산입액(신고액) 중 명세서상 사실과 다르게 제출한 금액의 1%

8. 결손금 · 이월결손금

(1) 일반 사업소득에서 발생한 결손금 · 이월결손금

① 결손금 : 근로 → 연금 → 기타 → 이자 → 배당소득에서 순서대로 공제함.

② 이월결손금 : 결손금공제 후 남은 결손금은 15년(2019년 이전 발생분은 10년)간 이월하여 사업 → 근로 → 연금 → 기타 → 이자 → 배당소득에서 순서대로 공제함.

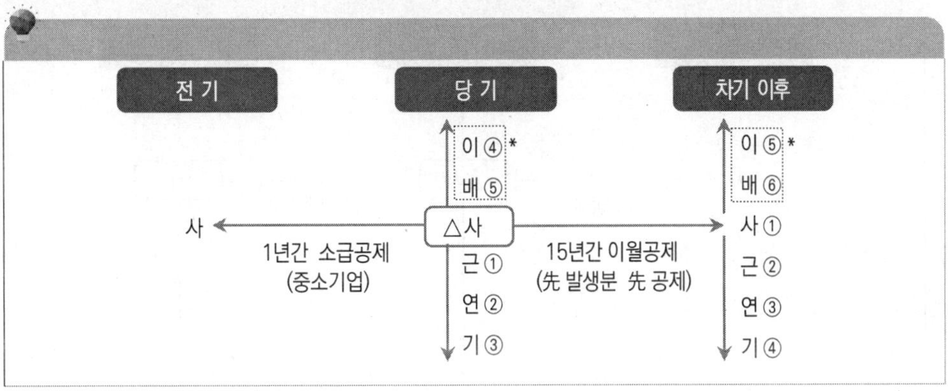

* 금융소득에 대한 결손금 · 이월결손금 공제 특례

- 원천징수세율 적용분 : 공제×[4]
- 기본세율 적용분 : 공제 여부 · 금액 선택가능[5]

---

4) 원천징수세율의 적용대상이 되는 금융소득을 결손금 및 이월결손금 공제를 하기 전의 총액으로 함으로서 최소한 분리과세되는 경우의 세액은 부담하도록 하기 위한 것이다.

5) 종합과세가 되는 금융소득이 있는 자가 사업소득에서 결손금이 발생한 경우에 비교과세방법으로 인하여 공제혜택을 받지 못하면서 결손금만 소진하는 불합리한 경우가 발생할 수도 있기 때문이다.

예 이자소득금액 50,000,000, 사업소득금액 △10,000,000, 종합소득공제액 0

[*Case* 1] 이자소득금액에서 사업소득 결손금을 공제하는 경우

- 산출세액 : *Max* (①, ②) = 7,000,000
  - ① 40,000,000×14% + 0 = 5,600,000
  - ② 50,000,000×14% = 7,000,000

[*Case* 2] 이자소득금액에서 사업소득 결손금을 공제하지 않는 경우

주 1. 자산수증이익 · 채무면제이익으로 충당된 이월결손금은 공제할 수 없음
2. 공제순서 : ① 결손금 공제 → ② 이월결손금 공제 (중소기업은 소급공제와 선택 가능)
3. 법인세법과 소득세법의 결손금소급공제제도의 차이

구 분	법인세법	소득세법
적용대상자	중소기업	중소기업
소급공제기간	직전 사업연도	직전 과세기간
소급공제대상 결손금	법인의 결손금	사업소득의 결손금
소급공제 단위	법인별	사업장별
환급세액	직전 사업연도의 법인세	직전 과세기간의 사업소득에 대한 세액

(2) 부동산 임대업에서 발생한 결손금 · 이월결손금

① 결손금 : 공제하지 않음.

② 이월결손금 : 결손금은 15년(2019년 이전 발생분은 10년)간 이월하여 부동산임대업의 사업소득금액에서 공제함.

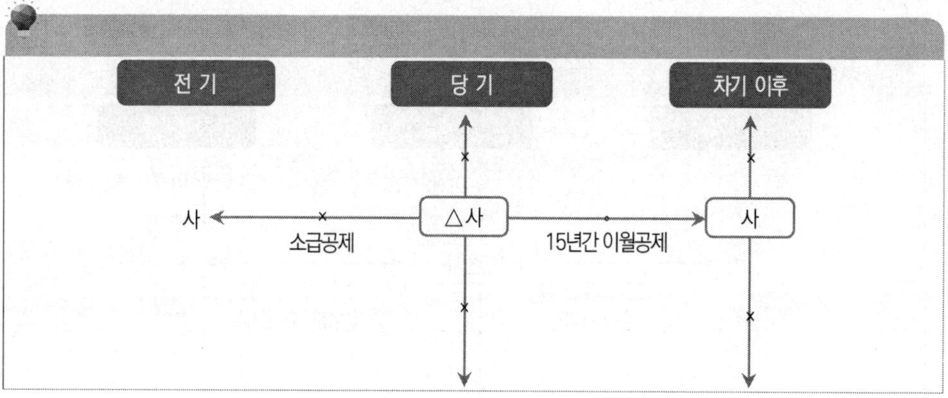

㉠ 추계신고 · 결정시 이월결손금 공제× (천재 · 지변 기타 불가항력 사유는 공제○)
→ 추계소득금액에서 이월결손금은 공제할 수 없지만 결손금은 공제할 수 있음.

㉡ 결손금과 이월결손금이 동시에 있는 경우의 공제 순서
[1순위] 부동산임대업 외의 사업소득 결손금
[2순위] 부동산임대업 외의 사업소득 이월결손금
[3순위] 부동산임대업의 사업소득 이월결손금

㉢ 국세기본법에 따른 국세부과의 제척기간이 지난 후에 그 제척기간 이전 과세기간의 이월결손금이 확인된 경우 그 이월결손금은 공제하지 아니함.

• 산출세액 : *Max* (①, ②) = 7,000,000
① 40,000,000×14% + 10,000,000×6% = 6,200,000
② 50,000,000×14% = 7,000,000

제 2 절 분류과세소득

1. 양도소득

(1) 양도소득의 범위

양도란 자산의 등기 또는 등록 여부에 관계없이 매도・교환・법인에 대한 현물출자 등으로 그 자산이 유상으로 사실상 이전되는 것을 말하며, 증여는 그 행위 또는 거래의 명칭・형식・목적 등에 불구하고 경제적 가치를 계산할 수 있는 유형・무형의 재산을 타인에게 무상으로 이전하는 것을 말한다.

양도소득은 다음에 해당하는 자산의 양도로 인하여 발생하는 소득으로 한다.

1) 토지・건물

① 토지 :「지적법」에 의하여 지적공부에 등록하여야 할 지목

② 건물 : 건물에 부속된 시설물과 구축물 포함

2) 부동산에 관한 권리

① 부동산을 취득할 수 있는 권리 : 아파트당첨권・토지상환채권・주택상환채권 등

② 부동산을 이용할 수 있는 권리 : 지상권, 전세권, 등기된 부동산임차권

3) 기타자산

① 특정주식 A*2 : 과점주주가 소유하는 부동산과다보유법인 주식

② 특정주식 B*2 : 특정업종을 영위하는 부동산과다보유법인 주식

③ 사업용고정자산(토지・건물 및 부동산에 관한 권리)과 함께 양도하는 영업권

④ 특정시설물이용권(주주회원권 포함) : 골프회원권, 콘도미니엄 이용권, 스키장회원권 등

4) 주식 및 출자지분

① 주권상장 법인・코스닥상장 법인의 주식 중 대주주[6] 양도분과 장외거래분

② 비상장 법인의 주식

6) 양도일이 속하는 사업연도 직전사업연도 종료일 현재 당해 법인의 주식 등의 합계액 중 1%이상 또는 50억원이상(코스닥 상장법인 2%이상) 이상에 해당하는 주식 등을 소유하고 있는 주주 또는 출자자 1인 및 그와 특수관계자에 있는 자

▌과세대상 출자지분

<table>
<tr><td>2그룹</td><td>주식 ·
출자지분*1</td><td>① 상장법인의 주식 중 대주주*2 양도분과 장외거래분
<table><tr><th>구 분</th><th>장내거래</th><th>장외거래</th></tr><tr><td>대 주 주</td><td>과세 ○</td><td>과세 ○</td></tr><tr><td>소액주주</td><td>과세 ×</td><td>과세 ○</td></tr></table>② 비상장법인의 주식</td></tr>
</table>

*1 주식을 양도한 경우 과세구분 : 주식을 양도한 경우'1그룹의 기타자산 중 법정주식'에도 해당하고, '2그룹의 주식'에도 해당할 경우 '1그룹의 기타자산'을 양도한 것으로 함.

*2 법정주식 A와 법정주식 B

• 대주주 : 대주주란 다음 중 어느 하나에 해당 하는 자를 말한다.

① 법인의 주식 등을 소유하고 있는 주주1인 및 기타주주가 주식 등의 양도일이 속하는 사업연도의 직전사업연도 종료일 현재 소유한 주식 등의 합계액이 해당 법인의 주식등의 합계액에서 차지하는 비율 (소유주식비율) 다음의 비율 이상이 경우

② 주식 등의 양도일이 속하는 사업연도의 직전사업연도 종료일 현재 주주 1인 및 기타 주주가 소유하고 있는 주식 등의 시가총액이 다음의 금액 이상이 경우

구 분	소유주식 비율	시가총액
유가증권시장	1%	50억원
코스닥시장	2%	
코넥스시장	4%	

구 분	법정주식 A	법정주식 B
법인요건	① 모든 업종 ② 자산총액 중 토지 · 건물 · 부동산에 관한 권리의 비율이 50%이상	① 골프장업 · 스키장업 · 휴양콘도미니엄 · 전문휴양시설업 등 ② 자산총액 중 토지 · 건물 · 부동산에 관한 권리의 비율이 80%이상
소유비율	주주 1인과 특수관계자의 지분율 50%초과	일반주주
양도비율	주식의 50%이상 양도 (분할양도시는 과거 3년간 통산)	주식의 1주 이상 양도

(2) 양도소득세의 의의 및 특성

양도소득세는 재고자산 이외의 자산을 양도함으로써 발생하는 양도소득을 과세대상으로 하는 조세를 말하는데, 이러한 양도소득은 비반복적이고 경상적으로 발생하는 자본이득에 해당한다. 특징을 보면 다음과 같다.

① 열거주의 원칙
② 분류과세
③ 거주자와 비거주자의 동일한 과세
④ 신고납세제도
⑤ 장기보유특별공제
⑥ 자산

(3) 과세 양도소득

① 파산선고에 의한 처분으로 인하여 발생하는 소득
② 농지의 교환 또는 분합으로 인하여 발생하는 소득
③ 1세대 1주택 (고가주택을 제외함)과 이에 부수되는 토지의 양도로 인하여 발생하는 소득별 · 보유기간별 · 양도방법에 따라 상이한 세율

(4) 양도소득계산구조

	양도가액	… 실지거래가액 원칙
(-)	취득가액	… 실지거래가액 원칙
(-)	기타필요경비	… 자본적지출 · 양도비용 또는 필요경비개산공제
	양도차익	
(-)	장기보유특별공제	… 등기되고 보유기간이 3년 이상인 토지 · 건물에만 적용
	양도소득금액	… 그룹별로 구분 계산
(-)	양도소득기본공제	… 그룹별로 연 250만원(미등기 양도자산은 적용배제)
	양도소득과세표준	
(×)	세율	… 자산별 · 보유기간별 · 등기여부에 따라 구분 적용
	양도소득산출세액	
(-)	세액감면	… 「조세특례제한법」상 감면세액
(-)	세액공제	
	양도소득결정세액	
(+)	가산세	… 신고불성실가산세 · 납부불성실가산세 · 기장불성실가산세
	양도소득총결정세액	
(-)	기납부세액	… 예정신고납부세액 · 수시부과세액
	차감납부할세액	

1) 원칙 : 실지거래가액 적용

양도가액과 취득가액은 실지거래가액에 의한다. 양도가액을 실지거래가액에 의하는 경우에는 취득가액도 실지거래가액에 의한다.

2) 특례 : 실지거래가액이 확인되지 않는 경우

양도・취득가액을 실지거래가액에 의하는 경우로서 장부 및 기타 증빙서류에 의하여 당해 자산의 양도・취득당시의 실지거래가액을 인정 또는 확인할 수 없는 경우에는 다음의 가액을 순차로 적용하여 산정한 가액에 의한다.

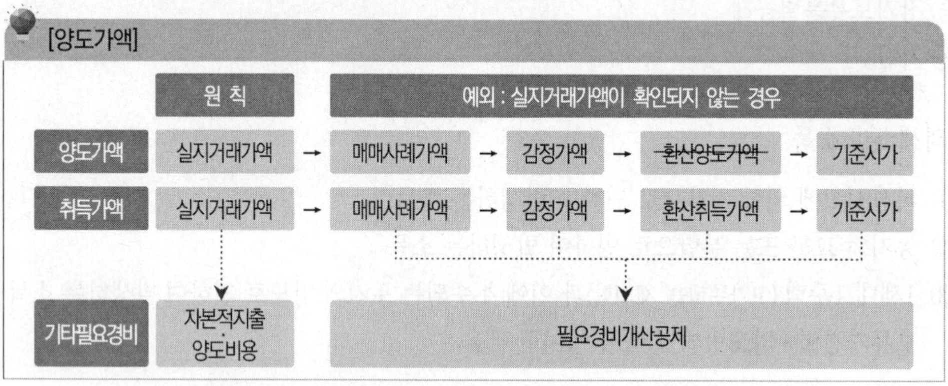

실지거래가액에 의하는 경우
양도당시 실지거래가액
(-) 취득 당시 실지거래가액
(-) 자본적 지출
(-) 양도비용
= 양도차익

양도차익의 계산에 있어서는 실지거래가액에 의하는 경우 양도 당시의 실지거래가액에서 취득 당시의 실지거래가액, 자본적 지출과 양도비용 등을 차감하여야 한다. 자본적 지출은 양도가액에서 필요경비로 공제하나 수익적 지출은 필요경비로 공제하지 아니한다. 또한 양도자산의 취득 후 직접 소요된 소송비용 등의 금액 중 그 연도에 필요경비에 산입되지 아니한 금액을 필요경비로 공제한다. 여기서 자본적 지출이란, 가치를 증가시키거나 내용연수를 연장시키는 지출을 말하며, 수익적 지출과는 다음과 같이 구분할 수 있다.

자본적 지출	수익적 지출
㉠ 본래의 용도를 변경하기 위한 개조	㉠ 건물 또는 벽의 도장
㉡ 엘리베이터 또는 냉난방장치의 설치	㉡ 파손된 유리 및 기와의 대체
㉢ 빌딩 등의 피난시설 설치	㉢ 재해를 입은 자산의 외장의 복구
㉣ 재해 등으로 인한 건물 등이 멸실되어 본래의 용도에 이용할 가치가 없게 된 경우 복구비용	㉣ 기타 조업가능한 상태의 유지를 위한 지출
㉤ 용도변경, 개량, 확장, 증설, 이용편의 등을 위한 지출	

사/례/연/구

집을 새로 샀을 때 필수적으로 따르는 도배공사 비용이나 타일 및 욕조공사비 등에 대해 실제 지출을 영수증으로 입증했다고 하더라도 양도소득세를 계산할 때는 필요경비로 인정받을 수 없다. 보일러 비용과 바닥시공비용 및 샷시비용은 자본적 지출로 해당되지만, 싱크대 설치와 바닥재 시공비용은 수익적 지출에 해당되어 필요경비로 인정되지 않는다.

3) 장기보유 특별공제

토지 또는 건물로서 보유기간 3년 이상인 것에 적용하고 미등기양도자산 및 비사업용 토지는 장기보유특별공제를 배제한다. 1세대 1주택자는 장기보유특별공제를 해당 양도차익의 연 100분의 8씩으로 인상하고 10년 이상 보유시에는 최대 100분의 80까지 허용한다. (법 제95조 제2항)

▌일반장기보유 특별공제

보유기간	일반적인 경우
3년 이상 4년 미만	100분의 6
4년 이상 5년 미만	100분의 8
5년 이상 6년 미만	100분의 10
6년 이상 7년 미만	100분의 12
7년 이상 8년 미만	100분의 14
8년 이상 9년 미만	100분의 16
9년 이상 10년 미만	100분의 18
10년 이상 11년 미만	100분의 20
11년 이상 12년 미만	100분의 22
12년 이상 13년 미만	100분의 24
13년 이상 14년 미만	100분의 26
14년 이상 15년 미만	100분의 28
15년이상	100분의 30

▌1세대 1주택자의 장기보유 특별공제

보유기간	공제율	거주기간	공제율
3년 이상 4년 미만	12%	2년 이상 3년 미만 (보유기간 3년 이상)	8%
		3년 이상 4년 미만	12%
4년 이상 5년 미만	16%	4년 이상 5년 미만	16%
5년 이상 6년 미만	20%	5년 이상 6년 미만	20%
6년 이상 7년 미만	24%	6년 이상 7년 미만	24%
7년 이상 8년 미만	28%	7년 이상 8년 미만	28%
8년 이상 9년 미만	32%	8년 이상 9년 미만	32%
9년 이상 10년 미만	36%	9년 이상 10년 미만	36%
10년 이상	40%	10년 이상	40%

예 보유기간이 5년이고 거주기간이 5년이면 1세대 1주택지의 경우 장기보유특별공제는 40%이다.

4) 양도소득기본공제

양도소득이 있는 거주자에 대하여는 다음의 소득별로 당해연도의 양도소득금액에서 각각 연 250만원을 공제한다.

① [1그룹] 토지 · 건물 · 부동산에 관한 권리 및 기타자산의 양도소득

② [2그룹] 주식 및 출자지분의 양도소득

5) 양도소득세율

거주자의 양도소득 산출세액은 해당 과세기간의 양도소득과세표준에 다음의 세율을 적용하여 계산한다. 이 경우 하나의 자산이 다음의 세율 중 둘 이상의 세율에 해당하는 때에는 그 중 가장 높은 것을 적용한다.

<table>
<tr><th colspan="4">구 분</th><th>세 율</th></tr>
<tr><td rowspan="14">1그룹</td><td rowspan="12">토지 · 건물
부동산에
관한 권리</td><td rowspan="2">① 원칙</td><td>분양권</td><td>60%</td></tr>
<tr><td>위 외의 자산</td><td>기본세율</td></tr>
<tr><td colspan="2">② 미등기양도자산</td><td>70%</td></tr>
<tr><td colspan="2">③ 비사업용토지</td><td>기본세율 + 10%</td></tr>
<tr><td rowspan="3">④ 등기되고 보유기간 1년 미만인 자산</td><td>주택 및 조합원 입주권</td><td>70%</td></tr>
<tr><td>분양권</td><td>70%</td></tr>
<tr><td>이외의 자산</td><td>50%</td></tr>
<tr><td rowspan="3">⑤ 등기되고 보유기간 1년 이상 2년 미만인 자산</td><td>주택 및 조합원 입주권</td><td>60%</td></tr>
<tr><td>분양권</td><td>60%</td></tr>
<tr><td>이외의 자산</td><td>40%</td></tr>
<tr><td colspan="2">⑥ 등기되고 보유기간 2년 이상인 자산</td><td>기본세율*2</td></tr>
<tr><td colspan="2">① 원칙</td><td>기본세율</td></tr>
<tr><td rowspan="2">기타자산</td><td colspan="2">① 원칙</td><td>기본세율</td></tr>
<tr><td colspan="2">② 법정주식 A · B에 해당하는 주식으로서 당해 법인의 자산총액 중 비사업용 토지의 가액이 차지하는 비율이 50%이상인 법인의 주식</td><td>기본세율</td></tr>
<tr><td rowspan="4">2그룹</td><td rowspan="4">주식
·
출자지분</td><td colspan="2" rowspan="2">① 중소기업의 주식</td><td>대주주 20%</td></tr>
<tr><td>그 외 주식 10%</td></tr>
<tr><td colspan="2">② 비중소기업의 대주주*2가 1년 미만 보유한 주식</td><td>30%</td></tr>
<tr><td colspan="2">③ 위 ①, ②외의 주식</td><td>20%
(과세표준 3억 초과분은 25%)</td></tr>
</table>

주 미등기양도자산에 대한 불이익

① 필요경비개산공제 : 등기된 자산의 1/10 수준인 0.3% 적용

② 장기보유특별공제 · 양도소득기본공제 적용배제

③ 양도소득세율 70%

④ 비과세 · 감면의 적용 배제

▌8단계 누진세율

과 세 표 준	산출세액
	초과누진방식
1,400만원 이하	과세표준 × 6%
1,400만원 초과 5,000만원 이하	84만원 + 1,400만원 초과액 × 15%
5,000만원 초과 8,800만원 이하	624만원 + 5,000만원 초과액 × 24%
8,800만원 초과 1억5,000만원 이하	1,536만원 + 8,800만원 초과액 × 35%
1억5,000억 원 초과 3억 원 이하	3,706만원 + 1억5천만원 초과액 × 38%
3억 원 초과 5억 원 이하	9,406만원 + 3억 원 초과액 × 40%
5억 원 초과 10억 원 이하	1억7,406만원 + 5억 원 초과액 × 42%
10억 원 초과	3억8,406만원 +10억 원 초과액 × 45%

6) 양도소득 예정신고

양도소득세 과세대상 부동산을 양도한 거주자는 당해 부동산에 대한 양도소득세 신고서를 예정신고기한 내에 주소지 관할 세무서장에게 제출하여야 한다.

① [1그룹] 토지 · 건물 · 부동산에 관한 권리 및 기타자산 : 양도일이 속하는 달의 말일부터 2월

② [2그룹] 주식 및 출자지분의 양도소득 : 양도일이 속하는 분기의 말일부터 2월

양도소득 예정신고기한내에 신고를 하고 이에 따른 세액을 납부하여야 한다.
만일, 기한내에 예정신고를 하지 않는 경우에는 국세기본법상의 가산세가 부과된다.

- 가산세율 : 세무신고 가산세는 일반 무신고는 20%를 적용하고, 부당 무신고에 해당하면 40%를 적용한다. 납부지연 가산세는 1일당 2.2/10,000 (연 8.03%)을 적용한다.

7) 양도소득 확정신고

당해연도에 양도소득이 있는 자는 그 다음해 5월 1일부터 5월 31일 사이에 주소지 관할 세무서에 확정신고를 하여야 한다.

다만, 양도소득만 있는 자가 예정신고를 마친 경우에는 확정신고를 하지 않아도 된다. 예정신고나 확정신고를 하지 않은 때에는 정부에서 결정 및 고지하게 되면, 특히 확정신고 및 납부를 하지 않은 경우에는 무신고가산세 20% (부당무신고시 40%), 납부지연 가산세 1일 0.022%를 추가 부담하게 된다.

8) 양도소득세 분납

납부할 세액이 1천만원을 초과하는 경우에는 납부할 세액의 일부를 납부기한 경과 후 2월 이내에 나누어 낼 수 있다.

- 분납할 수 있는 세액
  ① 납부할 세액이 2천만원 이하인 때 : 1천만원을 초과하는 금액
  ② 납부할 세액이 2천만원을 초과하는 때 : 납부할 세액의 100분의 50이하의 금액

9) 양도소득세 물납

공공사업을 위하여 공공사업시행자에게 토지를 매각하고 그 대금을 공공용지보상채권으로 받는 경우에는 그 채권으로 양도소득세를 납부할 수 있다. 납부할 세액이 1천만원을 초과하는 경우에는 양도소득세 예정 및 확정 신고기한 10일 전까지 물납을 신청하여야 한다.

10) 신고시 제출할 서류

양도소득세 신고시에는 세무서에 비치된 '양도소득 과세표준 신고서 및 자진납부계산서', '양도소득금액 계산명세서'를 작성하여 다음의 서류와 함께 관할 세무서에 제출하여야 한다.

① 당해 자산의 매도 및 매입에 관한 계약서 사본
- 이 경우 부동산의 양도에 관한 계약서 사본에는 양수자의 인감증명에 사용하는 인장을 날인하여야 한다.

② 부동산을 양도하는 경우에는 양수자의 인감증명서
③ 환지확정 전에 취득한 토지 : 환지예정지 증명원, 잠정등급확인원 등
④ 자본적 지출액 및 양도비용 증명, 감가상각비 명세서

(5) 취득시기 및 양도시기

취득시기 및 양도시기는 다음의 경우를 제외하고는 당해 자산의 대금 (당해 자산의 양도에 대한 양도소득세 및 양도소득세의 부가세액을 양수자가 부담하기로 약정한 경우에는 당해 양도소득세 및 양도소득세의 부가세액을 제외)을 청산한 날로 한다. 다만, 다음의 경우를 적용함에 있어서 양도한 자산의 취득시기가 분명하지 아니한 경우에는 먼저 취득한 자산을 먼저 양도한 것으로 한다.

① 대금 청산일이 분명한 경우 : 대금청산일
② 대금 청산일이 불분명한 경우 : 등기부 및 등록부 또는 명부 등에 기재된 등기 및 등록 접수일
③ 대금청산일 전에 소유권이전 등기를 한 경우 : 등기부 및 등록부 또는 명부에 기재된 등기접수일
④ 장기할부조건의 경우 : 소유권이전등기 접수일 · 인도일 · 사용수익일 중 빠른 날
⑤ 상속증여로 취득한 자산의 경우 : 상속이 개시된 날 또는 증여받은 날

⑥ 점유로 인한 부동산의 소유권의 취득하는 경우 : 당해 부동산의 점유를 개시한 날
⑦ 아파트 당첨권 취득 : 당첨일
⑧ 경락으로 자산 취득 : 경매대금을 완납할 날
⑨ 조건부 매매 : 조건 성취일
⑩ 의제 취득일 : 1984.12.31. 이전에 취득한 토지, 건물의 의제 취득일 : 1985.1.1

(6) 1세대 1주택 비과세

1세대가 양도일 현재 국내에 당해 양도주택 하나 (고가주택제외)만을 보유하고 있는 경우로 다음의 비과세 요건을 충족한 주택을 보유하는 경우에 1세대 1주택이라 한다.

1) 비과세요건

① 조정대상지역 (서울전역, 부산 일부지역, 과천 등 신도시) : 2년 이상 보유[7]하면서 그 보유기간 중 2년 이상 거주

② 기타지역 : 2년 이상 보유

이 경우 주택에 부수된 토지가 도시지역 안에 있으면 주택정착 면적의 5배까지, 도시지역 밖에 있으면 10배까지 양도소득세가 과세되지 않는 1세대 1주택의 범위로 보게 된다.

1세대 1주택자가 장기저당담보대출계약[8]을 체결하고 소유주택을 담보로 연금식 대출을 받는 경우 그 주택을 양도시에는 1세대 1주택 비과세 요건 중 거주기간 요건을 적용하지 않는다.

2) 다음의 경우에는 보유기간 및 거주기간의 제한을 받지 않는다

① 취학 1년 이상 질병의 치료 · 요양, 군무상 형편으로 1년 이상 살던 주택을 팔고 세대원 모두가 다른 시 · 군 지역으로 이사를 할 경우.

② [해외이주법]에 따른 해외 이주로 세대전원이 출국하는 경우 다만, 출국 후 2년 이내에 양도하여야 한다.

③ 1년 이상 계속하여 국외 거주를 필요로 하는 취학 또는 근무상의 형편으로 세대전원이 출국하는 경우 다만 출국 후 2년 이내에 양도하여야 한다.

④ 재개발 · 재건축사업에 참여한 조합원이 사업시행 기간 중 일시 취득하여 1년 이상 살던 집을 재개발 · 재건축된 주택으로 세대전원이 이사 (완공 후 1년 이내) 하게 되어 양도하는 경우

---

7) 보유기간은 사실상 주거용 사용일(또는 용도변경일)로부터 양도일까지이다.

8) 장기저당담보대출요건은 다음의 3가지를 모두 충족하여야 한다.
① 계약체결일 현재 주택 담보 제공 가입자가 60세 이상일 것
② 장기저당담보 계약기간이 10년 이상으로 만기시까지 매월·매분기별 등으로 대출금을 수령하는 조건일 것
③ 만기에 당해 주택을 처분하여 일시 상환하는 계약조건일 것

⑤ 공공용지로 협의매수되거나 수용되는 경우 다만, 사업인정고시일전 취득한 경우에 한함.

⑥ 학교폭력 피해로 인한 전학으로 주택 양도시 1세대 1주택

3) 다음의 경우에는 양도소득세가 과세된다.

① 1세대 1주택이라도 취득등기를 하지 않고 양도하는 '미등기전매'는 높은 양도소득세가 부과된다.

② 1세대 1주택이라도 '고가주택'에 해당되면 양도소득세를 내야 한다.
1세대 1주택에 해당하는 고가주택의 경우에는 실지거래가액의 합계액 중 12억원 초과액에 대하여만 양도소득세를 과세하므로 이 경우 양도차익은 다음과 같이 계산한다.

$$\text{고가주택의 양도차익} = \text{양도차익} \times \frac{\text{양도가액} - \text{12억원}}{\text{양도가액}}$$

4) 1세대 2주택 비과세 특례

다음에 해당하는 경우에는 1세대 2주택임에도 불구하고 1세대 1주택으로 보아 비과세한다.

구 분	내 용
주거이전을 위한 일시적인 2주택의 경우 (일반지역)	국내에 1주택을 소유한 1세대가 그 주택을 양도하기 전에 다른 주택을 취득함으로서 일시적으로 2주택이 된 경우 다른 주택을 취득한 날부터 「3년 이내에 종전의 주택을 양도하는 경우」에는 이를 1세대 1주택으로 본다.
상속으로 인한 2주택의 경우	상속받은 주택과 일반주택을 국내에 각각 1개씩 소유하고 있는 1세대가 「일반주택을 양도하는 경우」에는 국내에 1개의 주택을 소유하고 있는 것으로 본다.
직계존속의 동거봉양을 위한 2주택의 경우	1주택을 보유하고 1세대를 구성하는 자가 1주택을 보유하고 있는 60세 이상의 직계존속(배우자의 직계존속 포함)을 동거봉양하기 위하여 세대를 합침으로서 1세대가 2주택을 보유하게 되는 경우 합친 날부터 「10년 이내에 먼저 양도하는 주택」은 이를 1세대 1주택으로 본다.
혼인으로 인한 2주택의 경우	1주택을 보유하는 자가 1주택을 보유하는 자와 혼인함으로서 1세대가 2주택을 보유하게 되는 경우 그 혼인한 날부터 「10년 이내에 먼저 양도하는 주택」은 이를 1세대1주택으로 본다.
지정문화재 등의 경우	지정문화재 및 등록문화재와 일반주택을 국내에 각각 1개씩 소유하고 있는 1세대가 「일반주택을 양도하는 경우」에는 국내에 1개의 주택을 소유하고 있는 것으로 본다.
농어촌주택의 경우	상속받은 주택·이농주택·귀농주택인 농어촌주택과 일반주택을 국내에 각각 1개씩 소유하고 있는 1세대가 「일반주택을 양도하는 경우」에는 국내에 1개의 주택을 소유하고 있는 것으로 본다.
장기저당담보 주택의 경우	1주택을 소유하고 1세대를 구성하는 자가 장기저당담보주택을 소유하고 있는 직계존속을 동거봉양하기 위하여 세대를 합침으로서 1세대가 2주택을 소유하게 되는 경우 「먼저 양도하는 주택」에 대하여는 국내에 1개의 주택을 소유하고 있는 것으로 본다.

예제 04 양도소득

맞벌이 부부인 조준우 씨와 이미연 씨는 서울 압구정동에 소재한 흥망아파트를 10억원에 취득할 예정이다. 만약 5년 후 흥망아파트를 15억원에 매도 가능하다고 예상된다고 할 때, 공동명의로 취득한 경우와 조준우 씨 단독명의로 취득한 경우 5년 후 조세부담 차이를 구하시오.(1세대 1주택 비과세 요건을 충족함)

〈 추가자료 〉

등기된 흥망아파트는 2024년 3월 10에 취득예정이며, 부동산 등기 및 중개수수료 비용으로 2,000만원을 지불할 예정이다. 그리고 입주에 따른 도배공사비용이나 타일 · 욕조 공사비로 지불예정인 비용은 2,000만원이고, 싱크대 설치비용은 1,000만원 정도 소요될 예정이다. 또한, 보일러비용과 바닥시공비용, 샷시 비용 등은 3,000만원 정도 소요예정이고, 취득 · 등록세 납부금액은 3,000만원 정도이다. (1세대 1주택 비과세 요건을 충족한다고 가정한다.)

해 답

(1) 조준우 씨 단독명의 구입시

양도차익 : (15억 - 10억 - 3,000만원 - 2,000만원 - 3,000만원) × (15억 - 12억) / 15억	= 84,000,000
장기보유특별공제 : 168,000,000 × 40%	= △33,600,000
양도소득금액	= 50,400,000
양도소득기본공제	= △2,500,000
과세표준	= 47,900,000
세 율	= 기본세율
산출세액	= 5,925,000

* 보일러 비용 및 바닥시공 및 샷시 비용은 자본적 지출이다.
**싱크대 설치 및 도배공사비용, 타일 · 욕조 공사비는 수익적 지출이다.

(2) 부부 공동명의 구입시

양도차익 : (15억 - 10억 - 3,000만원 - 2,000만원 - 3,000만원) × (15억 - 12억) / 15억 × 0.5	= 42,000,000
장기보유특별공제 : 168,000,000 × 40%	= △16,800,000
양도소득금액	= 25,200,000
양도소득기본공제	= △2,500,000
과세표준	= 22.700,000
세 율	= 기본세율
산출세액	= 2,145,000

조준우 2,145,000 + 이미연 2,145,000
공동명의로 구입할 경우 1,635,000원 절세효과가 있다.

2. 퇴직소득

(1) 퇴직소득의 범위

퇴직소득은 근로자가 장기간 근무하면서 발생한 소득으로서 일시에 누진세율을 적용하면 퇴직근로자의 세부담이 과중되는 것을 방지하기 위하여 연분연승법을 취하고 있다.

구 분	내 용
퇴직소득	① 근로소득이 있는 자가 퇴직으로 인하여 받는 소득 중 일시금 ⇨ 퇴직급여한도초과액은 근로소득임 ② 각종 공무원에게 지급되는 명예퇴직수당 ③ 근로소득이 있는 자가 퇴직으로 인하여 받는 퇴직보험금(단체퇴직보험의 보험금, 퇴직보험 또는 퇴직일시금신탁의 보험금 또는 신탁반환금) 중 일시금 ⇨ 연금형태로 받는 것은 연금소득임 ④「국민연금법」에 의하여 지급받는 반환일시금 또는 사망일시금 ⇨ 연금형태로 받는 것은 연금소득임 ⑤ 공무원연금법·군인연금법·사립학교교직원연금법 또는 별정우체국법에 의하여 지급받는 일시금 ⇨ 연금형태로 받는 것은 연금소득임 ⑥「건설근로자의 고용개선 등에 관한 법률」의 규정에 의하여 퇴직금을 미리 지급한 것으로 보는 금액 ⑦ 불특정다수의 퇴직자에게 적용되는 퇴직급여 지급규정·취업 규칙 또는 노사합의에 의하여 지급받는 퇴직수당·퇴직위로금 기타 이와 유사한 성질의 급여 ⇨ 특정개인에 대한 것 및 퇴직급여지급규정 등에 의하지 않은 것은 근로소득임 ⑧ 퇴직급여 지급규정·취업 규칙의 개정 등으로 퇴직금지급제도가 변경됨에 따라「근로자퇴직급여 보장법」의 규정에 의하여 퇴직금정산액을 지급하면서 퇴직금지급제도 변경에 따른 손실보상을 위하여 지급되는 금액 ⑨ 퇴직연금일시금 ⇨ 연금형태로 받는 것은 연금소득임 ⑩ 사용자가 30일전에 예고를 하지 아니하고 근로자를 해고하는 경우 근로자에게 지급하는「근로자퇴직급여 보장법」에 의한 해고예고수당(所基通 22-2)

구 분	내 용
사용인에 대한 퇴직위로금, 퇴직공로금	현실적인 퇴직을 원인으로 지급받는 퇴직위로금·퇴직공로금은 퇴직소득이다.

(2) 현실적 퇴직

퇴직소득(「국민연금법」에 의하여 지급받는 반환일시금 또는 사망일시금은 제외)은 거주자·비거주자 또는 법인의 종업원이 현실적으로 퇴직함으로 인하여 받는 퇴직소득에 한한다. 다음 중 어느 하나에 해당하는 사유로 퇴직급여지급규정·취업규칙 또는 노사합의에 의하여 퇴직금을 실제로 받는 경우에는 현실적으로 퇴직한 것으로 본다. 다만, 당해 법인과 직접 또는 간접으로 출자관계에 있는 법인에의 전출은 현실적인 퇴직으로 보지 아니할 수 있다.

현실적인 퇴직으로 보는 경우	현실적인 퇴직으로 보지 아니하는 경우
① 종업원이 임원으로 취임한 경우 ② 법인의 조직변경이 이루어진 경우 ③ 법인의 분할 또는 합병이 이루어진 경우 ④ 사용자의 사망으로 상속인이 사업을 승계한 경우 ⑤ 사업의 양도·양수가 이루어진 경우 ⑥ 법인의 상근임원이 비상근임원이 된 경우 ⑦ 「근로자퇴직급여 보장법」 규정에 의하여 계속 근로한 기간에 대한 퇴직금을 미리 정산하여 받은 경우 ⑧ 법인의 임원에 대한 급여를 연봉제로 전환함에 따라 향후 퇴직금을 지급하지 아니하는 조건으로 그 때까지의 퇴직금을 정산하여 지급한 경우 ⑨ 근로자가 사규 또는 근로계약에 의하여 정년퇴직을 한 후 다음 날 당해 사용자의 별정직사원(촉탁)으로 채용된 경우 ⑩ 임원에게 정관 또는 정관에서 위임된 퇴직급여 지급규정에 따라 기획재정부령으로 정하는 사유도 중간정산하여 퇴직급여를 지급할 경우	① 임원이 연임된 경우 ② 법인의 대주주 변동으로 인하여 계산의 편의, 기타 사유로 전 근로자에게 퇴직금을 지급한 경우 ③ 기업의 제도·기타 사정 등을 이유로 퇴직금을 1년 기준으로 매년 지급하는 경우 ④ 비거주자의 국내사업장 또는 외국법인의 국내지점의 근로자가 본점(본국)으로 전출하는 경우 ⑤ 정부 또는 산업은행 관리기업체가 민영화됨에 따라 전 근로자의 사표를 일단 수리한 후 재채용한 경우 ⑥ 2 이상의 사업장이 있는 사용자의 근로자가 한 사업장에서 다른 사업장으로 전출하는 경우

(所法§22, 所則§17, 所基通 22-1)

3. 퇴직소득의 수입시기

구 분	수입시기
원 칙	퇴직소득에 대한 총수입금액의 수입 할 시기는 퇴직을 한 날로 한다.
예 외	다음 중 어느 하나에 해당되는 경우에는 소득을 지급받는 날로 한다. ① 「근로자퇴직급여 보장법」에 따른 확정기여형퇴직연금제도 및 개인퇴직계좌에서 중도인출금액을 지급받는 경우 ② 연금을 수급하던 자가 연금계약의 중도해지 등으로 일시금을 지급받는 경우 ③ 과세이연계좌로 이체 또는 입금된 퇴직급여액을 다시 지급받는 경우

(所令§50)

4. 퇴직소득세 계산

1) 퇴직소득결정세액

[계산구조]

	환 산 급 여	(퇴직소득금액- 근속연수공제)×12÷근속연수
(-)	환 산 급 여 공 제	
	퇴 직 소 득 과 세 표 준	환산급여에 따른 차등 공제
(×)	세 율	
	퇴 직 소 득 산 출 세 액	12배수로 환산한 연분연승법 적용
(-)	외 국 납 부 세 액 공 제	
	퇴 직 소 득 결 정 세 액	

2) 근속연수공제

근속연수	법정기일
5년이하	100만원 × 근속연수
5년초과 10년이하	500만원 + 200만원×(근속연수 - 5년)
10년초과 20년이하	1,500만원 + 250만원×(근속연수 - 10년)
20년초과	4,000만원 + 300만원×(근속연수 - 20년)

3) 환산급여공제

근속연수	법정기일
800만원 이하	환산급여 × 100%
800만원 초과 7,000만원이하	800만원 +(환산급여 - 800만원) × 60%
7,000만원 초과 1억원이하	4,520만원 +(환산급여 - 7,000만원) × 55%
1억원원 초과 3억원이하	6,170만원 +(환산급여 - 1억원) × 45%
3억원 초과	1억 5,170원 +(환산급여 - 3억원) × 35%

5. 퇴직소득의 과세방법

(1) 소득의 지급자

국내에서 거주자에게 갑종 퇴직소득을 지급하는 자는 그 거주자에 대한 소득세 (퇴직소득결정세액)를 원천징수하여 그 징수일이 속하는 달의 다음 달 10일까지 정부에 납부하여야 한다.

(2) 소득의 귀속자

당해연도의 퇴직소득이 있는 거주자는 그 퇴직소득과세표준을 당해연도의 다음 연도 5월 31일까지 납세지 관할세무서장에게 신고함과 동시에 그 세액을 자진 납부하여야 한다. 다만, 퇴직소득을 받는 거주자가 당해연도에 이미 지급받은 다른 퇴직소득이 없는 경우에는 퇴직소득 과세표준확정신고를 하지 않아도 되며, 원천징수로서 납세의무가 종결된다. 또한, 퇴직소득은 종합소득에 합산하지 않고 별도로 분류과세한다.

연/습/문/제

제3장 사업소득과 분류과세

01. 다음은 거주자 정기영의 2025년 부동산임대업의 사업소득 내역이다. 총수입금액은 얼마인가?

(1) A건물을 2025년 6월 1일에 임대하고, 매월 초 100,000원을 받기로 하다.

(2) B건물을 2025년 7월 1일에 임대하고, 1년간의 총 임대료 2,400,000원을 선수하다.

① 1,200,000원 ② 1,900,000원
③ 2,500,000원 ④ 3,600,000원

02. 거주자 이몽룡의 2025년 소득내역이다. 이에 대한 설명으로 틀린 것은?

① 총급여액	5,000,000원	② 부동산임대업 사업소득금액	5,000,000원
③ 사업소득금액	10,000,000원	④ 복권당첨금	10,000,000원

① 이몽룡의 근로소득금액은 기타소득금액의 합은 11,500,000원이다.
② 이몽룡의 종합소득금액은 16,500,000원이다.
③ 이몽룡의 부동산임대업 사업소득에는 소득세법상 원천징수대상소득이 포함되어 있을 수 있다.
④ 이몽룡의 복권당첨금은 원천징수로서 소득세의 납세의무가 종결되는 기타소득이다.

03. 다음 소득세법상 내용 중 틀린 것은?

① 부동산임대업 사업소득금액의 결손금은 부동산임대업 사업소득금액에서만 공제가 가능하다.
② 근로소득이 연400만원이면 근로소득금액은 120만원이다.
③ 연금소득도 연1,200만원 이하이면 분리과세가 가능하다.
④ 사업소득금액은 사업수입에 사업소득공제를 차감하여 계산한다.

04. **작년부터 계속하여 개인사업을 하는 이동섭 씨 경기악화로 인하여 8월 20일 폐업하였다. 이 경우 부가가치세법 및 소득세법상의 과세기간은?**

	소득세법	부가가치세법
①	1. 1 ~ 8. 20	7. 1 ~ 12. 31
②	1. 1 ~ 12. 31	7. 1 ~ 8. 20
③	1. 1 ~ 8. 20	1. 1 ~ 12. 31
④	1. 1 ~ 12. 31	1. 1 ~ 8. 20

05. **다음 중에서 양도소득세 계산시 적용할 세율(미등기 자산은 아님)의 연결이 옳게 된 것을 고르시오.**

① 1년 미만 보유한 사업용토지의 양도 - 40%
② 1년 이상 2년 미만 보유한 사업용토지의 양도 - 40%
③ 분양권의 양도 - 40%
④ 미등기 토지의 양도 - 50%

06. **다음 중 소득금액 계산시 실제 지출된 필요경비를 인정받을 수 없는 소득은?**

① 양도소득　② 사업소득
③ 연금소득　④ 부동산임대업 사업소득

07. **다음 자료에 의하여 제조업을 영위하는 개인사업자 홍성숙씨의 사업소득 총수입금액을 계산하면?**

· 총매출액 : 15,000,000원
· 매출에누리 : 1,000,000원
· 매출할인 : 500,000원
· 기계장치처분이익 : 3,000,000원(기계장치는 사업용고정자산에 해당함)

① 13,500,000원　② 10,500,000원
③ 16,500,000원　④ 17,000,000원

08. **사업소득의 이월결손금 공제기간은?**

① 5년　② 10년　③ 15년　④ 20년

09. 소득세법상 사업용 고정자산과 함께 양도하는 영업권은 다음 중 어떤 소득에 해당하는가?

① 양도소득 ② 사업소득 ③ 기타소득 ④ 부동산임대업 사업소득

10. 소득세법에서는 총수입금액에서 필요경비를 차감하여 소득금액을 계산한다. 이와 관련이 없는 소득은?

① 퇴직소득 ② 사업소득 ③ 부동산임대업 사업소득 ④ 기타소득

11. 다음 자료에 의하여 개인사업자 김한국 씨의 종합소득금액을 계산하면 얼마인가?

부동산임대업 사업소득금액 : △ 3,000,000원 근로소득금액 : 6,000,000원
사업소득금액 : 5,000,000원 기타소득금액 : 4,000,000원

① 12,000,000원 ② 15,000,000원 ③ 18,000,000원
④ 20,000,000원 ⑤ 22,000,000원

12. 다음 종합소득 과세표준은 얼마인가?

1. 종합소득금액 : 30,000,000원
2. 종합소득공제 : 13,000,000원
3. 세액공제 : 500,000원
4. 가산세액 : 200,000원
5. 산출세액 : 1,360,000원

① 1,990,000원 ② 16,500,000원 ③ 16,300,000원
④ 17,000,000원 ⑤ 30,000,000원

13. 부동산임대사업자인 김한국 씨는 오피스텔 한 채를 보증금 없이 2025년 7월 1일부터 1년간 임대하는 조건으로 선세금(先貰金) 6,000,000원을 받고 임대하였다. 소득세법상 김한국 씨의 2025년 부동산임대업의 총수입금액은? (단, 부가가치세는 고려하지 말 것)

① 2,000,000원 ② 3,000,000원 ③ 4,000,000원
④ 5,000,000원 ⑤ 6,000,000원

14. **다음 중 소득세법상 총수입금액에 불산입하지 않는 것은?**

① 이월결손금 보전에 충당된 자산수증이익
② 이월된 소득으로 전년도에 이미 과세된 소득
③ 국세·지방세의 과오납금에 대한 환급이자
④ 부가가치세 매출세액
⑤ 판매장려금

15. **다음 중 소득세법상 양도에 해당하는 경우가 아닌 것을 고르시오.**

① 토지를 현물출자하는 경우
② 미등기 건물을 처분하는 경우
③ 건물을 경매에 의하여 처분하는 경우
④ 환지처분에 의해 지목이 변경되는 경우

16. **소득세법상 사업소득 총수입금액에 산입되는 항목이 아닌 것은?**

① 사업수입금액　② 가사용 재고자산
③ 사업과 관련된 보험차익　④ 상대방으로부터 받는 장려금
⑤ 소득세 환급액

17. **소득세법상 사업소득의 필요경비 불산입항목에 속하지 않은 것은?**

① 종업원의 급여　② 소득세
③ 채권자가 불분명한 차입금의 이자　④ 가사관련 경비
⑤ 벌금·과료·과태료

18. **소득세법에서 부동산임대소득과 사업소득이 있는 거주자에 대하여는 전반기의 소득세를 미리 납부하도록 하고 있는 제도는 어떤 제도인가?**

① 예정신고　② 분납　③ 중간예납
④ 물납　⑤ 연말정산

19. **소득세법상 양도소득세의 과세대상으로 볼 수 없는 것은?**

① 토지의 양도　② 골프회원권의 양도　③ 특정주식의 양도
④ 건물의 양도　⑤ 기계장치의 양도

20. **양도소득세 비과세대상이 되는 1세대 1주택의 요건으로 볼 수 없는 것은?**

① 1세대일 것
② 1주택을 보유할 것
③ 보유기간이 2년 이상일 것
④ 연령이 20세 이상일 것

정답 및 해설

01. ② 1) A 건물 : 100,000원 × 7월 = 700,000원

2) B 건물 : 2,400,000원 × $\frac{6}{12}$ = 1,200,000원

02. ③ 부동산임대업의 사업소득은 소득세법상의 원천징수대상 소득이 없다.

03. ④ 필요경비를 공제한다.

04. ② 과세기간은 국세의 과세표준계산에 기초가 되는 기간으로서 소득세법상의 과세기간은 1. 1 ~ 12. 31 까지이며 거주자의 사망이나 출국하는 경우에만 사망일 또는 출국일에 과세기간이 종료한다. 그리고 부가가치세법상의 과세기간은 1. 1 ~ 6. 30, 7. 1 ~ 12. 31로 구분하고 있으며, 폐업하는 경우에는 과세기간 개시일부터 폐업일까지를 과세기간으로 정하고 있다.

05. ②

06. ③ 소득세법 제47조의2 ① 연금소득은 실제 필요경비 대신에 연금소득공제액을 수입금액에서 차감한다.

07. ① 소득세법시행령 제51조 제3항
매출에누리와 매출할인은 총수입금액에서 차감할 항목이며, 기계처분이익은 사업소득의 총수입금액에 열거되어 있지 않으므로 사업소득의 총수입금액을 구성하지 않는다.

08. ③

09. ①

10. ① 소득세법 제27조

11. ② 소득세법 제45조 ② 5,000,000원 + 6,000,000원 + 4,000,000원 = 15,000,000원

12. ④ 30,000,000원 – 13,000,000원 = 17,000,000원

13. ② 소득세법 시행령 제51조 ① 6,000,000원 × 6/12 = 3,000,000원

14. ⑤ 소득세법 26조, 소득세법 시행령 ③ 2

15. ④ 소득세법 제88조 제2항

16. ⑤ 소득세법 시행령 54조

17. ①

18. ③

19. ⑤ 소득세법 제94조

20. ④ 소득세법 제89조 ③, 시행령 제154조

Chapter

04

세법총론

Chapter

04 세법총론

제 1 절 우리나라 조세법의 분류

1. 조세의 개념

조세는 국가 또는 지방자치단체가 그 경비에 충당할 재정수입을 조달할 목적으로 법률에 규정된 과세요건을 충족하는 납세의무자인 일반인에게 직접적인 반대급부 없이 강제적으로 부과하는 경제적 부담이라 정의한다.

그 특징을 정리하면 다음과 같다.

① **조세를 부과하는 주체는 국가 또는 지방자치단체이다** (공과금은 공공단체가 부과주체이다).
국가 (중앙정부)가 부과하면 국세, 지방자치단체가 부과하면 지방세에 해당된다.

② **법률에서 정한 과세요건을 충족한 경우에 납세의무는 성립한다.** (조세법률주의)
과세요건 (과세물건, 납세의무자, 세율, 과세표준)을 충족한 경우에만 납세의무가 성립한다. 중세시대에는 왕이 단독으로 조세부과 여부를 결정할 수 있었지만 현재는 법률에 근거하여 조세를 징수할 수 있다.

③ **직접적인 반대급부 없이 부과 및 징수한다.**
전력료와 수도료 등 공공요금을 조세로 혼용하는 경우가 종종 있다. 전력료와 수도료는 사용한 전력량 및 수도량에 비례하여 요금이 부과되는 것으로 국가로부터 제공받는 서비스에 비례하여 조세를 납부하는 것은 아니다. 예를 들면 1,000원의 조세를 납부한 납세의무자가 100원 조세를 납부한 납세의무자에 비하여 10배 더 국가로부터 혜택을 받는 것은 아니다.

④ **금전납부가 원칙이다.**
현대사회에서는 조세를 금전으로 납부하도록 하고 있으며, 물납은 원칙적으로 인정되지 않는다. 물론 현행 세법에서도 물납제도 (상속 · 증여세법, 양도소득세법)가 있다. 이는 납세의무자의 조세납부 편의를 고려하여 드물게 인정하는 제도이다.

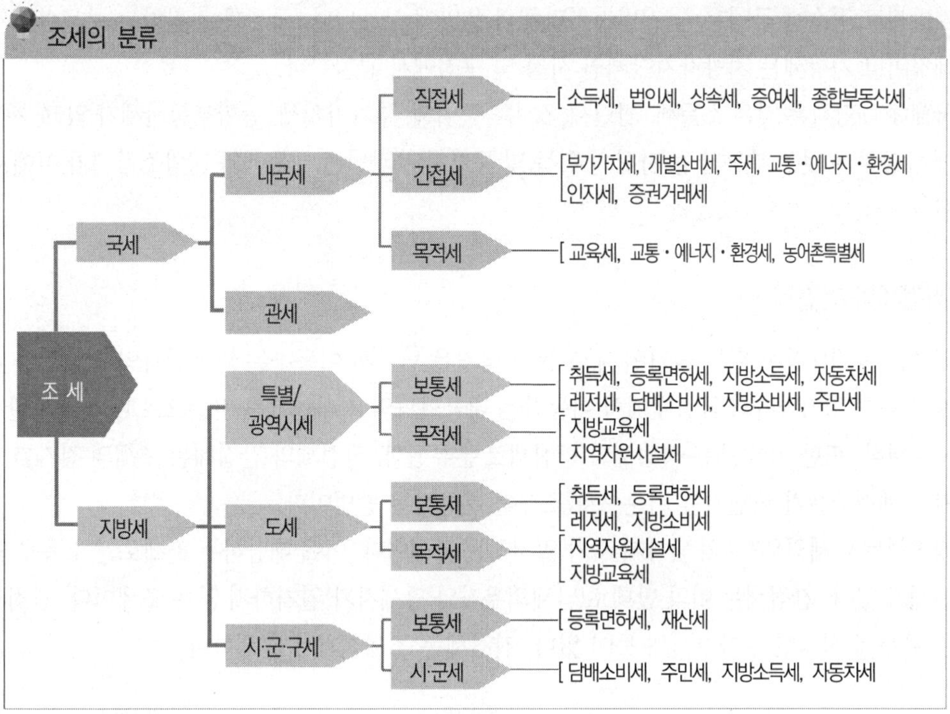

2. 조세의 분류

조세는 여러가지 기준에 의해 아래와 같이 분류될 수 있다.

조세의 분류	기 준	사 례
(1) 국세와 지방세	부과권자	법인세와 지방소득세
(2) 직접세와 간접세	납세의무자와 담세자 일치 여부	법인세와 부가가치세
(3) 보통세와 목적세	세수의 사용목적 유무	법인세와 교육세
(4) 독립세와 부가세	조세체계의 독립성	종합소득세와 지방소득세
(5) 종가세와 종량세	과세표준의 금액화	종합소득세와 개별소비세
(6) 비례세와 누진세	세율이 일정한지 여부	부가가치세와 종합소득세
(7) 인세와 물세	납세자의 인적사정	소득세와 부가가치세

(1) 국세와 지방세

조세는 과세권자에 따라 국세와 지방세로 분류된다. 국세의 과세권자는 국가 (중앙정부)이며, 지방세의 과세권자는 각 지방자치단체들이다. 국세로 징수한 금액은 국가전체 운영에 사용되며 지방세로 징수한 금액은 각 지방자치단체의 운영에 사용된다. 국세를 관할하는 주무관청은 국세청이고 지방세는 지방자치단체인 시청 및 구청에서 관할한다.

국세에 해당하는 것은 소득세, 법인세, 상속 · 증여세, 부가가치세, 종합부동산세가 있고, 지방세에 해당하는 것은 부동산 등 자산의 취득 및 등기시 부과되는 취득세와 지방소득세가 이에 해당한다.

(2) 직접세와 간접세

국세는 과세대상이 되는 물건인 재화 등이 국경을 넘어서 이동하는 외국인과의 거래인가 혹은 재화 등이 우리나라의 국경내에서 이동하는 내국인과의 거래인가를 기준으로 내국세와 관세로 구분된다. 또한, 내국세는 직접세와 간접세로 분류된다. 직접세와 간접세는 조세의 전가를 입법자가 예정했는가 아닌가를 기준으로 조세를 분류하는 방법이다.

직접세는 납세의무자[9]와 담세자[10]가 일치하는 조세이다. 이에 해당하는 조세로는 소득세 및 법인세가 있다. 간접세는 이와 반대로 납세의무자와 담세자가 일치하지 않는 조세이다. 간접세로는 유통세 성격인 부가가치세 등이 있다. 간접세는 조세전가가 발생한다.

간접세 사례

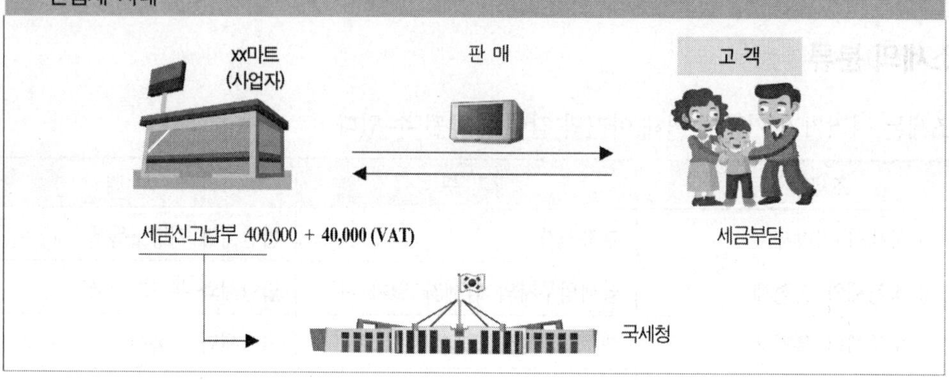

예를 들어, 고객이 마트 (부가가치세 사업자)에서 TV를 44만원에 구입했다고 하자, 고객이 수령한 영수증을 살펴보면 V.A.T (부가가치세) 4만원이 별도로 기재되어 있을 것이다. 이것이 부가가치세이다. 마트 (사업자)는 고객에게 44만원을 받으면 40만원은 마트의 수입이고 4만원은 국가에 납부해야 하는 조세이다. 부담은 고객 (담세자)이 하고, 신고 및 납부는 마트 (납세의무자)가 한다. 우리나라에서 거래되는 대부분의 품목은 부가가치세 과세대상이 된다. 소비자들은 일상 생활에

9) 세금을 납부할 법률상의 의무가 있는 개인 또는 법인

10) 부과된 세금을 실질적으로 자기의 소득 또는 재산에서 부담하는 자.

서 물품을 소비할 때마다 부가가치세를 부담한다.

신용카드 매출전표

신용카드 매출전표

매출전표

회원번호

4265 - ×××× - ×××× - 0001

카드종류 거래일자

삼성카드 20×9. 02.20

결제방법 공 급 가 액: 400,000

일시불 부가가치세액: 40,000

합 계: 440,000

가맹점명: ××마트

대표자

김정희 사업자번호

220-××-×××××

서울 강남구 신사동

→ ××마트에서 소비자가 물품을 구매한 신용카드결제내역을 보면 다음과 같이 공급가액 400,000원과 부가가치세 40,000이 구분되어 있다.

(3) 보통세와 목적세

세수의 사용목적이 정하여 있는지의 여부에 따라 목적세 혹은 보통세로 분류된다. 보통세는 일반적으로 그 조세의 사용목적이 정하여져 있지 않은 조세로서 일반 재정확보를 위하여 징수된다. 부가가치세, 소득세, 법인세, 상속세, 증여세가 보통세에 해당한다. 그리고 교육사업 및 농어촌 지원사업 등을 위한 특별 재정수요에 충당할 목적으로 부과되는 조세를 목적세라고 하며 교육세, 농어촌특별세가 이에 해당한다.

(4) 독립세와 부가세

세법 부과체계의 독립성여부에 따라 부가세와 독립세로 구분된다. 다른 조세체계와 관계없이 독립적으로 조세부과 절차를 갖춘 조세를 독립세라고 한다. 반면, 부가세는 본세를 기준으로 부가적으로 과세되는 조세이다. 부가세의 예로는 교육세, 농어촌특별세, 지방소득세가 있다.

예제 01 독립세와 부가세

김준희 씨는 1월 1일부터 12월 31일까지 사업소득 4,000만원이 발생하였다. 소득발생에 대하여 다음연도 5월 31일까지 120만원의 종합소득세를 주소지 관할 강동세무서에 신고·납부 하였다. 김준희 씨가 서울시 강동구 명일동의 동양아파트에 거주한다고 가정할 때, 종합소득세 이외로 추가납부할 조세와 추가로 납부할 금액을 쓰시오.

해 답

(1) 지방소득세 12만원을 강동구청에 납부하여야 한다.

종합소득세는 국세로서 주소지 관할 세무서에서 관할한다. 지방소득세는 지방세로서 소득자의 주소지 관할 구청에 신고·납부하면 된다. (지방소득세는 소득세의 10%이다)

종합소득세는 독립세로 다른 조세체계와 관계없이 독립적으로 조세부과 절차를 갖추고 있지만, 지방소득세는 다른 조세체계(종합소득세)와 관계하여 부가적으로 과세된다.

사 례 지방소득세는 소득세의 10%가 부과된다.

세법 매년 개정	개정 전(2024년)	개정 후(2025년)
(1) 종합소득세(독립세)	X조 X항 이렇게 저렇게 계산한다.	X조 X항 저렇게 이렇게 계산한다.
독립적으로 계산(O)	100원으로 산출	200원으로 산출
(2) 지방소득세(부가세)	개정이 필요 없다.	개정이 필요 없다.
종합소득세의 10%	100원의 10%	200원의 10%

(5) 종가세와 종량세

종가세와 종량세는 과세표준을 금액으로 표시되느냐 물량으로 표시되느냐의 기준에 따라 구분된다. 종량세는 과세표준이 용량·인원 등 물량을 측정하는 단위로 표시되는 조세이다. 유류개별소비세와 입장행위에 따른 개별소비세가 이에 해당한다.

종량세 사례
- 경마장(1회 입장시) 개별소비세 500원이 부과된다.
- 골프장(1회 입장시) 개별소비세 12,000원이 부과된다.
- 휘발류(1리터 당) 630원의 개별소비세가 부과된다.

종합소득세와 법인세 그리고 부가가치세는 종가세에 해당하며, 과세표준의 금액(화폐단위)에 일정 비율에 대하여 세금이 부과된다.

종가세 사례
- 종합소득 과세표준(1,000만원)에 대하여 60만원의 소득세가 부과된다.
- 법인소득 과세표준(1,000만원)에 대하여 100만원의 법인세가 부과된다.

(6) 비례세와 누진세

비례세는 과세표준의 크기와 관계없이 비례세율을 적용하는 조세이다. 이런 비례세율에는 단순비례세율과 차등비례세율이 있다. 우리나라의 부가가치세 · 개별소비세 · 주세 등이 여기에 속한다. 누진세는 과세표준 금액이 증가함에 따라 적용되는 세율도 따라서 점차 높아져 가는 조세이다. 누진세율에는 단순누진과 초과누진이 있다. 우리나라의 소득세 · 상속세 · 증여세 · 법인세 등 대부분의 직접세가 여기에 속한다.

비례세 사례
- 재화의 공급한 금액에 대하여 무조건 10% 부가가치세가 부과된다.
- 1,000만원 공급해도 100만원, 1억을 공급해도 1,000만원

누진세 사례
- 종합소득 과세표준 1,200만원 이하의 경우에는 6%의 소득세가 부과된다.
- 종합소득 과세표준 10억원 초과의 경우에는 45%의 소득세가 부과된다.

(7) 인세와 물세

인세는 소득이나 재산등 세원이 귀속되는 사람을 중심으로 하여 인적 측면에 주안점을 두어 인적사정을 고려하면서 과세하는 조세를 인세라 하며, 소득세, 상속세 및 증여세 등이 여기에 해당한다. 물세는 세원이 귀속하는 사람의 인적 사정을 고려하지 않고 수익이나 재산 그 자체인 물적 측면에 주안점을 두어 과세하는 조세를 물세라 하며, 부가가치세, 개별소비세, 주세 등이 여기에 해당한다.

점검문제 01 우리나라 조세법의 분류

다음 문항을 읽고 O, X 하시오

1. 조세는 국가 또는 지방자치단체가 그의 경비충당을 위하여, 일반인에게 직접적인 반대급부가 있는 강제적인 부담이다.
2. 조세는 금전납부가 원칙이다.
3. 공공단체가 부과하는 공과금도 조세에 해당한다.
4. 국세와 지방세는 과세권자에 따라 분류된다.
5. 직접세로는 부가가치세가 있다.
6. 국세에 해당하는 것으로는 소득세, 법인세, 상속세, 부가가치세, 종합부동산세가 있다.
7. 직접세는 납세의무자와 담세자가 일치하지 않는 조세이다.
8. 부가세는 본세를 기준으로 부가적으로 과세되는 조세이다.
9. 누진세는 과세표준의 크기와 관계없이 비례세율을 적용하는 조세이다.
10. 조세의 사용목적이 정하여 있는지 여부에 따라 목적세와 보통세로 구분된다

해 답

1. X 직접적인 반대급부가 없다.

2. O	3. X 수도료, 전기료는 조세가 아니다.		
4. O	5. X	6. O	
7. X	8. O	9. X	10. O

제 2 절 국세의 과세원칙

1. 국세부과의 원칙

국세부과라 함은 국가가 납세자에 대한 조세채권의 내용을 확정하는 행정처분을 말한다. 조세는 국가가 그 경비를 조달할 목적으로 우월한 지위에서 국민으로부터 강제적으로 징수하는 것이므로 그 과정에서 국민의 재산권이 부당하게 침해될 수 있다. 그러므로 국가는 국세부과에 있어 원칙을 준수하여야 한다.

국세부과에 있어 준수하여야 할 기본원칙으로 ① 실질과세의 원칙, ② 신의성실의 원칙, ③ 근거과세 원칙, ④ 조세감면의 사후관리가 있다.

(1) 실질과세의 원칙

실질과세 원칙은 형식과 실질이 다른 경우에 실질에 따라 과세한다는 원칙이다. 이 경우의 실질의 의미는 조세가 응능부담의 원칙에 따라 공평하게 부과되어야 한다는 사회적 당위성을 가진 경제적 부담이라고 보아야 할 것이므로, 그 경제적 실질이 어디에 있는가를 추구하여야 하는 것이다. 거래귀속자에 관한 실질과세와 거래내용에 관한 실질과세로 나누어 볼 수 있다. 소득의 명의와 귀속이 다른 경우에 실질 귀속자에게 조세를 부담시킬 수 있는 이론적 토대가 된다. 실질과세 규정을 살펴보면 부당행위계산부인 규정과 신탁소득에 대한 과세, 부담부 증여에 대한 양도소득세 과세 규정이 있다.

실질과세의 사례 : 부담부증여

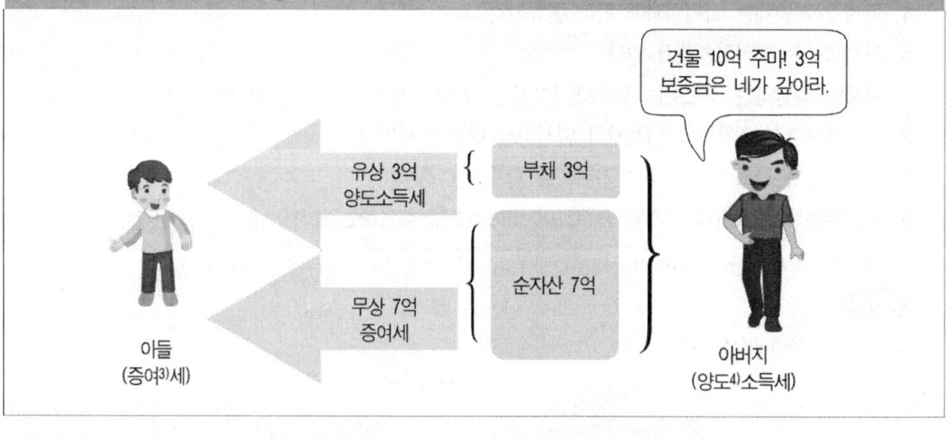

부담부증여의 사례를 보면 아버지가 아들에게 10억원의 건물을 무상으로 증여하였다. 건물의 보증금부채 3억원을 부담하는 조건으로 증여하였다. 외관상은 건물 '증여' 행위만 보이지만, 아들이 증여받는 것은 10억원 건물이 아니라, 건물 중에 7억원만을 증여받은 것이고 3억원에 해당하는 것 만큼은 유상으로 취득한 것이다. 즉 아버지는 전체 건물 중 일부를 3억원에 유상으로 양도한 것과 같다. 그러므로 아버지와 아들은 유상양도가 성립하여, 아버지에게 양도소득세 납세의무가 성립한다.

(2) 신의성실의 원칙

신의성실의 원칙이란 사람이 공동생활을 영위함에 있어서 상대방의 신뢰를 배반하지 아니하도록 신의와 성실을 가지고 행동하여야 한다는 원칙이다. 신의성실의 원칙은 국세기본법이 명문으로 규정하고 있는 바와 같이 납세의무자와 과세관청 모두에게 적용된다. 권리의 행사와 의무의 이행은 신의에 좇아 성실히 수행해야 한다는 것이다. 납세자는 신의성실 불이행시에는 세무조사를 받거나 가산세가 부과되고, 과세관청이 신의성실 위반시에는 부과취소를 해야 한다.

신의성실원칙에 대한 적용요건은 다음의 5가지를 모두 충족해야 한다.
첫째, 과세자가 납세자에게 신뢰의 대상이 되는 공적인 견해표시가 있을 것
둘째, 납세자가 공적인 언동을 신뢰하고 그 신뢰에 귀책사유가 없을 것
셋째, 납세자는 신뢰에 근거하여 세무상 처리를 해야 한다.
넷째, 과세관청이 견해표명에 반하는 소급적인 적법한 처분을 할 것
다섯째, 납세자의 경제적 불이익이 있을 것

신의성실의 원칙

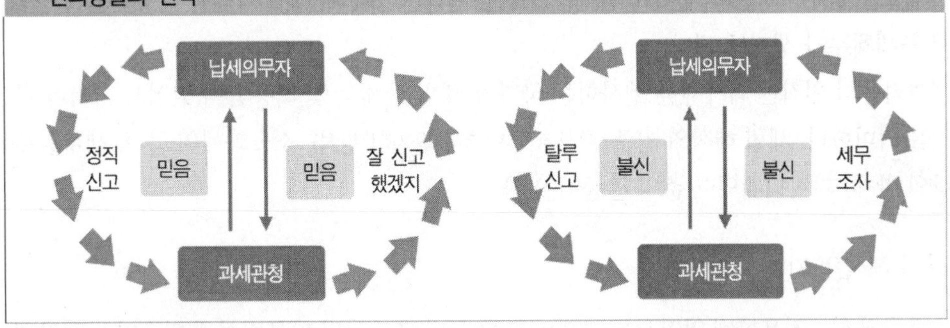

관/련/판/례

[관련 판례 (대법원 88누5280, 1990.10.10.)]
세무서 직원들이 명시적으로 부가가치세 면세대상으로 세무지도를 하여 납세자가 이를 믿고 부가가치세를 거래징수하지 않았으나 그 이후에 과세관청의 부가가치세 과세처분은 신의성실의 원칙에 위반된다.

(3) 근거과세의 원칙

근거과세의 원칙은 객관성을 유지하여 납세자의 재산권을 보호하는데 그 의의가 있다. 세무조사와 과세관청의 결정처분은 납세자가 비치·기장한 납세자의 장부 및 증빙에 의하여야 한다. 누락 및 허위에 대한 조사도 사실과 다르거나 누락된 경우에 대하여만 결정처분이 이루어야 한다.
이러한 과세근거에 관한 입증책임은 원칙적으로 과세관청에 있다고 할 것이나, 납세의무자가 세법이 규정한 기장 등의 의무를 이행하지 아니한 경우에 그로 인하여 생기는 문제에 대하여는 납세의무자가 입증책임을 져야 할 것이다.

(4) 조세감면의 사후관리

정부가 국세를 감면한 경우에는 그 감면의 취지를 성취시키거나 국가정책을 수행하기 위하여 감면세액에 상당하는 자금 또는 자산의 운용조건 또는 그 범위를 정할 수 있다(「국세기본법」 제17조 제1항). 즉 감면의 혜택을 주는 대신에 일정한 조건을 붙여 그 조건의 이행상황을 관리하는 제도이다. 이러한 조건을 이행하지 아니하면 그 이행하지 아니한 자금 또는 자산에 상당한 감면세액은 그 감면을 취소하고 징수할 수 있도록 하였다. 사후관리의 예를 보면, 조세특례제한법상 투자세액공제는 자산의 3년간 매각금지 규정이 있다.

2. 세법적용의 원칙

세법적용의 원칙이란 일반적·추상적으로 규정된 세법상의 의미·내용을 명확히 하고(세법의 해석), 어떤 구체적 사실이 해석된 세법규정에 해당하는지 여부를 검토·확인하여(과세요건사실의 인정), 그 해석을 통하여 인식된 세법규정의 의미·내용과 그 규정에 해당하는 구체적 과세요건사실을 결부시키는 작업이라 할 수 있으며, 이렇게 요건사실에 세법을 적용하면 법률효과로서 조세채무가 생기게 된다.
세법적용의 원칙은 과세권을 행사하는 국가가 세법을 해석 및 적용함에 있어서 지켜야 하는 원칙을 의미한다. 세법 해석의 기준(재산권 부당침해 금지의 원칙), 소급과세의 금지, 세무공무원 재량의 한계, 기업회계의 기준의 존중이 있다.

(1) 세법 해석의 기준

세법을 해석·적용함에 있어서는 과세의 형평과 당해 조항의 합목적성에 비추어 납세자의 재산권이 부당하게 침해되지 아니하도록 하여야 한다(「국세기본법」 제18조 제1항).

① 과세의 형평이 유지되도록 하여야 한다.

조세는 납세자의 부담능력에 따라 부과하는 것이 이상적인 조세이며 응능부담이 될 때에 조세의 공평이 실현되는 것이므로 세법을 해석하고 적용할 때는 이러한 원칙이 기준이 되어야 할 것이다.

② 당해 조항의 합목적성에 비추어 해석 · 적용되어야 한다.

세법 중 해석 · 적용을 필요로 하는 조항의 제정취지가 무엇인가를 알고 그 취지에 맞는 해석 · 적용이 되어야 한다는 것이다. 그러나 각 조항의 합목적성의 판단은 공평성이 결여되거나 조세법률주의 본질적 논리에 부합되도록 해석하여야 할 것이다.

③ 납세자의 재산권이 부당히 침해되지 아니하도록 하여야 한다.

국가가 세법을 해석 · 적용함에 있어 재정권의 침해를 방지하여야 하는 한편, 납세자의 재산권이 침해되지 아니하도록 엄격하고 중립적인 해석 · 적용이 되어야 한다.

④ 확대해석이나 유추해석의 금지

세법을 해석함에 있어서 세법공평의 원칙이나 경제적 실질의 파악을 위하여는 유추해석이나 확대해석이 허용되어야 한다는 설이 있는가 하면 세법이 재산권의 침해법규이며 법적 안정성이 강하게 요청되는 법률이므로 그 해석을 유추하거나 확대하는 것은 금지되어야 한다는 견해가 있으나, 조세법률주의에 충실한 해석이 되려면 무엇보다도 그 문언에 충실한 해석이 근간이 되어야 할 것이며, 다만 그 문언의 개념에는 상대성이 있음을 인정하지 않을 수 없으므로 용어가 수반하는 법적 안정성이나 예측가능성을 저해하지 않는 한계에서 법률규정의 취지 · 목적에 따른 목적론적 해석이 허용될 뿐이라고 하여야 할 것이다.

(2) 소급과세의 금지

세법의 해석 또는 국세행정의 관행이 일반적으로 납세자에게 받아들여진 후에는 그 해석 또는 관행에 의한 행위 또는 계산은 정당한 것으로 보며 새로운 해석이나 관행에 의하여 소급하여 과세되지 아니한다(「국세기본법」제18조 제2항). 세법해석 및 세무관행에 의해 이미 성립된 조세관계는 새로운 해석의 관행이 생긴 경우에도 소급과세하지 않는다. 이는 법적 안정성의 보장 및 법적 예측가능성을 보호하기 위한 규정이다.

다만, 예외적으로 아래 2가지의 소급과세는 인정한다.

① 부진정소급

법인세와 같은 기간세에 속하는 조세에 있어서 사업연도 중에 법령을 개정하면서 사업연도 개시일부터 소급하여 적용하는 것을 부진정소급과세라고 하는데 이런 부진정소급과세는 허용한다.

② 유리한 소급효

소급과세금지의 원칙은 납세자에게 불이익이 되는 것만을 금지하는 것이므로, 납세자에게 유리한 소급효는 허용된다.

소급과세 금지원칙

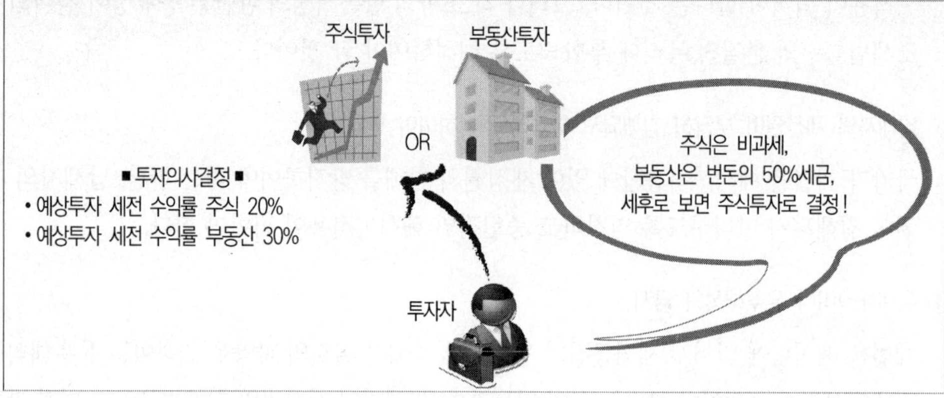

주식의 예상수익률이 20%이고 부동산의 예상수익률은 30%이지만, 주식양도차익은 비과세되고 부동산은 양도차익의 50%를 과세한다고 가정하자. 투자시점에 주식의 세후 예상수익률이 20%이고 부동산의 세후 예상수익률은 15%이기 때문에 투자자들은 주식에 투자 의사결정을 하였다. 만약 투자이후 투자회수시점에 주식 양도차익을 과세한다면 투자자들의 당초 의사결정을 왜곡시키게 되며 투자자들은 기회손실이 발생하게 될 것이다. 이는 법적안정성 보장과 법적 예측가능성을 위배한 것으로 볼 수 있다.

(3) 세무공무원의 재량의 한계

세무공무원이 직무를 수행함에 있어서는 재량에 속하는 사항이라 할지라도 과세의 형평과 당해 세법의 목적에 비추어 일반적으로 적당하다고 인정되는 한계를 엄수하여야 한다(「국세기본법」제19조). 즉, 재량의 한계를 엄수하여야 한다는 것은 자유재량을 허용하지 않는다고 볼 수 있겠다. 즉, 세무공무원은 그 재량의 범위를 법규재량 및 기속재량에 한정된다고 보아야 할 것이다. 따라서 재량의 한계를 벗어나면 위법한 것으로 행정소송의 대상이 되며 재량의 한계 내에서도 그 재량을 그르치면 부당한 처분으로서 행정심판의 대상이 된다.

(4) 기업회계기준의 존중

국세를 조사 · 결정함에 있어서 당해 납세의무자가 계속하여 적용하고 있는 기업회계의 기준 또는 관행으로서 일반적으로 공정 · 타당하다고 인정되는 것은 이를 존중하여야 한다. 다만, 세법에 특별한 규정이 있는 것은 그러하지 아니한다.

1) 국세예규심사위원회

아래 기준에 맞는 세법의 해석 및 이와 관련되는 이 법의 해석에 관한 사항을 심의하기 위하여 기획재정부에 국세예규심사위원회를 둔다.

① 세법을 해석 · 적용할 때에는 과세의 형평(衡平)과 해당 조항의 합목적성에 비추어 납세자의 재산권이 부당하게 침해되지 아니하도록 하여야 한다.
② 국세를 납부할 의무가 성립한 소득, 수익, 재산, 행위 또는 거래에 대해서는 그 성립 후의 새로운 세법에 따라 소급하여 과세하지 아니한다.
③ 세법의 해석이나 국세행정의 관행이 일반적으로 납세자에게 받아들여진 후에는 그 해석이나 관행에 의한 행위 또는 계산은 정당한 것으로 보며, 새로운 해석이나 관행에 의하여 소급하여 과세되지 아니한다.

국세예규심사위원회의 위원은 공정한 심의를 기대하기 어려운 사정이 있다고 인정될 때에는 대통령령으로 정하는 바에 따라 위원회 회의에서 제척(除斥)되거나 회피(回避)하여야 한다.

점검문제 02 국세부과의 원칙

다음 문항을 읽고 O, X 하시오

1. 세법을 해석 및 적용할 때에는 과세의 형평과 해당 조항의 합목적성에 비추어 납세자의 재산권이 부당하게 침해되지 아니하도록 하여야 한다.
2. 국세를 납부할 의무가 성립한 소득, 수익, 재산, 행위 또는 그 거래에 대해서는 그 성립 후의 새로운 세법에 따라 소급하여 과세하지 아니한다.
3. 세법의 해석이나 국세행정의 관행이 일반적으로 납세자에게 받아들여진 후에는 그 해석이나 관행에 의한 행위 또는 계산은 정당한 것으로 보며, 새로운 해석이나 관행에 의하여 다시 납세자에게 소급하여 과세할 수 있다.
4. 세무공무원이 재량으로 직무를 수행할 때에는 과세의 형평과 해당 세법의 목적에 비추어 국세수입을 최대화를 목적으로 재량권이 부여되어 있다.
5. 세무공무원이 국세의 과세표준을 조사 및 결정할 때에는 해당 납세자가 계속하여 적용하고 있는 기업회계의 기준 또는 관행으로 일반적으로 공정하고 타당하다고 인정되는 것은 존중하여야 하며, 세법에 특별한 규정이 있는 경우에도 그러하다.

해 답

1. O　　2. O　　3. X (소급과세 금지)
4. X　　5. X (특별한 규정이 있는 경우 예외)

제 3 절 납세의무

납세의무 성립, 확정, 소멸

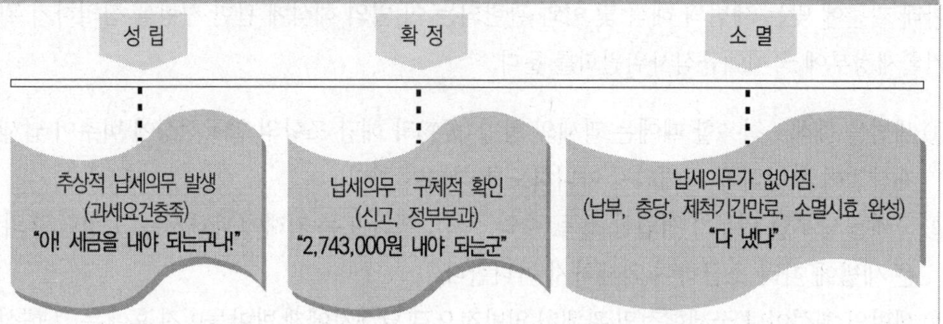

1. 납세의무의 과세요건

납세의무의 성립에 필요한 법률상의 요건을 과세요건이라 한다. 이런 과세요건은 4가지로서 납세의무자 · 과세물건 · 과세표준 · 세율을 들 수 있는데, 납세의무는 과세요건이 모두 갖추어지는 때에 성립한다. 따라서 납세의무는 그 성립을 위한 과세관청이나 납세의무자의 특별한 행위가 필요없이 자동적으로 발생하는 것이다.

(1) 납세의무자

납세의무자란 세법에 의하여 국세를 납부할 의무가 있는 자를 말한다. 즉 납세의무자는 조세채무를 부담하는 자로서 각 세법이 정하는 납세의무자를 말한다. 이런 납세의무자에는 연대납세의무자 · 제2차 납세의무자 · 물적납세의무자 및 보증인이 당연히 포함된다. 하지만 징수의무자는 납세의무자에 해당되지 않는다.

(2) 과세물건

과세물건이란 조세법이 과세대상으로 정하고 있는 물건 · 행위 또는 사실을 말한다. 납세의무는 과세물건이 어느 자에게 귀속함으로서 성립하고 과세물건이 귀속된 자가 납세의무자가 된다. 이 과세물건과 납세의무자와의 결합을 과세물건의 귀속이라고 한다.

사 례

소득세 (개인소득), 법인세 (법인소득), 상속 · 증여세 (피상속인의 유산 · 수증으로 취득한 재산), 부가가치세 (부가가치), 개별소비세 (과세물건), 종합부동산세 (부동산의 보유)

(3) 과세표준

세법에 의하여 직접적으로 세액산출의 기초가 되는 과세물건의 수량 또는 가액을 말한다. 이는 과세물건을 금액화 · 수량화한 것으로서 여기에 세율을 적용하면 세액이 산출된다.

(4) 세율

과세표준에 대한 세액의 비율 즉, 산출세액의 계산을 위하여 과세표준에 적용되는 법률이 정한 비율을 말한다. 세율은 과세표준을 금액으로 표시하는 종가세에 적용되는 것과 과세표준을 수량으로 표시하는 종량세에 적용되는 것으로 구분된다.
과세물건을 금액화 한 것은 종가세라고 하며, 과세물건을 수량화 한 것은 종량세라고 한다. 대표적으로 종량세는 유류소비에 따른 개별소비세가 있다. 휘발류는 1리터당 630원의 세금이 부과된다. 630원이 세율이 되고, 1리터가 과세표준이 된다.

2. 납세의무의 성립

납세의무의 성립이란 각 세법이 규정하고 있는 과세요건이 충족됨으로서 납세의무가 객관적으로 생겨나는 것을 말한다. 따라서 납세의무는 그 성립을 위한 과세관청의 처분이나 납세의무자의 특별한 행위가 필요 없이 자동적으로 발생하는 것이다.
납세의무는 다음과 같이 과세기간이 끝나는 때 성립하는 경우와 특정 과세사실이 발생하는 때에 성립하는 경우 그리고, 예외적인 시기에 성립하는 경우로 구분할 수 있다
납세의무는 법률상 과세요건을 충족함으로서 자동적으로 성립되며, 이와 같이 성립된 조세채무를 추상적 조세채무라 한다.

(1) 일정한 과세기간이 끝나는 때 성립하는 국세

소득세, 법인세, 부가가치세는 일정한 과세기간을 정하고 있다. 일정한 과세기간이 끝나는 때에 납세의무가 성립한다. 금융보험업자의 수입금액에 부과되는 교육세는 과세기간이 종료하는 때에 성립한다.
'소득'은 지속적으로 발생한다. 근로활동을 하는 근로자는 매일 매시간 근로소득이 발생한다. 그러므로 매일, 매시간 납세의무가 성립하고 납세의무를 확정시켜야 할 것이다. 현실적으로 소득이 발생했을 때마다 납세의무를 확정시키는 것은 불가능하다. 이런 이유로 일정한 과세기간을 정하고 일정한 과세기간이 끝나는 때에 납세의무가 성립하는 것으로 본다.

(2) 과세사실이 발생하는 때 성립하는 국세

다음에 해당하는 조세는 일정한 행위시기에 납세의무가 성립하는 것으로 본다. 일정한 과세기간이 종료하는 때에 성립하는 국세와 달리 행위의 연속성이 발견되지 않는다.

'소득'처럼 지속적으로 행위의 연속성이 있는 것과 달리 '상속' 및 '증여' 그리고 '매매거래', '문서작성' 등의 행위는 일회적이다. 아래의 조세들은 일정한 행위를 하는 때 납세의무가 성립한 것으로 본다.

① 상속세 : 상속이 개시되는 때
② 증여세 : 증여에 의하여 재산을 취득하는 때
③ 종합부동산세 : 과세기준일 (매년 6월 1일)
④ 개별소비세 · 주세 : 과세물품을 제조장으로부터 반출하거나 판매장에서 판매하는 때 또는 과세장소에 입장하거나 과세유흥장소에서 유흥음식행위를 한 때 또는 과세영업장소에서 영업행위를 한 때. 다만, 수입물품의 경우에는 세관장에게 수입신고를 하는 때
⑤ 인지세 : 과세문서를 작성한 때
⑥ 증권거래세 : 해당 매매거래가 확정되는 때

(3) 본세의 납세의무가 성립하는 때에 성립하는 국세

다음에 해당하는 조세는 부가세로서 본세를 기준으로 부가적으로 과세되는 조세이다. 독립적인 조세부과 절차를 갖추지 않기 때문에 본세의 납세의무가 성립하는 때에 납세의무가 성립하는 것으로 본다.

① 농어촌특별세 및 교육세 : 본세의 납세의무가 성립하는 때
② 가산세 : 가산할 국세의 납세의무가 성립하는 때

앞에서 우리는 부가세와 독립세를 배웠다. 대부분의 부가세는 독립적인 부과체계를 가지고 있지 않다. 납세의무의 성립도 본세에 따라 성립한다.

(4) 예외적인 시기에 성립하는 국세

아래의 국세는 위의 원칙적인 납세의무 성립시기와는 다른 시기에 그 납세의무가 성립한다. 과세기간이 있는 국세의 경우 과세기간 종료시에 납세의무가 성립하지만, 과세기간 중에 징수할 경우의 납세의무 성립시기를 아래와 같이 규정하고 있다.

① 원천징수하는 소득세 · 법인세 : 소득금액 또는 수입금액을 지급하는 때
② 납세조합이 징수하는 소득세 또는 예정신고납부하는 소득세 : 과세표준이 되는 금액이 발생한 달의 말일
③ 중간예납하는 소득세 · 법인세 또는 예정신고기간 · 예정부과기간에 대한 부가가치세 : 중간

예납기간 또는 예정신고기간 · 예정부과기간이 끝나는 때

④ 수시부과하여 징수하는 국세 : 수시부과할 사유 (탈세우려)가 발생한 때

예외적인 시기에 성립하는 국세는 각종 조세의 신고절차와 관계가 있다. 개인의 소득세 납세의무 성립은 과세기간이 종료하는 12월 31일이다. 근로소득 원천징수신고는 매월 급여를 지급일이 속하는 다음달 10일까지 신고 및 납부하도록 되어 있다. 납세의무가 성립하지도 않았기 때문에 원천징수하는 소득세 및 법인세는 지급할 때 납세의무가 성립한 것으로 본다.

3. 납세의무의 확정

세법에 규정된 과세요건이 충족되면 법률상 당연히 납세의무가 성립한다. 그러나 성립한 납세의무는 추상적인 납세의무로서 조세가 납부 또는 징수되기 위하여는 그 세액이 구체적으로 확정되어야 한다. 납세의무의 확정제도에는 납세의무자의 신고에 의하여 과세표준과 세액을 확정하는 신고납세제도와 정부의 조사결정에 의하여 과세표준과 세액을 확정하는 정부부과제도 그리고 특별한 절차 없이 자동 확정되는 예외적인 세목도 있다.

(1) 신고납세제도

신고납세제도는 납세의무자의 신고에 의하여 과세표준과 세액을 확정하는 제도로서 신고납세제도에 있어서는 납세의무의 1차적인 확정권이 납세의무자에게 있다. 그러나 납세의무자의 신고가 없거나 그 내용에 오류 · 탈루가 있는 경우에는 제2차적 · 보충적지위에 있던 과세관청의 결정권 또는 경정[11]결정권이 발동된다. 소득세 · 법인세 · 부가가치세 · 개별소비세 · 증권거래세 · 주세가 이에 해당한다.

(2) 정부부과제도

정부부과제도는 납세의무자의 신고여부와 관계없이 과세관청의 부과처분 (결정[12])에 의하여 과세표준과 세액을 확정하는 제도이다. 정부부과제도에 있어 납세의무자의 신고는 단지 세법상 과세자료를 제출하는 협력의무이행에 불과하며, 신고납세 제도에 있어서의 신고와 그 효력은 다르다. 즉 정부부과제도에서는 신고는 확정력이 없다. 상속 · 증여세가 이에 해당한다.

---

11) 납세의무자가 과세표준과 세액을 신고하였으나 신고내용에 오류 또는 탈루가 있을 때, 그 결정에 탈루 또는 오류가 발견되었을 때 다시 경정하는 것을 말한다.

12) 신고납세제도의 세목에 있어서 납세의무자로서 과세표준 등을 신고하여야 할 자가 그 신고를 이행하지 아니한 때 정부가 결정하거나, 정부결정제도의 세목에 있어서 당해 납세의무자의 과세표준과 세액을 정부가 결정하는 경우를 말한다.

(3) 성립과 동시에 자동 확정되는 국세

아래의 국세는 납세의무가 성립할 때 동시에 일정한 절차 없이 자동으로 납세의무가 확정된다.

① 인지세
② 원천징수하는 소득세 또는 법인세
③ 납세조합이 징수하는 소득세
④ 중간예납하는 법인세 (세법에 따라 정부가 조사·결정하는 경우는 제외한다.)
❗ 중간예납하는 소득세 (×)
⑤ 납부지연 가산세 및 원천징수 등 불성실가산세 (납세고지서에 따른 납부기한 후 가산세로 한정함.)

신고납세제도와 정부부과제도

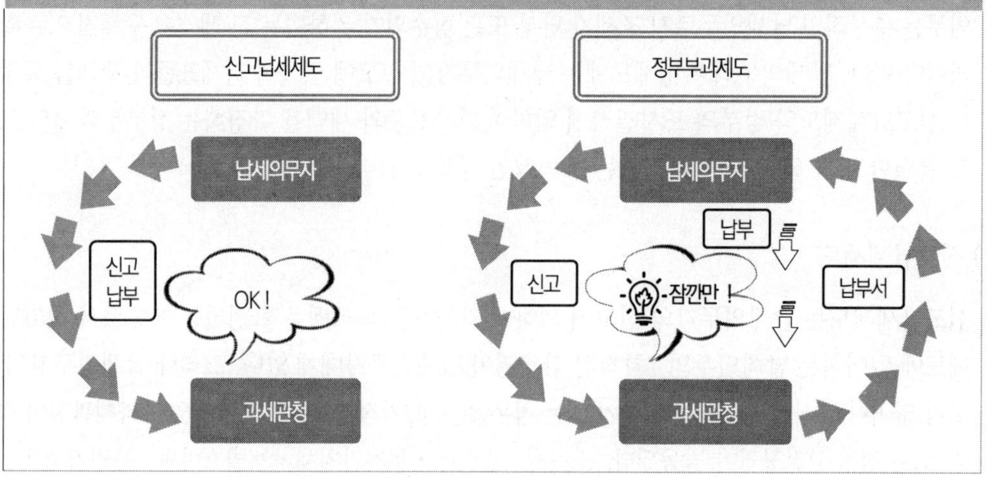

4. 납세의무의 소멸

과세요건이 충족에 의하여 성립한 납세의무 소멸사유에는 납부·충당·부과의 취소·국세부과 제척기간의 만료·국세징수권의 소멸시효의 완성 등이 있다.
납부와 충당은 국가 조세채권이 만족을 얻으면서 소멸하는 것이며, 기타의 사유는 국가 조세채권의 만족을 얻지 못하고 소멸하는 사유들이다.

(1) 납부의무의 소멸 사유

① 납부 : 납세자가 세액을 납부하여 납세의무가 소멸하는 것을 말한다.
② 충당 : 납세자에게 환급할 세액을 당해 납세자가 납부하여야 할 세액과 상계하는 것을 말한다.
③ 부과의 취소 : 일단 유효하게 성립한 부과처분에 대하여 그 성립에 흠이 있다는 이유로 부과

처분의 효력을 소멸시키는 것을 말한다.

▌참고사항 ▌

부과철회와는 다르다. 부과철회는 납세자의 불명으로 납세고지서를 송달할 수 없는 경우에 징수를 유예할 수 있고 국세징수를 확보할 수 없다고 인정하는 때에 부과철회를 할 수 있다. 하지만, 부과철회는 납세자의 재산 혹은 행방이 발견한 때에는 지체 없이 부과할 수 있다.

④ 국세부과권 제척기간의 만료

국세를 부과할 수 있는 기간 내에 국세가 부과되지 아니하고 그 기간이 만료된 때 납세의무가 소멸한다.

⑤ 국세징수권 소멸시효의 완성

국세를 징수할 수 있는 기간에 징수하지 못하고 국세징수권의 소멸시효가 완성할 때에 납세의무가 소멸한다.

5. 국세부과의 제척기간과 국세징수권의 소멸시효

(1) 국세부과의 제척기간

국세부과의 제척기간이란 국가가 국세를 부과할 수 있는 일정한 법정기간을 말한다. 부과제척기간이 만료되면 원칙적으로 국가의 부과권이 소멸되어 납부의무도 소멸하게 된다. 국세부과의 제척기간은 국세를 부과할 수 있는 날로부터 기산한다. 과세표준 및 세액을 신고하는 국세는 신고기한의 다음날로부터 기산한다.

1) 상속세 · 증여세 이외의 국세

① 납세자가 대통령령으로 정하는 사기나 그밖의 부정한 행위(이하 "부정행위"라 한다)로 국세를 포탈(逋脫)하거나 환급 · 공제받은 경우에는 그 국세를 부과할 수 있는 날로부터 10년간[13]

② 납세자가 법정신고기한까지 과세표준신고서를 제출하지 아니한 경우에는 해당 국세를 부과할 수 있는 날로부터 7년간

③ 위의 ①, ② 에 해당하는 아니한 경우로서 당해 국세를 부과할 수 있는 날로부터 5년간

13) [「국제조세조정에 관한 법률」 제2조 제1항 제1호에 따른 국제거래(이하 "국제거래"라 한다)에서 발생한 부정행위로 국세를 포탈하거나 환급·공제받은 경우에는 15년간]. 이 경우 부정행위로 포탈하거나 환급·공제받은 국세가 법인세이면 이와 관련하여 「법인세법」 제67조에 따라 처분된 금액에 대한 소득세 또는 법인세에 대해서도 그 소득세 또는 법인세를 부과할 수 있는 날부터 10년간(국제거래에서 발생한 부정행위로 법인세를 포탈하거나 환급·공제받아 「법인세법」 제67조에 따라 처분된 금액에 대한 소득세 또는 법인세의 경우에는 15년간)으로 한다.

2) 상속세 · 증여세

① 상속세 · 증여세를 부과할 수 있는 날로부터 10년간

② 무신고, 허위신고, 사기 및 기타 부정한 행위로서 상속세 · 증여세를 포탈하거나 환급 · 공제를 받은 경우 15년간

③ 제3자명의 혹은 국외소재자산, 고액상속, 유가증권, 서화, 골동품등 특례제척기간에 해당하면, 상속 · 증여가 있음을 안 날로부터 1년 이내에 상속 · 증여세를 부과할 수 있다.

3) 국세부과 제척기간 특례

① 조세불복 결정 및 행정소송 판결 확정시 (적용 등의 대상인 세목의 과세표준 및 세액과 연동된 다른 세목의 과세표준과 세액도 포함) : 결정 · 판결 확정일부터 1년

② 상호합의 : 합의종료일부터 1년

③ 경정청구, 국조법상 경정청구 · 조정권고시 : 경정청구일 · 조정권고일부터 2개월이내

④ 경정청구 · 조정권고의 대상이 된 과세기간과 연동된 다른 과세기간분도 경정청구일 · 조정권고일부터 2개월내

⑤ 과세표준·세액의 계산 근거가 된 거래·행위 등이 소송에 대한 판결로 변경되는 경우 : 판결확정일부터 1년

⑥ 글로벌최저한세 실효세율 변경 시: 과세당국이 변경 사실을 알게 된 날부터 1년

4) 불법소득에 대한 국세부과 제척기간 특례

① 뇌물·알선수재 · 배임수재로 인한 소득[14]에 대한 형사판결이 확정된 경우 : 확정판결일부터 1년

5) 제척기간 기산일

① 과세표준과 세액을 신고하는 국세 : 과세표준 신고기한 다음날

② 종합부동산세 및 인지세 : 해당 국세의 납세의무가 성립한 날

(2) 국세징수권의 소멸시효

국세징수권이란 구체적으로 확정된 조세채권을 실현하기 위하여 납세자에게 그 이행을 청구(납세고지, 독촉, 체납처분 등)하는 권리를 말한다. 청구권은 상대방이 이행하여야 행사가 가능한 권리로서 소멸시효의 적용대상이며 중단과 정지제도가 있다. 소멸시효란 권리의 불행사가 일정기간

14) 불법소득에 대한 과세실효성을 제고하기 위하여 신설되었다. 뇌물·알선수재·배임수재 등 소득세법 21조 2항 23에 해당하는 기타소득

계속되면 해당 권리가 소멸하는 제도를 말한다. 제척기간과 마찬가지로 소멸시효도 오랫동안 계속되는 사실에 대한 법적 안정성을 보장하기 위한 제도이다.

1) 국세징수권 소멸시효

과세표준과 세액의 신고에 의하여 납세의무가 확정되는 국세에 있어서는 신고한 당해 세액은 그 법정신고납부기간의 다음날이 기산일이 된다. 고액 체납국세에 대한 국세징수권을 강화하기 위하여 5억원이상의 국세채권의 소멸시효는 10년으로 한다.

① 5억원 이상의 국세 : 10년

② 5억원 미만의 국세 : 5년

위 국세의 금액에서 가산세는 제외한다.

2) 시효의 중단

시효의 중단이란 시효의 진행 중 일정한 사유의 발생으로 인하여 이미 경과한 시효기간의 효력이 상실되는 것을 말한다. 시효중단의 사유는 다음과 같다.

① 납세고지[15]

② 독촉・납부최고[16]

③ 교부청구[17]

④ 압류[18] (참가압류도 소멸시효의 중단사유에 해당함.)

소멸시효의 중단

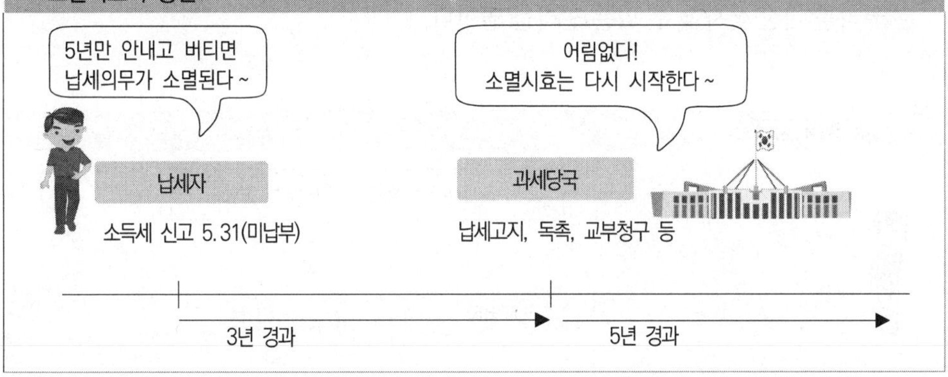

15) 납세의무자가 세금을 내도록 세무서에서 납세금액, 납부기일, 납부장소 따위를 지정하여 알리는 일

16) 납세의무자에게 납부를 하도록 독촉하는 통지를 하는 일

17) 조세체납자에 관하여 다른 원인으로 강제집행이 진행 또는 완료되었을 경우, 그 환가(換價) 처분에 참가하여 체납세금을 교부받아서 징수목적을 달성하고자 하는 청구≒교부 요구

18) 집행기관에 의하여 채무자의 특정 재산에 대한 처분이 제한되는 강제 집행. 이에 의하여 채무자는 압류 재산에 대한 처분권을 상실하며 처분권은 국가에 이전된다.

3) 시효의 정지

시효의 정지란 징수권을 행사할 수 없는 일정한 사유로 인하여 시효의 진행이 일시적으로 멈추는 것을 말하며, 시효정지의 사유는 다음과 같다.

① 분납기간
② 징수유예기간 (납세고지의 유예)
③ 체납처분유예기간 (압류・매각의 유예기간)
④ 연부연납기간
⑤ 채권자대위소송 진행기간・사해행위 취소소송 진행 기간
(채권자대위소송의 각하・기각 또는 취하시에도 시효소멸, 정지효력무효)
⑥ 체납자가 국외에 6개월 이상 계속 체류하는 경우 해당 국외 체류 기간

분납은 납부할 조세를 여러 번에 나누어서 납부하는 것을 말한다. 징수유예는 조세의 징수를 결행하는데 날짜나 시간을 미루는 것을 말한다. 체납처분은 체납처분를 결행하는 시간을 미루는 것을 말하며, 체납처분은 국세징수법에 의거한 체납자에 대한 강제징수 절차. 체납자의 재산을 압류하여 공매(公賣)에 부쳐서 독촉수수료, 연체금 등 미납한 국세금액에 충당한다. 지방세의 체납처분도 이러한 예에 따르는 경우가 많으므로 '조세체납처분'이라고도 한다. 연부연납은 납세의무자가 한꺼번에 납부하기에 곤란한 사정이 있을 때에 일정 기간 안의 연부[19](年賦)로서 인정하는 납세의 유예하는 제도이다.
마지막으로 채권자대위권은 채권자가 자기의 채권을 보전하기 위하여 자기채무자에게 속하는 권리를 대신 행사할 수 있는 권리를 말한다.

소멸시효의 정지

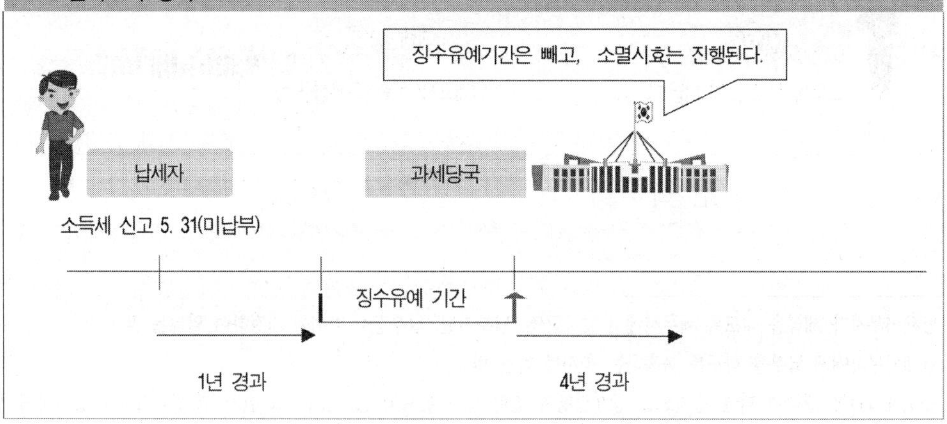

19) 갚아야 할 돈을 해마다 얼마씩 몇 해로 나누어 지불함.

소멸시효가 완성되면 국세징수권이 당연히 기산일에 소급하여 소멸되어 납부의무가 소멸한다.

주/관/식

국세기본법상 납세의무가 성립하는 때 특별한 절차 없이 확정되는 국세를 예시하시오.

해/답

1. 인지세
2. 원천징수하는 소득세, 법인세
3. 납세조합이 징수하는 소득세
4. 중간예납하는 법인세 (세법에 의해 정부가 조사결정하는 경우는 제외)

3) 소멸시효의 기산일

① 과세표준과 세액의 신고에 따라 납세의무가 확정되는 국세의 경우 신고한 세액
➡ 그 법정 신고납부기한의 다음날

② 과세표준과 세액을 정부가 결정 및 경정 또는 수시 부과결정하는 경우 납세고지한 세액
➡ 그 납세고지에 따른 납부기한의 다음날

▎국세부과권의 제척기간과 국세징수권의 소멸시효 비교

구 분	국세부과권의 제척기간	국세징수권의 소멸시효
개념	국세를 부과할 수 있는 법정존속기간 (권리의 행사가능기간)	국세징수권을 일정기간 행사하지 않는 경우에는 그 징수권을 소멸시키는 제도 (권리의 불행사기간)
적용대상	부과권	징수권
기간	5년, 7년, 10년, 15년, 1년 (특례), 2개월 (특례)	5년, 10년 (5억이상)
기산일	국세를 부과할 수 있는 날 (신고의무의 유무에 따라 기산일이 달라짐)	국세징수권을 행사할 수 있는 날 (누가 납세의무를 확정하였는가에 따라 기산일이 달라짐)
중단과 정지	없음	있음

사멸시효 사례

예1) 2월 6일로부터 10일 : 기산일은 2월 7일이고 만료일은 2월 16일
예2) 3월 31일로부터 1월 : 기산일은 4월 1일이고 만료일은 4월 30일
예3) 1월 1일로부터 2월 : 기산일은 1월 2일이고 만료일은 3월 1일(휴일)이라 3월 2일

6. 제2차 납세의무

제2차 납세의무는 주된 납세자가 납세의무를 이행할 수 없는 경우에 주된 납세자에 갈음하여 납세의무를 지는 자를 말한다(基法 2 11호). 따라서 제2차 납세의무자는 주된 납세자가 이행하지 못한 납세의무의 부족분에 대하여만 납세의무를 지는 것으로 물적납세의무자 및 납세보증인과 함께 보충적 납세의무자의 한 형태이다.

(1) 보충적 납세의무

보충적[20]납세의무에는 그 성격상 부종성과 보충성이 있다. 부종성(附從性)이라 함은 주된 납세의무에 대한 변경 또는 소멸의 효력이 보충적 납세의무에도 미치는 것을 말한다. 따라서 주된 납세의무가 소멸하면 보충적 납세의무도 소멸한다. 그러나 보충적 납세의무가 소멸한다고 하여 반드시 주된 납세의무가 소멸하는 것은 아니다. 다만, 보충적 납세의무자가 납세의무를 이행하면 주된 납세의무가 소멸하며 이 경우 보충적 납세의무자는 주된 납세자에 대하여 구상권을 갖는다.

(2) 제2차 납세의무의 의의

제2차 납세의무란 본래의 주된 납세자가 납세의무를 이행하지 아니하여 그의 재산에 대하여 체납처분을 집행하여도 징수할 금액에 부족한 경우에 주된 납세자와 일정한 관계에 있는 자가 부족액에 대하여 보충적으로 납세의무를 부담하는 것을 말한다.

국세기본법상 제2차 납세의무는 청산인 등, 출자자, 법인, 사업양수인 등 네 가지 경우에 대하여 규정되어 있으며 각각의 내용 및 한도는 다음과 같다(基法 38~41).

---

20) 보충성(補充性)이라 함은 과세관청이 주된 납세자에 대하여 체납처분은 집행하여도 징수할 금액에 부족한 때에 납세의무의 효력이 그 부족분에 대하여만 미치는 것을 말한다. 따라서 주된 납세자가 납세의무를 이행할 수 있는 경우에는 제2차 납세의무를 부담할 여지가 없다.

유 형	주된 납세자	제2차 납세의무자
청산인 등의 제2차 납세의무	해산하여 청산한 법인	청산인 (분배 및 인도한 재산가액) 잔여재산 분배 받은자 (분배 및 인도 받은 재산가액)
출자자 등의 제2차 납세의무	법인	무한책임사원 (무한책임) 과점주주 (법인의 부족국세×지분율)
법인의 제2차 납세의무	납부기간 만료일 과점주주	법인 (법인의 순재산가액×지분율)
사업양수인의 제2차 납세의무	사업양도인	사업 또 사업에 관한 권리·의무를 포괄적으로 승계한 자 중 양도인과 특수관계인 또는 양도인의 조세회피를 목적으로 사업을 양수한 자

1) 청산인 등의 제2차 납세의무

법인이 해산한 경우에 그 법인에 부과되거나 그 법인이 납부할 국세 및 가산금 또는 체납처분비를 납부하지 아니하고 청산 후 남은 재산을 분배하거나 인도하였을 때에, 그 법인이 체납처분을 집행하여도 징수할 금액에 미치지 못하는 경우에는 청산인 또는 청산 후 남은 재산을 분배받거나 인도받은 자는 그 부족한 금액에 대하여 제2차 납세의무를 진다 (국기법 38조 ①).

2) 출자자 등의 제2차 납세의무

법인 (유가증권 시장 및 코스닥 시장에 주권이 상장된 법인을 제외함)의 재산으로 그 법인에게 부과되거나 그 법인이 납부할 국세 및 가산금에 충당하여도 징수할 금액에 부족한 경우에는 그 국세의 납세의무 성립일 현재 그 법인의 무한책임사원 또는 과점주주로서 일정범위에 해당하는 자는 그 부족액에 대하여 제2차 납세의무를 진다 (국기법 39 ①).
과점주주란 주주 또는 유한책임사원 1명과 그와 대통령령으로 정하는 친족이 그 밖의 특수관계에 있는 자로서 그들의 소유주식 합계 또는 출자액 합계가 법인의 발행주식총수 또는 출자총액의 50% 를 초과하는 자들을 말한다.

3) 법인의 제2차 납세의무

국세의 납부기간 종료일 현재 법인의 무한책임사원 또는 과점주주의 재산 (당해 법인의 발행주식 또는 출자지분을 제외)으로 그 출자자가 납부할 국세 및 가산금에 충당하여도 부족한 경우에는 당해 법인의 출자자의 소유주식 또는 출자지분의 가액을 한도로 그 부족액에 대하여 제2차 납세의무를 진다 (국기법 40 ①).

4) 사업양수인의 제2차 납세의무

사업의 양도 및 양수가 있는 경우에 양도일 이전에 양도인의 납세의무가 확정된 당해 사업에 관한 국세 및 가산금을 양도인의 재산으로 충당하여도 부족이 있을 때에는 포괄적 사업의 양수인은 양수한 재산가액을 한도로 그 부족액에 대하여 제2차 납세의무를 진다(국기법 41 ①).

점검문제 03 납세의무

다음 문항을 읽고 답하시오

1. 소득세 및 법인세의 납세의무 성립시기는?
2. 상속세의 납세의무 성립시기는?
3. 증여세의 납세의무 성립시기는?
4. 인지세의 납세의무 성립시기는?
5. 증권거래세의 납세의무 성립시기는?
6. 종합부동산세의 납세의무 성립시기는?
7. 원천징수하는소득세 납세의무 성립시기는?
8. 신고납세 제도에 해당하는 세목은?
9. 정부부과 제도에 해당하는 세목은?
10. 과점주주 요건은?

해 답

1. 과세기간이 끝나는 때　　2. 상속이 개시되는 때　3. 증여에 의하여 재산을 취득하는 때
4. 과세문서를 작성한 때　　5. 해당 매매거래가 확정되는 때
6. 과세기준일 (6월1일)　　7. 수입금액을 지급하는 때
8. 소득세, 법인세, 부가가치세, 개별소비세, 증권거래세　9. 상속세, 증여세
10. 특수관계자를 포함하여 출자총액의 50%를 초과하는 경우

제 4 절 국세와 다른 채권과의 관계

1. 국세의 우선권

국세의 우선권이라 함은 국세채권이 공과금과 기타 다른 채권과 경합하는 경우에 국세채권을 다른 채권에 우선하여 징수할 수 있는 권리를 말한다.

(1) 국세우선권의 이유

조세는 국가 또는 지방자치단체의 존립 · 활동의 전제가 되는 재정수입으로서 법률질서를 유지하기 위한 가장 기본적인 공익비용으로 다른 채권에 우선하여야 한다 (국세의 공익성).
조세채권은 법률의 규정에 따라 당연히 성립 · 확정되는바, 납세자로서 법률의 공포라는 공시에 의하여 조세채권의 발생을 어느 정도 예측할 수 있으므로 공시의 요구에 부응한다.
국세 · 가산금 또는 체납처분비는 다른 공과금과 기타의 채권에 우선하여 징수한다 (국세의 공시성).

2. 국세의 우선권 제한

국세의 우선권을 예외없이 인정하는 경우에는 국세의 공시성이 없음으로 인하여 국민이 예측하지 못한 손실을 볼 수가 있으며, 또한 경제적으로 약한 위치에 있는 사람들의 생존권이 위협을 받게 된다. 이에 따라 국세기본법은 일정한 채권에 대하여는 국세의 우선권을 제한하고 있다.

(1) 선집행 지방세 · 공과금의 체납처분비

지방세나 공과금의 체납처분을 할 때, 그 체납처분금액 중에서 국세 · 가산금 또는 체납처분비를 징수하는 경우의 그 지방세나 공과금의 체납처분비는 국세의 우선권을 제한한다.
체납처분비는 국세징수법 중 체납처분에 관한 규정에 따른 재산의 압류, 보관, 운반과 매각에 든 비용을 말한다.

(2) 공익비용

강제집행 · 경매 또는 파산절차에 의한 재산의 매각에 있어서 그 매각금액 중에서 국세 가산금 체납처분비를 징수하는 경우의 그 강제집행 · 경매 또는 파산절차에 소요되는 비용은 국세채권에 우선하여 변제된다.

(3) 소액주택 또는 상가임차보증금

소액임차보증채권은 국세 또는 가산금보다 우선하여 변제된다. 소액임차보증채권에 해당하지 않는 경우 확정일자를 갖춘 경우에는 저당권으로서 확정일자가 국세의 법정기일[21]보다 빠르면 임대차보증금이 국세보다 우선한다.

21) 법정기일 : 신고납세제도 그 국세의 신고일, 과세표준과 세액을 정부가 결정, 경정하는 고지한 세액은 납세고지서의 발송일

▌소액임차보증채권

기준시점	지 역	임차보증금 범위	보증금 중 일정액 범위
2021년 3월 31일 이후	서울특별시	1억5천만원 이하	5,000만원
	수도권정비계획법에 따른 과밀억제권역, 세종특별자치시, 용인시, 화성시 및 김포시	1억3천만원 이하	4,300만원
	광역시('수도권정비계획법'에 따른 과밀억제권역에 포함과 군지역은 제외한다), 안산시, 광주시, 이천시, 평택시	7,000만원 이하	2,300만원
	그 밖의 지역	6,000만원 이하	2,000만원
2016년 3월 31일 이후	서울특별시	1억원 이하	3,400만원
	수도권정비계획법에 따른 과밀억제권역	8,000만원 이하	2,700만원
	광역시, 세종특별자치시, 안산시, 용인시, 김포시, 광주시	6,000만원 이하	2,000만원
	그 밖의 지역	5,000만원 이하	1,700만원

(4) 임금채권

사용자의 재산을 매각하거나 추심함에 있어서 그 매각금액 또는 추심금액 중에서 국세 또는 가산금을 징수하는 경우에 근로기준법의 규정에 의하여 국세 또는 가산금에 우선하여 변제되는 임금 · 퇴직금 · 재해보상금은 국세와 가산금에 우선한다.

그 밖의 임금채권은 질권 또는 저당권에 의하여 담보된 채권을 제외하고 국세와 가산금 및 다른 채권에 우선한다.

1) 최종 3월분의 임금 · 최종 3년간의 퇴직금 재해보상금

사용자의 총재산에 대하여 질권 또는 저당권에 의하여 담보된 채권과 조세 공과금 및 다른 채권에 우선한다.

최종 3월분 임금 · 최종 3년간의 퇴직금 · 재해보상금 〉 피담보채권, 조세채권 공과금 및 다른채권
피담보채권 〉 기타 임금채권 〉 조세채권, 공과금 및 다른 채권

(5) 법정기일전 설정된 전세권 · 질권 · 저당권에 의하여 담보된 채권

국세의 법정기일전에 전세권 · 질권 · 저당권의 설정을 등기[22] · 등록한 사실이 증명되는 재산의 매각에 있어서 그 매각대금 중에서 국세 또는 가산금을 징수하는 경우의 그 전세권 · 질권 또는 저당권에 의하여 담보된 채권은 국세와 가산금에 우선한다.

22) 등기제도 : 국가기관인 등기관이 법정절차에 따라 등기부에 부동산의 표시 또는 권리를 기재하는 것.

1) 법정기일 전에 주택임대차보호법 · 상가건물임대차보험법에 따라 대항요건과 확정일자를 갖춘 임차보증금

국세의 법정기일 전에 주택임대차보호법등에 따라 대항요건과 확정일자가 확인되는 경우 재산매각에 있어서 그 매각대금 중 국세 또는 가산금을 징수하는 경우의 그 주택 등 관련 채권은 국세와 가산금에 우선한다.

법정기일 : 다음의 어느 하나에 해당하는 기일을 말한다.

구 분	법정기일
① 과세표준과 세액의 신고에 따라 납세의무가 확정되는 국세의 경우	**그 신고일**
② 과세표준과 세액을 정부가 결정·경정 또는 수시부과 결정하는 경우 고지한 해당 세액	**그 납세고지서 발송일**
③ 인지세와 원천징수의무자나 납세조합으로부터 징수하는 소득세·법인세 및 농어촌특별세	**그 납세의무의 확정일**

우선순위		
1순위	공익비용 (강제집행 · 경매비용 · 강제징수비)	
2순위	소액임차보증금, 최종 3개월분 임금채권 · 3년간 퇴직급여 · 재해보상금	
	법정기일 전 피담보채권이 설정	법정기일 후 피담보채권이 설정
3순위	**피담보채권**	국세와 가산금
4순위	**그 밖의 임금채권**	**피담보채권**
5순위	국세와 가산금	**그 밖의 임금채권**
6순위	공과금 및 일반채권	공과금 및 일반채권

피담보채권은 그 밖의 임금채권보다 선순위이다.

3. 당해세 우선

피담보채권 국세우선의 원칙에도 불구하고 해당 재산에 대하여 부과된 상속세, 증여세 및 종합부동산세는 피담보채권 또는 임대차보증금반환채권보다 우선한다

4. 당해세 적용 예외

당해세 우선적용에도 불구하고 주택임대차보호법에 따라 대항요건과 확정일자를 갖춘 임차권에 담보된 임대차보증금반환채권 또는 같은 법에 따른 주거용 건물에 설정된 전세권에 의하여 담보된 채권은 해당

임차권 또는 전세권이 설정된 재산이 국세의 강제징수 또는 경매 절차를 통하여 매각되어 그 매각금액에서 국세를 징수하는 경우 그 확정일자 또는 설정일보다 법정기일 늦은 해당재산에 대하여 부과된 상속세, 증여세 및 종합부동산세의 우선 징수 순서에 대신하여 변제될 수 있다.

주/관/식

국세기본법 제14조에서 규정하고 있는 "실질과세"는 1. 귀속에 관한 실질 2. 거래내용에 관한 실질로 구분되는데 각각의 내용을 기술하시오.

해/답

1. **귀속에 관한 실질**
   과세의 대상이 되는 소득·수익·재산 행위 또는 거래의 귀속이 명의일 뿐이고 사실상 귀속되는 자가 따로 있을 때에는 사실상 귀속되는 자를 납세의무자로 하여 세법을 적용한다.

2. **거래내용에 관한 실질**
   세법 중 과세표준의 계산에 관한 규정은 소득·수익·재산·행위 또는 거래의 명칭이나 형식에 불구하고 그 실질 내용에 따라 적용한다.

보론

국세징수법에 따른 압류금지 재산은 다음과 같다.

1. 체납자와 그 동거가족의 생활에 없어서는 아니 될 의복, 침구, 가구와 주방기구
2. 체납자와 그 동거가족에게 필요한 3개월간의 식료와 연료
3. 인감도장이나 그밖에 직업에 필요한 인장 (印章)
4. 제사·예배에 필요한 물건, 비석 및 묘지
5. 체납자 또는 그 동거가족의 상사 (喪事)·장례에 필요한 물건
6. 족보나 그밖에 체납자의 가정에 필요한 장부·서류
7. 직무상 필요한 제복·법의 (法衣)
8. 훈장이나 그밖의 명예의 증표
9. 체납자와 그 동거가족의 학업에 필요한 서적과 기구
10. 발명 또는 저작에 관한 것으로서 공표되지 아니한 것
11. 법령에 따라 급여하는 사망급여금과 상이급여금 (傷痍給與金)
12. 의료·조산 (助産)의 업 (業) 또는 동물진료업에 필요한 기구·약품과 그밖의 재료
13. 「주택임대차보호법」제8조 및 같은 법 시행령의 규정에 따라 우선변제를 받을 수 있는 금액
14. 체납자의 생계 유지에 필요한 소액금융재산으로서 185만원 미만의 금액 (급여채권 압류기준 금액도 동일)

제 5 절 과세

1. 수정신고와 경정청구

(1) 수정신고

과세표준 수정신고란 법정신고기한내 과세표준과 세액의 신고서를 제출한 자(당초신고자)가 그 신고한 과세표준과 세액(당초 신고분)이 세법에 의하여 신고하여야 할 과세표준과 세액(정확한 신고)에 미달하는 때에는 당해 국세의 과세표준과 세액이 결정 또는 경정되어 통지되기 전까지 당초 신고한 과세표준과 세액을 납세의무자가 스스로 고쳐 과세표준과 세액을 증액하여 신고하는 것을 말한다.

▌수정신고

	당초신고	정확한 신고	차 이
과세표준	1,000만원	1,200만원	200만원 과세표준 증가
세 액	100만원	200만원	100만원 세액 증가

1) 신고요건

과세표준신고서를 법정신고기한까지 제출한 자(소득세법의 근로소득 · 공적연금소득 · 연말정산대상 사업소득 · 퇴직소득이 있는자로서 과세표준 확정신고의무가 면제된 자를 포함) 및 기한후과세표준신고서를 제출한 자는 수정신고를 할 수 있다.

2) 신고사유

① 과세표준신고서 및 기한후과세표준신고서에 기재된 과세표준 및 세액이 신고하여야 할 세액에 미달하는 경우

② 과세표준신고서 및 기한후과세표준신고서에 기재된 결손금액 또는 환급 세액이 신고하여야 할 세액보다 많은 경우

3) 수정신고기한

관할 세무서장이 각 세법에 따라 해당 국세의 과세표준과 세액을 결정 또는 경정하여 통지하기 전으로서 국세부과의 제척기간의 끝나기 전까지 수정신고를 할 수 있다.

4) 수정신고의 효력

법정신고기한이 지난 후 2년 이내에 수정신고한 경우 (과소신고 · 초과환급신고가산세만 해당되며, 과세표준과 세액을 경정할 것을 미리 알고 과세표준수정신고서를 제출한 경우는 제외한다)에는 다음과 같이 감면한다.

법정신고기한 지난 후 2년 이내에 제출한 자에 대하여는 해당 가산세의 일정부분의 세액을 경감한다.

구 분	가산세 감면율
① 법정신고기한 경과 후 1월 이내에 수정신고를 한 경우	90%
② 법정신고기한 경과 후 1월 초과 3월 이내에 수정신고를 한 경우	75%
③ 법정신고기한 경과 후 3월 초과 6월 이내에 수정신고를 한 경우	50%
④ 법정신고기한 경과 후 6월 초과 1년 이내에 수정신고를 한 경우	30%
⑤ 법정신고기한 경과 후 1년 초과 1년 6개월 이내에 수정신고를 한 경우	20%
⑥ 법정신고기한 경과 후 1년 6개월 초과 2년 이내에 수정신고를 한 경우	10%

5) 수정신고의 확정력 여부

수정신고는 당초의 신고에 따라 확정된 과세표준과 세액을 증액하여 확정하는 효력을 가진다.

(2) 경정청구

경정 등의 청구라 함은 이미 신고 · 결정 또는 경정결정 된 과세표준 및 세액(당초 신고)이 세법에 의하여 신고하여야 할 과세표준 및 세액(정확한 신고)을 초과하는 경우에 납세의무자가 과세관청으로 하여금 이를 경정하여 결정 또는 경정하여 줄 것을 청구하는 것을 말한다.

▎경정청구

	당초신고	정확한 신고	차 이
과세표준	1,200만원	1,000만원	200만원 과세표준 감소
세 액	200만원	100만원	100만원 세액 감소

1) 경정청구요건

과세표준신고서를 법정신고기한까지 제출한 자 및 기한후과세표준신고서를 제출한 자는 결정 또는 경정을 청구할 수 있다.

2) 청구사유

① 과세표준신고서 및 기한후과세표준신고서에 기재된 과세표준 및 세액이 신고하여야 할 세액을 초과하는 때

② 과세표준신고서 및 기한후과세표준신고서에 기재된 결손금액 또는 환급세액이 신고하여야 할 세액에 미치지 못할 때

3) 통상적 경정청구

과세표준신고서를 법정신고기한내에 제출한 자 및 기한후과세표준신고서를 제출한 자는 그 신고한 과세표준 및 세액이 과다 신고 되었거나 결손금액 또는 환급세액이 과소 신고된 경우에는 법정신고기한 경과 후 5년 이내에 세무서장에게 청구할 수 있다.

다만, 결정 또는 경정으로 인하여 증가된 과세표준 및 세액에 대하여는 해당처분이 있음을 안 날(처분의 통지를 받은 때에는 그 받은 날)부터 3개월 이내 (법정신고기한이 지난 후 5년 이내에 한정한다)에 결정을 청구할 수 있다.

4) 후발적 사유로 인한 경정청구

판결 등에 의한 계산근거 변경 등의 후발적 사유가 발생한 것을 안 날로부터 3월 이내에 청구하여야 한다. 과세표준 신고서를 법정신고기한까지 제출한 자 또는 국세의 과세표준 및 세액의 결정을 받은자는 후발적 사유가 발생하였을 때 경정청구할 수 있다. 무신고자도 국세의 과세표준 및 세액의 결정을 받은 경우에는 경정 등의 청구를 할 수 있다.

① 최초의 신고 · 결정 또는 경정에서 과세표준 및 세액의 계산 근거가 된 거래 또는 행위 등이 그에 관한 소송에 대한 판결 (판결과 같은 효력을 가지는 화해나 그밖의 행위를 포함한다)에 의하여 다른 것으로 확정되었을 때

② 소득이나 그밖의 과세물건의 귀속을 제3자에게로 변경시키는 결정 또는 경정이 있을 때

③ 조세조약에 따른 상호합의가 최초의 신고 · 결정 또는 경정의 내용과 다르게 이루어졌을 때

④ 결정 또는 경정으로 인하여 그 결정 또는 경정의 대상이 되는 과세기간 외의 과세기간에 대하여 최초에 신고한 국세의 과세표준 및 세액이 세법에 따라 신고하여야 할 과세표준 및 세액을 초과할 때

⑤ 심사·심판결정에 의해 다른 것으로 확정된 경우

⑥ ①부터 ⑤까지와 유사한 사유로서 대통령령으로 정하는 사유가 해당 국세의 법정신고기한이 지난 후에 발생하였을 때

5) 납세자, 원천징수의무자에 대한 경정청구 허용

다음의 납세자 또는 원천징수의무자도 경정청구가 허용된다.

① 근로소득 연말정산

② 사업소득 연말정산

③ 공적연금 연말정산

④ 퇴직소득 원천징수

⑤ 분리과세 이자소득 원천징수

⑥ 분리과세 배당소득 원천징수

⑦ 분리과세 연금소득 원천징수

⑧ 분리과세 기타소득 원천징수

6) 경정청구의 효력

① 과세권자에 대한 효력 (결정통지)

결정 또는 결정의 청구를 받은 세무서장은 그 청구를 받은 날부터 2개월 이내 과세표준 및 세액을 결정 또는 경정하여야 할 이유가 없다는 뜻을 그 청구를 한 자에게 통지하여야 한다.

7) 경정청구의 확정력 여부

과세표준 및 세액을 확정시키는 효력은 없음

8) 경정청구 처리 지연시 진행상황등 통지(국기법§45의52③·④)

납세자 권익을 제고하기 위해 경정청구 2개월 이내에 처리가 곤란한 경우 진행상황 및 불복절차 안내 통지하여야 한다.

경정청구 2개월 이내에 결과통지를 받지 못한 경우 납세자는 이의신청·심판청구 등 조세불복 가능하다.

2. 기한후 신고

납세자의 편의를 도모하기 위하여 법정신고기한내에 과세표준신고서를 제출하지 아니한 자는 관할 세무서장이 과세표준과 세액을 결정하여 통지하기 전까지 기한후 과세표준 신고서를 제출할 수 있도록 하고 있다.

1) 기한후 신고의 결정

신고일로부터 3월 이내 법정결정기한으로 한다. 다만 탈루・오류자는 조사하여 결정하며, 조사 등에 장기간 소요되어 부득이하게 3월 이내 결정하지 못할 경우 신고인에게 사유를 통지하여야 한다.

2) 기한후 신고의 효력

과세표준신고서를 법정신고기한까지 제출하지 아니한 자가 법정신고기한이 지난 후 기한 후 신고를 한 경우(무신고가산세만 해당하며, 과세표준과 세액을 결정할 것을 미리 알고 기한후 과세표준신고서를 제출한 경우는 제외함)에는 다음의 구분에 따른 금액을 감면한다.

구 분	가산세 감면율
① 법정신고기한 경과 후 1월 이내에 기한후 신고를 한 경우	50%
② 법정신고기한 경과 후 1월 초과 3월 이내에 기한후 신고를 한 경우	30%
③ 법정신고기한 경과 후 3월 초과 6월 이내에 기한후 신고를 한 경우	20%

3) 수정신고 및 경정청구

과세표준신고서를 법정신고기한까지 제출하지 아니한 기한 후 신고를 한 자에게도 자기시정의 기회를 부여하기 위하여 수정신고 및 경정청구를 할 수 있도록 허용한다 (제45조제1항 및 제45조의2제1항).

4) 기한후 신고의 확정력 여부

과세표준 및 세액을 확정시키는 효력은 없음.

점검문제 04 과세

다음 문항을 읽고 빈칸을 채우시오

1. (　　　　　)는 법정신고기한 내 납세의무자가 한 과세표준신고서에 기재된 과세표준 및 세액이 세법에 의하여 신고하여야 할 과세표준 및 세액에 미달하거나, 과세표준신고서 에 기재된 결손금액 또는 환급세액이 세법에 의하여 신고하여야 할 결손금액 또는 환급 세액을 초과하는 때에 과세관청이 이를 과세표준 및 세액에 대하여 결정 또는 경정하여 통지하기 전까지 수정한 신고서를 제출할 수 있는 제도이다
2. (　　　　　)는 과세표준신고서에 기재한 과세표준 및 세액이 오류로 인하여 과다 신고되어 이를 시정하기 위하여 하는 것
3. 경정청구는 법정 신고기한이 지난 후 (　　　) 이내에 관할 세무서장에게 청구할 수 있다
4. 후발적 사유로 인한 경정청구는 그 사유가 발생한 것을 안 날부터 (　　　　　)이내에 결정 또는 경정을 청구할 수 있다
5. 수정신고는 과세관청이 이를 과세표준 및 세액에 대하여 (　　　　　)까지 수정한 신고서를 제출할 수 있는 제도이다

해 답

1. 수정신고　　2. 경정청구　　3. 5년
4. 3개월　　5. 결정 또는 경정하여 통지하기 전까지

주/관/식

국세기본법 제48조에서 규정하고 있는 가산세의 감면 등에 대하여 그 사유와 감면상당액을 기술하시오.

해/답

1. 천재 · 지변 등으로 인한 가산세의 감면
정부는 국세기본법 또는 세법에 따라 부과하였거나 부과할 가산세의 경우 그 부과의 원인이 되는 사유가 천재 · 지변 등 기한연장사유에 해당하거나 납세자가 의무를 불이행한 것에 대하여 정당한 사유가 있을 때에는 해당 가산세를 부과하지 아니한다.

2. 수정신고 등으로 인한 가산세의 감면
법정신고기한 지난 후 2년 이내에 제출한 자에 대하여는 해당 가산세의 일정부분의 세액을 경감한다.
① 법정신고기한 경과 후 1월 이내에 수정신고를 한 경우 해당 가산세액의 90%에 상당하는 금액을 감면한다.
② 법정신고기한 경과 후 1월 초과 3월 이내에 수정신고를 한 경우해당 가산세액의 75%에 상당하는 금액을 감면한다.
③ 법정신고기한 경과 후 3월 초과 6월 이내에 수정신고를 한 경우 해당 가산세액의 50%에 상당하는 금액을 감면한다.
④ 법정신고기한 경과 후 6월 초과 1년 이내에 수정신고를 한 경우해당 가산세액의 30%에 상당하는 금액을 감면한다.
⑤ 법정신고기한 경과 후 1년 초과 1년 6개월 이내에 수정신고를 한 경우해당 가산세액의 20%에 상당하는 금액을 감면한다.
⑥ 법정신고기한 경과 후 1년 6개월 초과 2년 이내에 수정신고를 한 경우해당 가산세액의 10%에 상당하는 금액을 감면한다.

제 6 절 가산세와 권리구제

1. 가산세의 부과

(1) 가산세의 의의

"가산세"라 함은 세법에 규정하는 의무의 성실한 이행을 확보하기 위하여 그 세법에 의하여 산출된 세액에 가산하여 징수하는 금액을 말한다. 가산세는 세법에 규정된 각종 신고 · 납부 의무불이행에 대한 일정의 행정벌로서 당해 세법이 정하는 국세의 세목으로 징수한다.
가산세는 가산금과 다르다. "가산금[23]"이라 함은 국세를 납부기한까지 납부하지 아니한 때에

23) "납부불성실 가산세"와 "가산금"이 모두 납부지연 가산세로 명칭이 통일 되었지만, 설명편의를 위해 "가산금" 명칭을 그대로 사용하였다.

「국세징수법」에 의하여 고지세액에 가산하여 징수하는 금액과 납부기한 경과 후 일정기한까지 납부하지 아니한 때에 그 금액에 다시 가산하여 징수하는 금액을 말한다.
다시 말하면, 가산세는 세법상의 성실한 신고 · 납부의무의 준수에 중점을 둔 행정벌인 것에 반해 가산금은 납기의 준수에 중점을 두는 것이 다르다.
가산금의 예로 국세를 체납한 경우를 보면 다음과 같다. 국세를 납부기한까지 완납하지 아니한 때에는 체납된 국세의 100분의 3에 상당하는 가산금을 징수하며, 체납된 국세를 납부하지 아니한 때에는 납부기한이 경과한 날로부터 매 1개월이 경과할 때마다 체납된 국세의 1,000분의 12에 상당하는 중가산금(重加算金)을 가산금에 가산하여 징수하되, 중가산금을 가산하여 징수하는 기간은 60월을 초과하지 못한다.

1) 가산금 사례

개인사업자에게 20×9년 1기 예정 부가가치세 1,000만원을 20×9년 4월 25일까지 납부하라고 과세당국이 예정고지 하였다. 만약 4월 26일에 납부한다면, 1,000만원의 3%의 가산금이 고지된다. 가산금은 매 1개월 경과할 때마다 중가산금이 가산되기 때문에 5월 25일까지는 납부하는 가산금과 4월 26일 납부하는 가산금은 동일하다.

2) 가산세 사례

개인사업자는 20×9년 1기 확정 부가가치세 신고를 20×9년 7월 25일까지 신고 및 납부하여야 한다. 만약 7월 25일에 신고 및 납부하지 않는다면, 신고불성실 가산세와 납부지연 가산세가 부과된다.
만약 7월 25일까지 신고는 하였지만 납부를 하지 않았다면, 신고불성실 가산세는 부과되지 않고, 납부지연 가산세만 부과된다. 납부지연 가산세는 1일당 2.2/10,000으로 계산된다. 납부할 세액이 1,000만원이고 7월 26일에 납부한다면, 납부지연 가산세는 2,200원(1,000만원 × 2.2/10,000 × 1일)이다. 30일 경과후 납부한다면, 7만 5천원의 납부지연 가산세가 부과된다.

2. 국세기본법상 가산세

구 분		가산세율	
		일반	부정
신고관련 가산세	무신고가산세	20%	40%(60%)
	과소신고 · 초과환급신고가산세	10%	40%(60%)
납부지연 가산세		1일 0.022%	

(1) 무신고 가산세

과세표준을 신고하여야 할 자가 법정신고기한내 신고하지 아니한 경우에는 다음의 무신고 가산세액을 납부할 세액에 가산하거나 환급받을 세액에서 공제한다. 무신고 가산세는 일반 무신고 가산세와 부당무신고로 구분된다. 부당 무신고에 해당하는 경우에는 일반 무신고보다 높은 가산세가 부과된다.

1) 일반적인 경우 무신고 가산세

A. 법인세와 복식부기 의무자의 소득세 무신고 가산세 = Max (①, ②) ① 무신고납부세액 24)×20% ② 수입금액×7/10,000	B. 부가가치세 가산세 = (① + ②) ① 무신고납부세액×20% ② 영세율 과세표준이 있는 경우 : 영세율 과세표준×0.5%	C. 그 밖의 가산세 = 무신고납부세액×20%

2) 부정행위로 무신고한 경우 가산세

부당 무신고 과세표준이란 납세자가 국세의 과세표준 또는 세액 계산의 기초가 되는 사실의 전부 또는 일부를 은폐하거나 가장하는 것에 기초하여 국세의 과세표준 또는 세액의 신고의무를 위반하는 것으로서 이중장부의 작성, 허위증빙 · 허위기록 또는 허위문서, 장부와 기록의 파기 등 국세를 포탈하거나 환급 · 공제받기 위한 사기나 기타 부정한 행위가 있는 경우에 해당된다.

A. 법인세와 복식부기 의무자의 소득세 부당 무신고 가산세 = Max (①, ②) ① 무신고납부세액×40% ② 수입금액×14/10,000	B. 부가가치세 가산세 = (① + ②) ① 무신고납부세액×40% (역외거래에서 발생한 부정행위인 경우 60%) ② 영세율 과세표준이 있는 경우 : 영세율 과세표준×0.5%	C. 그 밖의 국세 가산세 = 무신고납부세액×40% (역외거래에서 발생한 부정의 경우 60%)

(2) 과소신고 · 초과환급 신고 가산세

납세자가 법정신고기한내에 세법에 따른 과세표준신고서를 제출한 경우로서 신고한 과세표준이 세법에 따라 신고하여야 할 과세표준에 미달한 경우에는 다음의 금액을 납부할 세액에 가산하거나 환급받을 세액에서 공제한다.

24) 무신고납부세액 : 신고로 납부하여야 할 세액(국세기본법 및 세법에 따른 가산세와 세법에 따라 가산하여야 할 이자 상당 가산세가 있는 경우 그 금액은 제외함)

1) 법정신고기한까지 과세표준 신고를 한 경우로서 과세표준 · 납부세액을 과소신고하거나 환급세액을 초과신고 한 경우

> 일반 과소신고 가산세 = 과소신고세액[25]×10%
> (부가가치세는 영세율 과세표준×0.5% 가산)

2) 부정행위로 과세표준의 전부 또는 일부를 과소신고한 경우

> 부당 과소신고 가산세 = (① + ②)
> ① 부정과소신고분 : Max (㉠ , ㉡)
> ㉠ 부정행위로 인한 과소신고납부세액×40%
> (역외거래에서 발생한 부정거래의 경우에는 60%)
> ㉡ 부정과소신고수입금액×14/10,000
> ② 일반 과소신고 가산세 = (산출세액×과소신고비율−기납부세액)×10%

(3) 납부 관련 가산세

1) 납부 · 환급 납부지연 가산세

납부기한까지 납부를 하지 않거나 과소납부하거나 초과환급 받은 경우

> 가산세액 = (① + ②)
> ① 미납부 · 과소납부분 세액×일수×2.2/10,000
> ② 초과환급세액×일수×2.2/10,000

2) 원천징수납부 등 납부지연 가산세

국세를 원천징수하여 납부할 의무를 지는 자가 징수하여야 할 세액을 세법에 따른 법정납부기간까지 납부하지 않거나 과소 납부한 경우

> 가산세액 = Min (①, ②)
> ① =Ⓐ + Ⓑ
> Ⓐ 미납부 · 과소납부분 세액×3%
> Ⓑ 미납부 · 과소납부분 세액×일수×2.2/10,000)
> ② 한도 : 미납부 · 과소납부분 세액×50% (위 Ⓐ의 금액과 위 Ⓑ 중 법정납부기한의 다음 날부터 납세고지일까지의 기간에 해당하는 금액을 합한 금액은 10%)
> · 체납된 국세의 납세고지서별·세목별 세액이 100만원 미만인 경우에는 위 ① 의 Ⓑ 의 가산세를 적용하지 않는다

25) 과소신고납부세액 : 과소신고한 납부세액과 초과신고한 환급세액도 합계

(4) 증빙서류 불비가산세

지출건당 3만원 초과 (부가가치세 포함)인 경우로서 사업과 관련하여 사업자로부터 재화 및 용역을 공급 받고 적격증빙을 받지 아니하거나 사실과 다른 증빙을 증빙을 받는 경우

> 가산세액 = 적격증빙서류 미수취금액 (사실과 다르게 받은 금액)×2%

(5) 가산세 감면

1) 가산세를 부과하지 않는 경우

다음의 사유가 있는 경우에는 해당 가산세를 부과하지 아니한다.

① 그 부과의 원인이 되는 사유가 천재 등으로 인한 기한연장 사유에 해당하는 경우

② 납세자가 의무를 불이행한 것에 대하여 정당한 사유가 있는 경우

2) 가산세의 90%를 감면하는 경우

다음의 사유가 있는 경우에는 해당 가산세액의 90%에 상당하는 금액을 감면한다.

① 법정신고기한 경과 후 1월 이내에 수정신고를 한 경우 : 과소신고 가산세

3) 가산세의 75%를 감면하는 경우

다음의 사유가 있는 경우에는 해당 가산세액의 75%에 상당하는 금액을 감면한다.

① 법정신고기한 경과 후 1월 초과 3월 이내에 수정신고를 한 경우 : 과소신고 가산세

4) 가산세의 50%를 감면하는 경우

다음의 사유가 있는 경우에는 해당 가산세액의 50%에 상당하는 금액을 감면한다.

① 법정신고기한 경과 후 3월 초과 6월 이내에 수정신고를 한 경우 : 과소신고 가산세

② 법정신고기한 경과 후 1월 이내에 기한 후 신고를 한 경우 : 무신고 가산세

5) 가산세의 30%를 감면하는 경우

다음의 사유가 있는 경우에는 해당 가산세액의 30%에 상당하는 금액을 감면한다.

① 법정신고기한 경과 후 6월 초과 1년 이내에 수정신고를 한 경우 : 과소신고 가산세

② 법정신고기한 경과 후 1월 초과 3월 이내에 기한후 신고를 한 경우 : 무신고 가산세

6) 가산세의 20%를 감면하는 경우

다음의 사유가 있는 경우에는 해당 가산세액의 20%에 상당하는 금액을 감면한다.

① 법정신고기한 경과 후 1년 초과 1년 6개월 이내에 수정신고를 한 경우 : 과소신고 가산세

② 법정신고기한 경과 후 3월 초과 6월 이내에 기한후 신고를 한 경우 : 무신고 가산세

7) 가산세의 10%를 감면하는 경우

다음의 사유가 있는 경우에는 해당 가산세액의 10%에 상당하는 금액을 감면한다.

① 법정신고기한 경과 후 1년 6개월 초과 2년 이내에 수정신고를 한 경우 : 과소신고 가산세

(6) 가산세 적용배제 사유

과소신고가산세 및 납부지연 가산세를 적용할 때 다음 각 호의 어느 하나에 해당하는 경우에는 이와 관련하여 과소신고하거나 초과신고한 부분에 대해서는 가산세를 적용하지 아니한다.

1) 상속세 · 증여세 과세표준을 과소 신고한 경우

① 신고 당시 소유권에 대한 소송 등의 사유로 상속재산 또는 증여재산으로 확정되지 아니하였던 경우
② 상속공제 · 증여재산공제의 적용에 착오가 있었던 경우
③ 상속세 및 증여세법 따라 평가한 가액으로 과세표준을 결정한 경우
④ 법인세 결정 · 경정으로 수혜 법인의 세후 영업이익이 증가하여 일감 몰아주기 증여의제 이익이 증가한 경우
⑤ 법인세 결정 · 경정으로 수혜 법인의 세후 영업이익이 감소함에 따라 일감 몰아주기 증여의제 이익이 감소하여 양도 주식 등의 취득가액이 감소하는 경우

2) 납부지연 가산세 면제사유

① 다른 사업장으로 부가가치세를 신고납부한 경우
② 공급자가 대손세액공제한 것을 공급받은 자가 매입세액에서 차감하지 않아 관할 세무서장이 매입세액을 결정 · 경정하는 경우
③ 전자적 용역을 공급하는 국외사업자가 부가가치세를 납부해야 하는 경우
④ 법인세 결정 · 경정으로 증여의제이익이 증가하거나 주식 취득가액이 감소한 경우
⑤ 상속세·증여세를 법정신고기한 내에 신고납부한 이후 평가심의위원회를 통해 평가한 가액으로 과세표준을 결정 · 경정하는 경우

(7) 가산세 한도

가산세에 대하여는 그 의무위반의 종류별로 각각 1억원 (중소기업 5천만원)을 한도로 한다. 다만, 해당 의무를 고의적으로 위반한 경우에는 그러하지 아니한다.

3. 국세처분에 대한 구제 제도

과세관청 위법 · 부당한 국세처분으로 인하여 권리나 이익을 침해받은 자는 1차적으로 국세기본법에 의한 심사 · 심판청구에 의하여 그 구제를 청구하거나 또는 감사원법에 의한 심사청구에 의하여 그 구제를 청구하고, 그 청구에 대한 결정에 만족하지 못하는 경우에는 2차적으로 행정소송을 제기하여 그 구제를 청구할 수 있다.

위법한 국세처분에 대한 행정소송은 행정소송법에도 불구하고 국세기본법에 따른 심사청구나 심판청구와 그에 대한 결정을 거치지 아니하면 제기할 수 없다 (행정심판전치주의). 다만, 심사청구 또는 심판청구에 대한 재조사 결정에 따른 처분청의 처분에 대한 행정소송은 그러하지 아니하다.

(1) 사전구제 제도

사전구제제도로는 과세전적부심사제도가 있다. 과세처분을 하기 전에 그 과세내용을 납세자에게 미리 통지하여 이의가 있는 경우에는 과세의 적법성 심사를 청구하는 제도이다. 세무조사 서면통지나 과세예고 통지서를 받은 날로부터 30일 이내에 통지서를 보낸 세무서장 또는 지방국세청장에게 청구서를 제출하여야 한다.

또한, 조기결정신청제도가 신설되어 세액 등의 결정지연으로 인한 납세자의 부담을 해소하기 위하여 과세전적부심사 청구를 원하지 않는 경우 통지받은 내용의 전부 또는 일부에 대하여 즉시 결정해 줄 것을 신청할 수 있다.

(2) 사후구제 제도

1) 이의신청

이의신청은 세법에 의한 처분으로 위법 또는 부당한 처분을 받거나 필요한 처분을 받지 못함으로서 권리 또는 이익의 침해를 받은 자가 그 처분이 있는 것을 안 날 (처분의 통지를 받은 날)로부터 90일 이내에 제기하여야 한다. 이의신청을 받은 세무서장은 신청서가 처분청에 접수된 날로부터 30일 이내 결정해야 하며, 이의신청을 한 이후에 곧바로 행정소송은 불가능하다. 행정소송을 위해서는 절차상 심사청구와 심판청구를 거쳐야 한다.

2) 심사청구

이의신청을 거치지 않은 경우에는 청구의 대상이 된 처분이 있는 것을 안 날로부터 90일 이내에 관할 세무서장을 거쳐 국세청장에게 심사청구를 제기하여야 한다.

이의신청을 거친 후 심사청구를 하고자 할 때에는 그 결정통지를 받은 날부터 90일 이내에 하여야 한다. 심사청구에 대한 결정은 국세심사위원회의 심사를 거쳐 국세청장이 심사청구서가 처분청에 접수된 날로부터 90일 이내에 하여야 한다.

3) 심판청구

이의신청을 거친 경우에는 결정통지를 받은 날로부터 90일 이내에 하여야 하며, 이의신청을 거치지 않은 경우에는 청구의 대상이 된 처분이 있는 것을 안 날로부터 90일 이내에 관할세무서장을 거쳐 국세심판원장에게 심판청구를 제기하여야 한다.

4) 결정의 종류

- 각하 : 각하결정은 요건을 심리한 결과 청구요건이 불비하여 결정기관이 그 신청에서 주장한 이유 등 내용을 심리하지 아니하고, 신청 그 자체를 받아들이지 아니한다는 결정

  사 례 90일이내 이의신청을 하여야 하는데, 90일을 경과하여 이의신청을 한 경우
- 기각 : 불복청구의 본안심리 결과 청구인의 주장이 이유 없다고 인정되어 원 처분을 유지하는 결정을 기각결정이라고 한다.
- 인용 : 불복청구가 그 실체적 내용에 있어 전부 혹은 일부 이유 있다고 인정하는 때에는 처분의 전부 또는 일부를 취소하거나 처분을 경정 (변경)하는 결정을 말한다.

4. 국세환급가산금

세무서장은 국세환급금을 충당하거나 지급할 때에는 대통령령으로 정하는 국세환급가산금 기산일부터 충당하는 날 또는 지급결정을 하는 날까지의 기간과 금융회사 등의 예금이자율 등을 고려하여 대통령령으로 정하는 이자율에 따라 계산한 금액 (이하 "국세환급가산금"이라 한다)을 국세환급금에 가산하여야 한다.

국세환급가산금 이자율은 시중은행 1년 만기 정기예금 평균 수신금리를 고려하여 기재부령에 정하는데 연 2.1%이며, 다만, 조세불복의 인용 확정일로부터 40일 이후 국세환급금을 지급시 국세환급가산금 이자율 1.5배를 적용한다.

사후구제제도

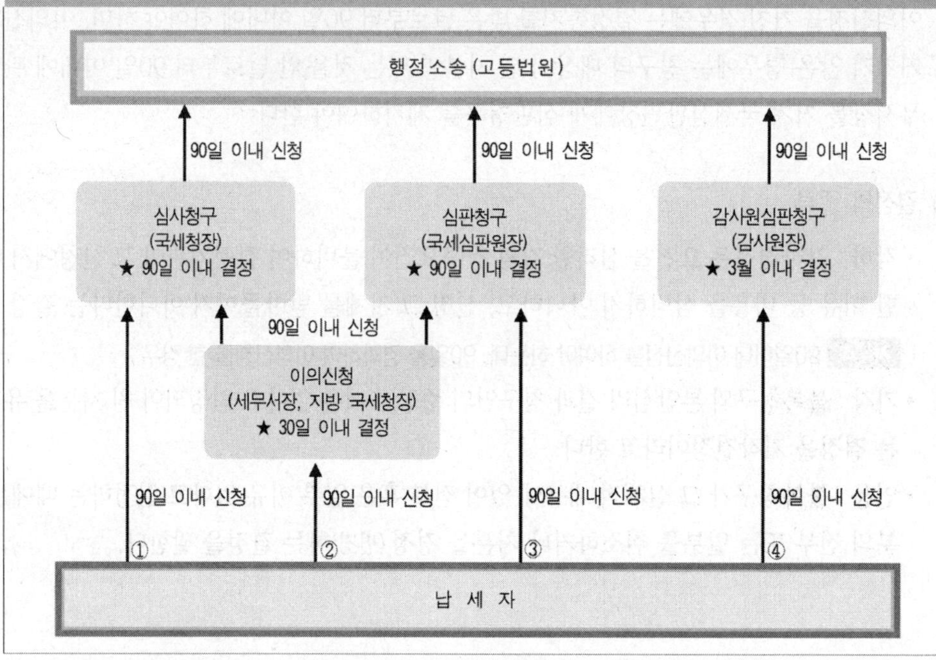

보론

신용카드에 의한 국세납부

개인 및 법인이 납부하는 부가가치세, 소득세, 종합부동산세, 관세(여행자휴대품, 이사화물), 개별소비세, 주세 등 모든 국세에 대하여 국세 신용카드 납부한도 없이 납부가능하다. 또한 2019년 1월 1일부터 통신과금서비스를 통한 국세납부도 가능하게 되었다.

보론

조세불복 각하 사유

- 심판청구를 제기한 후 심사청구를 제기한 경우
- 청구기간이 도과된 경우
- 보정기간에 필요한 보정을 하지 아니한 경우
- 청구가 적법하지 않은 경우
- 대통령령으로 정하는 경우 (현재 시행령에 별도 규정 없음)
- 불복청구의 대상이 되는 처분이 존재하지 않을 때
- 불복청구의 대상이 되는 처분에 의해 권리·이익을 침해당하지 않은 경우
- 대리권 없는 자가 대리인으로서 불복청구하는 경우

주/관/식

세법은 각 조문을 엄격히 해석하여야 하므로, 용어를 명확히 정의하는 것이 매우 중요하다고 할 수 있다. 국세기본법 제2조에서는 용어에 대한 정의규정을 두고 있는데, 다음의 용어에 대하여 서술하시오.

1. 가산세
2. 가산금
3. 납세자
4. 과세기간
5. 과세표준

해/답

관련법령 : 국세기본법 제2조

1. 가산세 : "가산세"라 함은 세법에 규정하는 의무의 성실한 이행을 확보하기 위하여 그 세법에 의하여 산출한 세액에 가산하여 징수하는 금액을 말한다. 다만, 가산금은 이에 포함하지 아니한다.
2. 가산금 : "가산금"이라 함은 국세를 납부기한까지 납부하지 아니한 때에「국세징수법」에 의하여 고지세액에 가산하여 징수하는 금액과 납부기한 경과 후 일정기한까지 납부하지 아니한 때에 그 금액에 다시 가산하여 징수하는 금액을 말한다.
3. 납세자 : "납세자"라 함은 납세의무자(연대납세의무자와 납세자에 갈음하여 납부할 의무가 생긴 경우의 제2차 납세의무자 및 보증인을 포함한다)와 세법에 의하여 국세를 징수하여 납부할 의무를 지는 자를 말한다.
4. 과세기간 : "과세기간"이라 함은 세법에 의하여 국세의 과세표준의 계산에 기초가 되는 기간을 말한다.
5. 과세표준 : "과세표준"이라 함은 세법에 의하여 직접적으로 세액산출의 기초가 되는 과세물건의 수량 또는 가액을 말한다.

제 7 절 납세자의 권리

1. 납세자권리헌장의 제정 및 교부

국세청장은 아래에 해당하는 납세자의 권리보호에 관한 사항을 포함하는 납세자권리헌장을 제정하여 고시하여야 한다.

① 납세자의 성실성 추정

② 세무조사권 남용 금지
③ 세무조사 시 조력을 받을 권리
④ 세무조사 관할 및 대상자 선정
⑤ 세무조사의 통지와 연기신청
⑥ 세무조사 기간
⑦ 세무조사 범위 확대의 제한
⑧ 장부등의 보관 금지
⑨ 통합조사의 원칙
⑩ 세무조사의 결과 통지
⑪ 비밀 유지
⑫ 납세자의 권리 행사에 필요한 정보의 제공
⑬ 과세전적부심사
⑭ 국세청장의 납세자 권리보호
⑮ 납세자보호위원회
⑯ 납세자보호위원회에 대한 납세자의 심의 요청 및 결과 통지 등

세무공무원은 다음 각 호의 어느 하나에 해당하는 경우에는 제1항에 따른 납세자권리헌장의 내용이 수록된 문서를 납세자에게 내주어야 한다.
세무공무원은 세무조사를 시작할 때 조사원증을 납세자 또는 관련인에게 제시한 후 납세자권리헌장을 교부하고 그 요지를 직접 낭독해 주어야 하며, 조사사유, 조사기간, 납세자보호위원회에 대한 심의 요청사항 · 절차 및 권리구제 절차 등을 설명하여야 한다.

2. 세무조사권 남용 금지

(1) 조사권 남용금지

세무공무원은 적정하고 공평한 과세를 실현하기 위하여 필요한 최소한의 범위에서 세무조사를 하여야 하며, 다른 목적 등을 위하여 조사권을 남용해서는 아니 된다.

(2) 재조사 금지 원칙

세무공무원은 다음 각 호의 어느 하나에 해당하는 경우가 아니면 같은 세목 및 같은 과세기간에 대하여 재조사를 할 수 없다.

① 조세탈루의 혐의를 인정할 만한 명백한 자료가 있는 경우
② 거래상대방에 대한 조사가 필요한 경우

③ 2개 이상의 과세기간과 관련하여 잘못이 있는 경우
④ 과세전적부심사 결과 청구가 이유가 있다고 인정되는 경우로 사실관계 확인등을 위해 재조사 결정에 따라 조사를 하는 경우
⑤ 납세자가 세무공무원에게 직무와 관련하여 금품을 제공하거나 금품제공을 알선한 경우
⑥ 통합조사에 따른 부분조사를 실시한 후 해당 조사에 포함되지 아니한 부분에 대하여 조사하는 경우
⑦ 그밖에 ①부터 ⑥까지와 유사한 경우로서 대통령령으로 정하는 경우

(3) 세무조사와 직접 관련 없는 자료 제출요구 금지

세무공무원은 세무조사를 하기 위하여 필요한 최소한의 범위에서 장부 등의 제출을 요구하여야 하며, 조사대상 세목 및 과세기간의 과세표준과 세액의 계산과 관련 없는 장부 등의 제출을 요구해서는 아니 된다.

3. 세무조사 기간

세무공무원은 조사대상 세목 · 업종 · 규모, 조사 난이도 등을 고려하여 세무조사 기간이 최소한이 되도록 하여야 한다. 다만, 다음에 해당하는 경우에는 세무조사 기간을 연장할 수 있다.

① 납세자가 장부 · 서류 등을 은닉하거나 제출을 지연하거나 거부하는 등 조사를 기피하는 행위가 명백한 경우
② 거래처 조사, 거래처 현지확인 또는 금융거래 현지확인이 필요한 경우
③ 세금탈루 혐의가 포착되거나 조사 과정에서 조사유형이「조세범 처벌절차법」에 따른 조세범칙조사로 전환되는 경우
④ 천재지변이나 노동쟁의로 조사가 중단되는 경우
⑤ 납세자보호관 또는 담당관이 세금탈루 혐의와 관련하여 추가적인 사실 확인이 필요하다고 인정하는 경우
⑥ 세무조사 대상자가 세금탈루 혐의에 대한 해명 등을 위하여 세무조사 기간의 연장을 신청한 경우로서 납세자보호관 등이 이를 인정하는 경우

4. 세무조사 사전통지 항목

세무공무원은 납세자 권익 보호를 위하여 다음의 항목을 20일 전에 사전 통지 하여야 한다.

① 납세자 성명 및 주소

② 조사기간
③ 조세대상 세목 · 과세기간 및 조사 사유
④ 부분조사를 실시하는 경우 부분조사의 범위

5. 장부 등의 보관 금지

세무공무원은 세무조사의 목적으로 납세자의 장부 등을 세무관서에 임의로 보관할 수 없다. 다만, 일정한 사유에 해당하는 경우에는 조사목적에 필요한 최소한의 범위에서 납세자, 소지자 또는 보관자 등 정당한 권한이 있는 자가 임의로 제출한 장부 등을 납세자의 동의를 얻어 세무관서에 일시 보관할 수 있다.

납세자의 장부 등을 세무관서에 일시 보관하려는 경우 납세자로부터 일시 보관 동의서를 받아야 하며, 일시 보관증을 교부하여야 한다. 세무공무원은 일시 보관하고 있는 장부 등에 대하여 납세자가 반환을 요청한 경우에는 그 반환을 요청한 날부터 14일 이내에 장부 등을 반환하여야 한다. 다만, 조사목적을 달성하기 위하여 필요한 경우에는 1회에 한하여 납세자보호위원회의 심의를 거쳐 14일 이내의 범위에서 보관 기간을 연장할 수 있다.

세무공무원은 납세자가 일시 보관하고 있는 장부 등의 반환을 요청한 경우로서 세무조사에 지장이 없다고 판단될 때에는 요청한 장부 등을 즉시 반환하여야 한다. 납세자에게 장부 등을 반환하는 경우 세무공무원은 장부 등의 사본을 보관할 수 있고, 그 사본이 원본과 다름없다는 사실을 확인하는 납세자의 서명 또는 날인을 요구할 수 있다.

보론

탈세 제보 신고 포상금 한도

탈세 제보에 대한 포상금 상한이 기존 30억에서 2018년 1월 1일부터 40억으로 인상되었다. 탈세 제보 및 은닉재산 신고 포상금의 지급구간과 지급율은 아래와 같다.

〈탈루세액〉	〈지급률〉
5천만 ~ 5억원	20%
5억원 ~ 20억원	15%
20억원 ~ 30억원	10%
30억 ~	5%

6. 세무조사의 결과 통지

세무공무원은 세무조사를 마쳤을 때에는 그 조사를 마친 날부터 20일 이내에 다음 각 호의 사항이 포함된 조사결과를 납세자에게 설명하고, 이를 서면으로 통지하여야 한다.

① 세무조사 대상 세목 및 과세기간
② 과세표준 및 세액을 경정 · 경정하는 사유
③ 근거법령 및 조항, 과세표준 및 세액 계산의 기초가 되는 구체적 사실 등 포함
④ 수정신고 안내
⑤ 과세전적부심사 안내
⑥ 가산세 종류, 금액 및 산출 근거

세무공무원은 조사결과를 통지할 수 없는 부분이 있는 경우에는 납세자가 동의하는 경우에 한정하여 조사결과를 통지할 수 없는 부분을 제외한 조사결과를 납세자에게 설명하고, 이를 서면으로 통지할 수 있다.

제 8 절 보칙

1. 통계자료의 작성 및 공개 등

(1) 통계자료의 작성

국세청장은 조세정책의 수립 및 평가 등에 활용하기 위하여 과세정보를 분석 · 가공한 통계자료(이하 "통계자료"라 한다)를 작성 · 관리하여야 한다. 이 경우 통계자료는 납세자의 과세정보를 직접적 방법 또는 간접적인 방법으로 확인할 수 없도록 작성되어야 한다.

(2) 통계자료의 공개

세원의 투명성, 국민의 알권리 보장 및 국세행정의 신뢰증진을 위하여 국세청장은 통계자료를 제85조의 5 제2항에 따른 국세정보위원회의 심의를 거쳐 일반 국민에게 정기적으로 공개하여야 한다 (2019.12.31. 개정).
국세청장은 제2항에 따라 국세정보를 공개하기 위하여 예산의 범위 안에서 국세정보시스템을 구축 · 운용할 수 있다.

(3) 통계자료의 제공

국세청장은 다음 각 호의 경우에 그 목적의 범위에서 통계자료를 제공하여야 하고 제공한 통계자료의 사본을 기획재정부장관에게 송부하여야 한다.

① 국회 소관 상임위원회가 의결로 세법의 제정법률안 · 개정법률안, 세입예산안의 심사 및 국정감사 기타 의정활동에 필요한 통계자료를 요구하는 경우
② 국회예산정책처장이 의장의 허가를 받아 세법의 제정법률안 · 개정법률안에 대한 세수추계 또는 세입예산안의 분석을 위하여 필요한 통계자료를 요구하는 경우

국세청장은 국회 소관 상임위원회가 의결로 국세의 부과 · 징수 · 감면 등에 관한 자료를 요구하는 경우에는 그 사용목적에 맞는 범위 안에서 과세정보를 납세자 개인정보를 직접적인 방법 또는 간접적인 방법으로 확인할 수 없도록 가공하여 제공하여야 한다.

국세청장은 「정부출연연구기관 등의 설립 · 운영 및 육성에 관한 법률」 제8조 제1항에 따라 설립된 연구기관의 장이 조세정책의 연구를 목적으로 통계자료를 요구하는 경우 그 사용 목적에 맞는 범위안에서 제공할 수 있다. 이 경우 통계자료의 범위, 제공 절차, 비밀유지 등에 관하여 필요한 사항은 대통령령으로 정한다.

» The practice Taxation of Corporotion

연/습/문/제

제5장 세법총론

01. 다음 중 국세기본법상 국세가 아닌 것은?

① 법인세 ② 종합부동산세 ③ 부가가치세 ④ 지방소득세 ⑤ 개별소비세

02. 다음 중 국세기본법상 납세의무의 성립시기와 확정시기가 동일한 국세는?

① 상속세 ② 인지세 ③ 부가가치세
④ 증여세 ⑤ 법인세

03. 국세기본법상 국세부과의 제척기간과 국세징수권의 소멸시효와 관련된 다음의 사항 중 틀린 것은?

① 국세부과의 제척기간은 중단과 정지가 없으나, 국세징수권의 소멸시효는 중단과 정지가 있다.
② 5억 이상의 국세채권의 국세징수권은 이를 행사할 수 있는 때로부터 10년간 행사하지 않으면 소멸시효가 완성된다.
③ 사기 · 기타 부정행위로 국세를 포탈하거나 환급 · 공제받은 상속세의 제척기간은 15년이다.
④ 사기 · 기타 부정행위로 국세를 포탈하거나 환급 · 공제받은 법인세의 제척기간은 상속세와 동일하게 15년이다.
⑤ 소멸시효의 중단사유로는 납세고지 · 독촉 · 교부청구 · 압류 등이 있다.

04. 국세기본법상 불복청구의 결정기간이 올바른 것은?

	이의신청	심사청구	심판청구
①	30일 이내	60일 이내	90일 이내
②	30일 이내	90일 이내	90일 이내
③	30일 이내	90일 이내	60일 이내
④	60일 이내	90일 이내	90일 이내
⑤	60일 이내	60일 이내	90일 이내

05. 국세기본법상 가산세에 대한 설명이다. 틀린 것은?

① 과세표준을 신고하여야 할 자가 법정신고기한내 신고하지 아니한 경우 무신고 가산세액을 납부할 세액에 가산하거나 환급받을 세액에서 공제한다.

② 법인세 일반 무신고 가산세는 무신고납부세액의 20%와 수입금액의 7/10,000 중 큰 금액을 납부해야 한다.

③ 법인세 부당 무신고 가산세는 무신고납부세액의 40%와 수입금액의 14/10,000 중 큰 금액을 납부해야 한다.

④ 영세율 과세표준이 있는 부가가치세 일반 무신고 가산세는 무신고 납부세액의 20%만 납부하면 된다.

⑤ 국제거래에서 발생한 부정이 있는 부당 무신고 가산세는 무신고 납부세액의 40%를 적용하는 것이 아니라 60%를 적용해야 한다.

06. 다음 중 납세의무가 과세관청의 처분에 의하여 확정되는 것은?

① 법인세 ② 증여세 ③ 증권거래세 ④ 부가가치세 ⑤ 교통세

07. 다음은 국세기본법상 제척기간과 소멸시효의 비교이다. 틀린 것은?

	제척기간	소멸시효
① 성격	권리의 존속기간	권리의 불행사기간
② 중단	있음	없음
③ 정지	없음	있음
④ 소급효력	없음	있음
⑤ 대상	국세부과권 (형성권)	국세징수권 (청구권)

08. 국세기본법상 일반적인 경정 등의 청구는 법정 신고기한 경과 후 ( )년 이내에 청구할 수 있고 후발적 사유에 의한 경정 등의 청구는 사유가 발생한 것을 안 날부터 ( )개월 이내에 청구할 수 있다. ( )에 맞는 것으로 짝지어진 것은?

① 1, 2 ② 2, 2 ③ 2, 3 ④ 5, 2 ⑤ 5, 3

09. 다음 중 국세기본법상 세법적용의 원칙으로만 묶은 것은?

가. 근거과세의 원칙	나. 조세감면의 사후관리
다. 소급과세의 금지	라. 세무공무원 재량의 한계

① 가, 나　② 나, 다　③ 다, 라　④ 가, 다　⑤ 나, 라

10. 부가가치세를 신고 납부할 의무가 있는 사업자가 부가가치세를 신고납부하지 않았다면 그 부가가치세의 부과제척기간은 얼마인가? (사기 및 기타 부정행위를 확인할 수 없음)

① 5년　② 7년　③ 10년　④ 15년　⑤ 20년

11. 국세기본법상 납세의무의 성립시기에 관한 설명으로 틀린 것은?

① 상속세에 있어서는 상속을 개시하는 때
② 증여세에 있어서는 증여에 의해 재산을 취득하는 때
③ 부당이득세에 있어서는 기준가격을 초과하여 거래하는 때
④ 인지세에 있어서는 과세문서를 교부하는 때
⑤ 종합부동산세에 있어서는 과세기준일 (매년 6월 1일)

12. 국세 우선권 제한에 관한 설명이다. 틀리는 것은?

① 소액임차 보증금은 국세 또는 가산금보다 우선하여 변제된다.
② 강제집행 또는 파산절차에 소요되는 비용은 국세채권에 우선하여 변제된다.
③ 최종 3개월분 임금은 국세채권에 우선하여 변제된다.
④ 국세의 법정기일전에 질권을 설정한 피담보 채권은 국세채권에 우선하여 변제된다.
⑤ 국세의 법정기일전에 질권을 설정한 피담보 채권은 국세채권에 우선하여 변제되지 않지만 기타 근로관계 채권은 국세채권에 무조건 우선하여 변제된다.

13. 국세 불복에 관한 설명이다. 틀리는 것은?

① 사전구제제도로는 과세전 적부심사가 있다.
② 사후구제제도로는 이의신청, 심사청구, 심판청구가 있다.
③ 과세전 적부심사는 과세예고 통지를 받은 날로부터 30일 이내 통지서를 보낸 관할 세무서장 또는 지방국세청에게 청구서를 제출 할 수 있다.
④ 이의신청을 받은 세무서장은 신청서가 처분청에 접수된 날로부터 90일 이내 결정해야 한다.
⑤ 심사청구에 대한 결정은 국세심사위원회의 심사를 거쳐 국세청장이 심사청구서가 처분청에 접수된 날로부터 90일 이내 결정해야 한다.

14. 다음 중 국세기본법의 납세의무 소멸사유가 아닌 것은? [27회 세무회계 2급]

① 충당 ② 소멸시효의 완성 ③ 부과의 취소
④ 납세자의 사망 ⑤ 납부

15. 다음은 정기영 씨에 대한 자료이다. 2025년 정기영 씨에게 해당되는 조세로 볼 수 없는 것은?

> ㉠ 2011년부터 계속 음식업을 영위하는 일반과세자이다.
> ㉡ 현재 주택을 1채 소유하고 있다.
> ㉢ 2025년 5월에 상가를 1채 매입하였다.

① 부가가치세 ② 취득세 ③ 종합소득세
④ 양도소득세 ⑤ 재산세

16. 국세기본법상 심사청구에 대한 결정은 심사청구를 받은 날부터 몇일 이내에 하여야 하는가?

① 20일 ② 30일 ③ 60일
④ 90일 ⑤ 120일

17. 다음은 국세기본법상 납세의무의 성립시기에 대한 설명이다. 바르게 짝지어지지 않은 것은?

① 소득세 : 과세기간이 종료하는 때
② 증여세 : 증여에 의해 재산을 취득하는 때
③ 종합부동산세 : 과세기준일 (매년 6월 1일)
④ 부가가치세 : 당해 재화 · 용역을 공급하는 때
⑤ 증권거래세 : 당해 매매거래가 확정되는 때

18. 다음 중 신고납세제도에 대한 설명으로 옳지 않은 것은? [28회 세무회계 2급]

① 납세의무의 확정주체가 납세의무자이다.
② 부과과세제도에 비하여 조세저항이 적다.
③ 소득세, 법인세, 부가가치세, 상속 · 증여세 등에서 채택하고 있다.
④ 정부의 조사는 의무가 아닌 권한이다.
⑤ 납세의무자가 1차적 확정권을 가지며 정부는 2차적 확정권을 갖는다.

19. 국세기본법상 수정신고와 경정청구에 대한 설명으로 옳지 않은 것은?

① 수정신고와 경정청구는 납세의무자가 신고한 과세표준과 세액에 오류·탈루가 있는 경우에 한다.
② 법정신고기한 내에 과세표준신고서를 제출하지 않은 납세의무자는 무조건 경정청구를 할 수 없다.
③ 경정청구는 법정신고기한 경과 후 5년 이내에 청구. 다만, 후발적 사유가 있는 경우 달리 할 수 있다.
④ 법정신고기한 내에 과세표준신고서를 제출한 자는 수정신고 할 수 있다.
⑤ 관할세무서장이 당해 국세에 대하여 결정 또는 경정하여 통지하기 전까지는 수정신고할 수 있다.

20. 다음 중 국세기본법상 세법적용의 원칙에 해당하지 않는 것은?

① 소급과세의 금지
② 기업회계의 존중
③ 세무공무원 재량의 한계
④ 조세감면의 사후관리
⑤ 납세자 재산권의 부당침해 금지

21. 국세기본법상 신의성실의 원칙에 관한 다음 설명 중 옳지 않은 것은?

① 국세부과의 기본 원칙이다.
② 신의성실의 원칙은 납세자뿐만 아니라 과세권자에게도 적용되는 원칙이다.
③ 과세관청이 납세자에게 신뢰의 대상이 되는 공적인 견해표시를 하여야 한다.
④ 과세대상이 되는 거래의 귀속이 명의뿐이고 사실상 귀속되는 자가 따로 있는 때에는 사실상 귀속되는 자를 납세의무자로 하여 세법을 적용하는 원칙이다.
⑤ 과세관청의 과거 언동에 반하는 처분으로 납세자가 경제적으로 불이익을 당한 경우 적용한다.

22. 다음 중 국세기본법상 국세징수권 소멸시효의 중단사유로 옳지 않은 것은?

① 납세고지　　② 독촉　　③ 압류
④ 충당　　⑤ 납부최고

23. 국세기본법상 국세부과권 및 동 제척기간에 대한 설명 중 틀린 것은?

① 부과권의 제척기간은 권리의 존속기간을 말한다.
② 국세부과권이란 확정된 세액을 정부가 징수하는 권한이다.
③ 제척기간 만료 후에는 국세를 부과할 수 없다.
④ 중단제도가 없다.
⑤ 정지제도가 없다.

24. 세법상 납세의무의 확정은 정부부과제도와 신고납세제도로 나뉜다. 다음 중 정부부과제도를 적용하는 세목은?

① 소득세 ② 증여세 ③ 법인세 ④ 부가가치세

25. 다음 중 특별한 절차 없이 납세의무가 성립하는 때에 확정되는 세목이 아닌 것은?

① 인지세 ② 증권거래세
③ 납세조합이 징수하는 소득세 ④ 원천징수하는 법인세

26. 상속증여세법상 증여세는 증여를 받은 달의 말일로부터 3월 이내에 신고하도록 규정하고 있는데, 증여일이 2025년 5월 15일인 경우 국세기본법상 기간과 기한에 관한 내용으로 볼 때 증여세의 신고기한은 언제인가?

① 2025년 8월 14일 ② 2025년 8월 15일
③ 2025년 8월 31일 ④ 2025년 9월 1일

27. 다음은 국세기본법상 납세의무의 성립과 확정에 관한 설명이다. 옳지 않은 것은?

① 납세의무의 성립이란 세법이 정하는 과세요건을 충족하여 구체적인 납세의무가 발생되어진 상태를 말한다.
② 기간과세되는 세목은 원칙적으로 그 과세기간이 종료하는 때에 납세의무가 성립된다.
③ 납세의무의 확정은 크게 정부부과고지제도와 신고납부제도로 나누어지며, 예외적으로 납세의무가 성립하는 때에 확정되는 세목이 있다.
④ 인지세는 성립과 동시에 자동으로 확정되는 국세이다..

28. 다음 중 국세기본법상 세법적용의 원칙이 아닌 것은?

① 근거과세의 원칙 ② 소급과세금지의 원칙
③ 세법해석의 원칙 ④ 세무공무원의 재량한계

29. 다음은 국세기본법상 국세징수권의 소멸시효에 관한 설명이다. 다음 중 옳지 않은 것은?

① '국세징수권의 소멸시효'란 국가가 국세징수권을 일정기간 행사하지 않는 경우 그 징수권을 소멸시키는 제도이다.
② 국세징수권은 세목에 따라 5년, 7년, 10년, 15년간 행사하지 아니하면 소멸된다.
③ 소멸시효에는 중단과 정지가 있다.
④ 국세징수권의 소멸시효가 완성되면 기산일에 소급하여 징수권이 소멸한다.

30. 국세기본법상 가산세 규정에 관한 설명이다. 부당무신고나 부당과소신고에 해당하기 위한 '부당한 방법'에 해당하지 않는 것은?

① 이중장부의 작성 등 장부의 허위 기장
② 장부를 작성하지 아니하거나 비치하지 아니하는 행위
③ 허위증빙 또는 허위문서의 작성
④ 장부와 기록의 파기

31. 국세기본법상 경정청구에 관한 설명으로 옳지 않은 것은?

① 경정청구는 과세표준신고서를 법정신고기한 내에 제출하거나 기한 후 신고를 한 경우 할 수 있다.
② 과세표준 및 세액을 확정시키는 효력이 있다.
③ 결손금을 과소신고한 경우 납부할 세액이 없어도 경정청구를 할 수 있다.
④ 경정청구에 대하여 각 세법에 별도의 규정을 두고 있는 경우 각 세법의 규정을 우선 적용한다.

32. 국세기본법상 수정신고 등에 의한 감면규정에 대한 내용이다. 틀린 것은? (단, 과세표준과 세액을 경정 할 것을 미리 안 경우가 아님.)

① 법정신고기한이 지난 후 1개월 이내 수정신고를 한 경우 과소신고가산세 90%감면
② 법정신고기한이 지난 후 1개월 초과 3개월 이내에 기한 후 신고한 경우 무신고가산세 20% 감면
③ 법정신고기한이 지난 후 1개월 초과 3개월 이내 수정신고를 한 경우 과소신고가산세 75%감면
④ 법정신고기한이 지난 후 1개월 이내에 기한 후 신고를 한 경우 무신고가산세 50%감면

33. 국세기본법에 대한 설명으로서 다음 괄호 안에 들어 갈 숫자를 쓰시오

국세환급금 중 충당한 후 남은 금액은 국세환급금의 결정을 한 날부터 (   )일 내에 대통령령으로 정하는 바에 따라 납세자에게 지급하여야 한다.

34. **국세기본법에 따른 기한 후 신고와 수정신고 등에 관한 다음의 설명 중 틀린 것은?**

① 기한 후 신고는 납세의무를 확정하는 효력이 없다.
② 법정신고기한 내에 신고하거나 기한 후 신고하는 경우에 수정신고를 할 수 있다.
③ 법정신고기한이 지난 후 6개월 이내에 기한 후 신고를 한 경우 무신고 가산세는 감면받을 수 없다.
④ 당초신고한 세액을 증액하는 경우 수정신고에 의한다.

35. **다음 중 국세기본법상 납세의무의 성립시기로 잘못된 것은?**

① 법인세 : 과세기간이 끝나는 때 (다만, 청산소득에 대한 법인세는 그 법인이 해산을 하는 때)
② 인지세 : 과세문서를 작성한 때
③ 상속세 : 상속세 신고서를 제출하는 때
④ 부가가치세 : 과세기간이 끝나는 때 (다만, 수입재화의 경우에는 세관장에게 수입신고를 하는 때)

36. **국세기본법상 다음 (㉠)에 알맞은 숫자는?**

과점주주란 주주 또는 유한책임사원 1명과 그와 대통령령으로 정하는 친족이 그 밖의 특수관계에 있는 자로서 그들의 소유주식 합계 또는 출자액 합계가 법인의 발행주식총수 또는 출자총액의 (㉠)% 를 초과하는 자들을 말한다.

37. **다음 중 국세기본법상 납부의무의 소멸 사유에 해당되지 않는 것은?**

① 국세징수권의 소멸시효가 완성된 때
② 체납처분이 중지된 때
③ 국세부과의 제척기간에 국세가 부과되지 아니하고 그 기간이 끝난 때
④ 부과가 취소된 때

38. **다음 보기 중에서 국세기본법상 제척기간의 기산일로 옳은 보기의 갯수를 고르시오.**

ㄱ. 부가가치세 : 과세표준신고기한 다음 날
ㄴ. 법인세 : 과세표준신고기한 다음 날
ㄷ. 원천징수의무자 또는 납세조합에 대하여 부과하는 국세
: 해당 원천징수세액 또는 납세조합징수세액의 법정 납부기한의 다음 날
ㄹ. 종합부동산세 및 인지세 : 해당 국세의 납세의무가 성립한 날

① 1개 ② 2개 ③ 3개 ④ 4개

39. 다음 중 국세기본법상 제2차 납세의무에 대한 설명으로 옳은 것은?

① 청산인의 제2차 납세의무는 한도가 없다.

② 출자자의 제2차 납세의무자는 납부기간 종료일 현재의 무한책임사원이다.

③ 과점주주의 경우 (납부할금액×지분율)을 한도로 제2차 납세의무를 진다.

④ 사업양수인은 양도인이 사업용 부동산을 양도함에 따라 납부해야 할 양도소득세에 대해 제2차 납세의무가 있다.

40. 다음 중 국세기본법상 과세전적부심사에 대한 설명으로 틀린 것은?

① 정식의 국세처분을 받기 전에 납세자의 청구에 의해 그 국세처분의 타당성을 미리 심사하는 제도이다.

② 통지를 받은 자는 통지를 받은 날부터 90일 이내에 청구할 수 있다

③ 납기전 징수의 사유가 있거나 세법에서 규정하는 수시부과의 사유가 있는 경우에는 과세전적부심사를 청구할 수 없다.

④ 과세전적부심사는 사전적 권리구제절차이다.

41. 다음 중 국세기본법에서 사용하는 용어의 정의가 틀린 것을 고르시오.

① 세법이란 국세의 종목과 세율을 정하고 있는 법률과 국세징수법, 조세특례제한법, 국제조세조정에 관한 법률, 조세범 처벌법 및 조세범 처벌절차법을 말한다.

② 납세의무자란 세법에 따라 국세를 납부할 의무 (국세를 징수하여 납부할 의무는 포함)가 있는 자를 말한다.

③ 과세기간이란 세법에 따라 국세의 과세표준 계산의 기초가 되는 기간을 말한다.

④ 납세자란 납세의무자 (연대납세의무자와 납세자를 갈음하여 납부할 의무가 생긴 경우의 제2차 납세의무자 및 보증인을 포함한다)와 세법에 따라 국세를 징수하여 납부할 의무를 지는 자를 말한다.

42. 국세기본법상 불복청구인이 선택가능한 조세불복절차가 아닌 것은?

① 심판청구 → 행정소송

② 이의신청 → 심사청구 → 행정소송

③ 감사원심사청구 → 행정소송

④ 이의신청 → 행정소송

정답 및 해설

01. ④
02. ② 자동확정 되는 조세
03. ④ 국세기본법 제26의 2조 ① 2
사기 기타 부정행위로서 국세를 포탈하거나 환급 · 공제받은 법인세의 제척기간은 10년이다
04. ② 국세기본법 제65조 ②, 제81조
05. ④ 영세율 과세표준의 0.5%를 가산한다.
06. ② 정부부과제도는 증여세와 상속세가 있다. 신고납세제도는 법인세와 부가가치세가 있다.
07. ②
08. ⑤
09. ③
10. ② 국세기본법 제26조의 2 ①항 2호
11. ④ 국세기본법 제21조 인지세에 있어서는 과세문서를 작성하는 때
12. ⑤
13. ④ (30일이내 결정)
14. ④ 국세기본법 제26조
15. ④ 소득세법 제92조
16. ④ 과세기간이 종료하는 때
17. ④ 국세기본법 제21조, 부가가치세는 과세기간이 종료하는 때이다.
18. ③ 국세기본법 시행령 제10조의 2
19. ② 무신고자도 국세과세표준 결정을 받은 경우 경정청구 할 수 있다.
20. ④ 국세기본법 제17조
21. ④ 국세기본법 제14조 ①, 제15조
22. ④ 국세기본법 제28조 제1항
23. ② 국세기본법 제26조의 2
24. ② 상속세, 증여세, 부당이득세, 농어촌특별세는 정부부과제도이므로 확정주체가 과세권자이다.
25. ② 국세기본법 제22조
26. ④ 국세기본법 제5조
2025년 8월 31일이 일요일이라 2025년 9월 1일까지 신고납부하면 된다.
27. ① 납세의무의 성립이란 세법이 정하는 과세요건이 충족하여 추상적 납세의무가 발생된 상태를 말하며, 납세의무가 확정됨으로서 구체적인 납세의무가 발생하는 것이다.
28. ① 근거과세의 원칙은 국세부과의 원칙임
29. ② 국세기본법 27①, 행사할 수 있는 때로부터 5년간임, 5억이상 국세채권은 10년이다.
30. ② 국세기본법47의2②, 국세기본법시행령 27②

정답 및 해설

31. ❷ 국세기본법 45조의2, 경정청구는 과세표준 및 세액을 확정시키는 효력은 없다.

32. ❷ 법정신고기한이 지난 후 1개월 초과 3개월 이내에 기한 후 신고한 경우 무신고가산세 30% 감면

33. 30 국세기본법 제51조 제6항

34. ❸ 1개월 초과 6개월 이내에 기한 후 신고를 한 경우 무신고가산세가 감면된다.

35. ❸ 상속세는 상속이 개시되는 때 납세의무가 성립한다.

36. 50

37. ❷ 체납처분이 중지 된 때 납부의무의 소멸사유가 아니다.

38. ❹ 전부 옳은 보기이다.

39. ❸ 국세기본법 39조

40. ❷ 통지를 받은 자는 통지를 받은 날부터 30일 이내에 청구할 수 있다

41. ❷ 납세의무자란 세법에 따라 국세를 납부할 의무 (국세를 징수하여 납부할 의무는 제외)가 있는 자를 말한다.

42. ❹ 심사청구나 심판청구를 거쳐야 가능하다.

찾 아 보 기

ㅊ

ㅌ

ㅍ

ㅎ

공저자 약력

이 성 구

약력

· 서강대학교 경영학과 졸업
· 서강대학교 대학원 경영학과 박사졸업
· 서강대학교, 아주대학교, 경인여자대학 강사
· (전)동서울대학 테크노경영학부 조교수
· (전)NCS(국가직무능력표준)경영평가분야 개발위원
· (현)동양미래대학교 경영학부 세무회계학과 교수
· (현)한국조세연구포럼 총무이사

저서 및 연구논문

· 기업특성별 조세혜택 측정치의 실증분석
· 이월결손금과 이익조정
· 재량적 발생액과 BTD를 이용한 세법변경과 이익조정에 관한 연구
· 지역별 세수부족과 이익조정에 관한 연구
· 배우자 등 이월과세의 문제점과 개선방향
· 세법상 접대비 규정의 문제점과 개선방향
· 핵심 부가가치세 연습
· 실무세법강의
· 재산세제의 이해
· 조세법입문
· 법인세 세무조정의 이해

김 영 길

약력

· 서강대학교 경영학과 경영학사
· 서강대학교 대학원 경영학석사
· 서강대학교 대학원 경영학박사
· (전) 동양미래대학교 전임강사
· (전) 서강대학교 대우교수
· (현) 순천향대학교 글로벌경영대학 IT 금융경영학과 교수

저서 및 연구논문

· Does the stock market fully appreciate the implications of other comprehensive income for future earnings?
· 외국인투자자의 지분율에 따른 실물활동을 통한 이익조정과 가치평가 오류현상 등

김 범 건

약력

· 한밭대학교 회계학과 졸업
· 서울시립대학교 대학원 경영학과 졸업
· 서강대학교 대학원 박사과정 수료
· (현) 동양미래대학교 강사
· 서강대학교 대학원 박사
· (현) 동양미래대학교 조교수

저서 및 연구논문

· 사업다각화와 가결산정보의 정확성간의 관련성에 관한 연구
· 직급별 감사시간과 보수주의간의 관련성에 관한 연구

2025 세무실무기초강의 (제4판)

제4판 인쇄 | 2025년 2월 25일
제4판 발행 | 2025년 3월 4일

공저자 | 이성구 · 김영길 · 김범건
발행인 | 김 환
발행처 | 법지사
서울시 성북구 종암로 14길 12 (종암동)
출판등록 | 제 25100-1975-002호

공저자와의 협의하에 인지를생략함

전화 | (02) 911-4908
팩스 | (02) 911-7847
홈페이지 | www.bubjisa.co.kr
E-mail | efx21@hanmail.net

인쇄 | 성림인쇄

정가 | 23,000원 ISBN 978-89-7179-093-9 93320